国际与比较教育研究系列丛书

本书为浙江大学国际教育研究中心资助出版的研究成果

丛书主编：吴雪萍

澳大利亚
职业教育国际化
政策研究

Research on the
Internationalization Policy of
Australian
Vocational Education

梁 帅 著

ZHEJIANG UNIVERSITY PRESS
浙江大学出版社
·杭州·

图书在版编目(CIP)数据

澳大利亚职业教育国际化政策研究 / 梁帅著. —杭州：浙江大学出版社，2022.11

ISBN 978-7-308-22895-4

Ⅰ.①澳… Ⅱ.①梁… Ⅲ.①职业教育－发展－国际化－教育政策－研究－澳大利亚 Ⅳ.①G719.611

中国版本图书馆 CIP 数据核字(2022)第 140413 号

澳大利亚职业教育国际化政策研究

梁　帅　著

策划编辑	武晓华　梁　兵
责任编辑	武晓华　梁　兵
责任校对	刘宁瑶　黄伊宁
封面设计	程　晨
出版发行	浙江大学出版社
	（杭州市天目山路 148 号　邮政编码 310007）
	（网址：http://www.zjupress.com）
排　　版	杭州星云光电图文制作有限公司
印　　刷	杭州宏雅印刷有限公司
开　　本	710mm×1000mm　1/16
印　　张	13.25
字　　数	230 千
版 印 次	2022 年 11 月第 1 版　2022 年 11 月第 1 次印刷
书　　号	ISBN 978-7-308-22895-4
定　　价	58.00 元

目　　录

第一章
导　论

第一节　研究缘起与意义

一、研究缘起

本研究以澳大利亚职业教育国际化政策为研究对象,主要基于以下三个方面的考虑:一是世界各国推进职业教育国际化的普遍性;二是我国推进职业教育国际化的迫切性;三是澳大利亚职业教育国际化的典型性。

(一)世界各国推进职业教育国际化的普遍性

经济全球化的纵深发展使得世界范围内的生产要素与人才流动规模日趋扩大,以外语能力、跨文化能力、国际通用职业技能为主要内涵的国际能力受到了空前关注,因此,国际化自然而然成了国际职业教育界高度关注的议题。例如,联合国教科文组织曾先后出台多个文件,强调"职业教育要促进国际理解与包容,培养具有全球视野与责任意识的公民"①。欧盟则通过三个方面着力提升职业教育学生的国际能力:一是实施多语言战略,将外语能力作为关键能力之一;二是制定并实施欧洲资格框架,提高欧洲各国之间职业资格的透明度与认可度,实现劳动者在欧洲的自由流动;三是大规模开展职业教育教师与学生的跨境交流,目标是至 2020 年资助 65 万名职业教育师生到境外接受职业教育与培训。美国于 2006 年起开始实施以国际化为重点的社区学院项目;英国政府颁布了一系列战略规划,将各种国际化要素纳入职业教育体系;德国则将全球意识与国际能力作为职业教育院校的培养目标,并将其融入职业教育教学与课程中。由此可见,推进职业教育国际化已成为国际职业教育界的基本共识。

---

① 刘立新.加快推进中国职业教育国际化[N].中国教育报,2016-06-28(5).

（二）我国推进职业教育国际化的迫切性

随着"一带一路"倡议与新时期教育对外开放战略的提出，中国在政治、经济、文化、教育等领域与世界各国的互动融合日益加深，我国需要为世界职业教育发展提供"中国方案"。此外，面临着产业结构调整与经济转型升级的中国也急需大批具有国际竞争力的高素质技术技能人才。近十年来，我国从中央到地方相继颁布了13份与职业教育国际化直接或间接相关的政策文件，从创新人才培养体系、发展现代职业教育以及服务国家对外战略等角度，倡导职业院校开展国际合作，培养国际化人才，对职业教育的"引进来"与"走出去"均给予高度重视，如表1.1所示。

表 1.1　我国 2010—2020 年发布的与职业教育国际化相关的政策文件

时间	政策名称	发布机构	职业教育国际化部分相关表述
2010 年	《国家中长期人才发展规划纲要（2010—2020 年）》	中共中央、国务院	实施更加开放的人才政策
2010 年	《国家中长期教育改革和发展规划纲要（2010—2020 年）》	中共中央、国务院	扩大教育开放
2011 年	《浙江省高等教育国际化发展规划（2010—2020 年）》	浙江省教育厅	加大改革力度完善制度建设
2014 年	《关于加快发展现代职业教育的决定》	国务院	加强国际交流与合作
2015 年	《中国制造 2025》	国务院	健全多层次人才培养体系
2015 年	《高等职业教育创新发展行动计划（2015—2018 年）》	教育部	扩大职业教育国际影响
2016 年	《关于做好新时期教育对外开放工作的若干意见》	中共中央办公厅、国务院办公厅	大力提升教育对外开放治理水平
2016 年	《推进共建"一带一路"教育行动》	教育部	开展教育互联互通合作
2017 年	《学校招收和培养国际学生管理办法》	教育部、外交部、公安部	加强校内管理
2017 年	《关于深化产教融合的若干意见》	国务院办公厅	加强国际交流合作
2019 年	《加快推进教育现代化实施方案（2018—2022 年）》	中共中央办公厅、国务院办公厅	推进共建"一带一路"教育行动
2019 年	《中国教育现代化 2035》	中共中央、国务院	开创教育对外开放新格局
2020 年	《职业教育提质培优行动计划（2020—2023 年）》	教育部等九部门	实施职业教育服务国际产能合作行动

首先,在创新人才培养体系方面,2010 年 7 月,《国家中长期教育改革和发展规划纲要(2010—2020 年)》明确提出:"开展多层次、宽领域的教育交流与合作,提高我国教育国际化水平,培养大批具有国际视野、通晓国际规则、能够参与国际事务和国际竞争的国际化人才。"①同年 6 月,《国家中长期人才发展规划纲要(2010—2020 年)》指出:"要建立学校教育和实践锻炼相结合、国内培养和国际交流合作相衔接的开放式培养体系,推进专业技术人才职业资格国际、区域间互认。"②

其次,在发展现代职业教育方面,2014 年 6 月,《关于加快发展现代职业教育的决定》强调:"完善中外合作机制,支持职业院校引进国外高水平专家和优质教育资源,鼓励中外职业院校教师互派、学生互换。实施中外职业院校合作办学项目,探索和规范职业院校到境外办学,建成一批世界一流的职业院校和骨干专业,形成具有国际竞争力的人才培养高地。"③2015 年 10 月,教育部印发了《高等职业教育创新发展行动计划(2015—2018 年)》,其中明确提出:"加强与信誉良好的国际组织、跨国企业以及职业教育发达国家开展交流与合作,探索中外合作办学的新途径、新模式。支持专科高等职业院校学习和引进国际先进成熟适用的职业标准、专业课程、教材体系和数字化教育资源;选择类型相同、专业相近的境外高水平院校联合开发课程,共建专业、实验室或实训基地,建立教师交流、学生交换、学分互认等合作关系。""加强与职业教育发达国家的政策对话,探索对发展中国家开展职业教育援助的渠道和政策。支持专科高等职业院校到境外办学,为周边国家培养熟悉中华传统文化、当地经济发展急需的技术技能人才。"

最后,在服务国家对外战略方面,2016 年 4 月,中共中央办公厅、国务院办公厅在《关于做好新时期教育对外开放工作的若干意见》中指出:"要鼓励高等学校和职业院校配合企业走出去,鼓励社会力量参与境外办学,稳妥推进境外办学。开发与国际先进标准相对接的职业教育课程体系,积极参与制定职业教

①　中华人民共和国教育部. 国家中长期教育改革和发展规划纲要(2010—2020 年)[EB/OL].(2010-07-29)[2018-03-08]. http://www.moe.gov.cn/srcsite/A01/s7048/201007/t20100729_171904.html.

②　中共中央、国务院. 国家中长期人才发展规划纲要(2010—2020 年)[EB/OL].(2010-06-07)[2018-03-08]. http://www.gov.cn/jrzg/2010-06/06/content_1621777.htm.

③　国务院. 国务院关于加快发展现代职业教育的决定[EB/OL].(2014-06-24)[2018-03-08]. http://www.scio.gov.cn/ztk/xwfb/2014/gxbjhzjyjggyfzqkxwfbh/xgbd31088/Document/1373573/1373573.htm.

育国际标准。"[1]2016 年 7 月,《推进共建"一带一路"教育行动》明确了我国在职业教育领域与沿线国家加强合作的若干重点:"共商共建区域性职业教育资历框架,逐步实现就业市场的从业标准一体化""发挥政府引领、行业主导作用,促进高等学校、职业院校与行业企业深化产教融合。鼓励中国优质职业教育配合高铁、电信经营等行业企业走出去,探索开展多种形式的境外合作办学,合作设立职业院校、培训中心,合作开发教学资源和项目,开展多层次职业教育与培训,培养当地急需的各类'一带一路'建设者。"[2]

上述政策文件与战略规划为推动我国职业教育国际化发展提供了新的外在机遇与内生动力,更释放出国家在战略层面上对职业教育国际化高度重视的信号。当前,我国职业教育国际化发展已粗具规模,职业教育留学生数量逐年增加,中外职业教育合作办学机构与项目稳健增长。但从整体看,我国对职业教育国际化内涵的认识还较为模糊,与"引进来"相比,职业教育"走出去"依然任重而道远。因此,基于我国推进职业教育国际化的迫切性,本研究在选题上"立足中国,放眼世界",希望借鉴澳大利亚的成功经验为我国职业教育国际化的决策提供参考。

(三)澳大利亚职业教育国际化的典型性

自 20 世纪 90 年代以来,随着经济全球化的不断深入与信息技术的飞速发展,国际化已成为当前世界教育改革与发展的重要趋势。世界各国教育政策与实践的相互借鉴,学生与教师、机构与项目的跨境流动,国际课程的流行以及跨文化教学的兴起等现象构成了全球教育的新图景。为了应对全球化带来的挑战,世界各国普遍将高等教育国际化置于优先发展的位置,使高等教育在国际化的进程中始终处于前端,成了教育国际化的集中体现。而伴随着高等教育国际化发展的突飞猛进,职业教育的发展也越来越注重自身的开放程度。在各国职业教育国际化的进程中,视职业教育为重要出口产业的澳大利亚占据着国际职业教育市场的半壁江山。作为典型的外向型经济体,澳大利亚是世界上最早开始走外向型职业教育发展道路的国家。早在 20 世纪 90 年代初,澳大利亚就将职业教育国际化视为应对国际挑战与满足国家需求的有效工具,并通过国家

① 中共中央办公厅、国务院办公厅.关于做好新时期教育对外开放工作的若干意见[EB/OL].(2016-04-29)[2018-03-08].http://www.gov.cn/xinwen/2016-04/29/content_5069311.htm.
② 中华人民共和国教育部.推进共建"一带一路"教育行动[EB/OL].(2016-07-13)[2018-03-08].http://www.moe.gov.cn/srcsite/A20/s7068/201608/t20160811_274679.html.

官方层面制定的三份重要的政策文件,厘清了职业教育国际化的内涵,明确了职业教育国际化的关键维度,对未来职业教育国际化的发展进行了总体规划。进入 21 世纪后,澳大利亚联邦政府继续围绕这几个关键维度,接连制定了各类旨在促进职业教育国际化发展的政策。通过国家部门以及院校机构层面的努力,各项政策得到了有效落实,进一步推动了澳大利亚职业教育迅速、稳步地走向世界。因此,对处在新时期教育对外开放阶段的中国而言,澳大利亚在职业教育国际化政策与实践方面取得的成功经验值得借鉴。

综上所述,本研究在文献回顾与分析的基础上,试图解决以下几个主要问题:①澳大利亚职业教育国际化政策是在怎样的背景下生成的? ②从政策文本来看,澳大利亚国家或部门层面制定了哪些促进职业教育国际化的政策? 其核心内容主要体现在哪几个方面? ③针对职业教育国际化政策的核心内容,院校机构层面采取了哪些具体实施? ④澳大利亚职业教育国际化政策具有什么特点? 其效果如何? 未来会怎样发展? ⑤反思 20 多年来澳大利亚职业教育国际化的政策及其具体实施,对我国职业教育国际化发展有何借鉴意义?

二、研究意义

虽然中澳两国在职业教育体制上存在些许差异,但本研究以有着近三十年职业教育国际化发展经验的澳大利亚为研究对象,无论对于比较教育学科而言,还是对于处在职业教育国际化初级阶段的中国而言,均具有一定的理论与实践意义。

(一)有助于丰富比较教育学科的研究内容

虽然教育国际化是当前比较教育学科研究的热点问题,但我国比较教育学界对教育国际化的研究大多集中在高等教育领域,对职业教育国际化的研究,尤其是政策层面的研究相对偏少。因此,对澳大利亚职业教育国际化政策进行系统研究,有助于丰富我国比较教育学科的研究内容。除了对政策文本进行分析之外,本研究还聚焦于澳大利亚职业教育国际化政策在国家层面与院校层面的具体实施,这些研究内容将进一步丰富职业教育研究的实践内涵。

(二)有助于促进我国职业教育国际化发展

自第一个职业教育层次的中澳合作办学项目于 1994 年在江苏获批开始,二十多年来,澳大利亚职业教育机构在帮助中国开发职业技能、推动中国经济发展过程中扮演着积极的角色。自 1994 年以来,经地方审批报教育部备案的职业教育层次中外合作办学项目和机构中,有 $\frac{1}{4}$ 以上是与澳大利亚职业教育机构合作举办的,多于与其他任何国家。[①] 随着中澳两国在职业教育领域合作与交流的日益频繁,中国已成为澳大利亚在亚洲职业教育领域合作的重点国家。2015 年 7 月 14 日,中国教育部和澳大利亚教育与培训部联合主办了中国—澳大利亚职业教育与培训战略政策对话活动,中澳双方还签署了《职业教育与培训战略政策对话联合声明》与《合作谅解备忘录》。这是继 2007 年中澳(重庆)职教项目之后,中澳两国在职业教育领域举办的规格最高的活动。[②] 因此,对澳大利亚职业教育国际化政策进行系统研究,有助于更好地把握澳大利亚职业教育对外合作与交流的实质,促进我国与世界各国在职业教育领域内的深入合作与广泛交流。

第二节 文献综述

通过 CNKI 核心数据库——中国知识资源总库,以"职业教育国际化"为篇名关键词进行精确检索,共查阅到文献 274 篇,其中,期刊论文 248 篇,硕士论文 13 篇,会议论文 12 篇,报纸文献 1 篇。从国别看,研究国外职业教育国际化的文献共有 16 篇。再以"高职教育国际化"为篇名关键词进行精确检索,共查阅到文献 183 篇,其中,期刊论文 171 篇,硕士论文 6 篇,会议论文 4 篇,报纸文献 2 篇。同样从国别分析,研究国外高职教育国际化的文献共 9 篇。以"职业教育国际化政策"为篇名关键词进行精确检索,仅查阅到 2 篇文献。此外,笔者还以"澳大利亚高等教育国际化"为篇名关键词进行模糊检索,共检索到 29 篇文献;以"澳大利亚职业教育国际化"为篇名关键词进行模糊检索,仅检索到 10 篇文献。暂未检索到有关"澳大利亚职业教育国际化政策"的任何文献。文献检索结果的汇总情况如表 1.2 所示。

[①] 骆克飞.中澳职业教育与培训合作:为中国经济增长提供技能与培训[EB/OL].[2018-3-27].http://china.embassy.gov.au/bjngchinese/education.html.

[②] 徐桂庭.加强国际交流合作 推进职业教育改革——中国-澳大利亚职业教育与培训战略政策对话活动在北京举行[J].中国职业技术教育,2015(25):5-9.

表 1.2 中国知网 CNKI 数据库文献检索情况

关键词:篇名	类型				
	期刊论文	硕士论文	会议论文	报纸文献	总计
职业教育国际化	248(26)	13(2)	12	1	274(28)
高职教育国际化	171(8)	6	4(1)	2	183(9)
澳大利亚高等教育国际化	26	3	0	0	29
澳大利亚职业教育国际化	8	2	0	0	10

注:表格中前两行括号内的数字代表研究国外职业教育国际化的文献数量。

通过 CNKI 的文献检索,从研究国别看,我国对职业教育国际化的研究大多局限于中国,对国外职业教育国际化的研究偏少;从研究类型看,国内对澳大利亚教育国际化的研究大多集中在高等教育领域,对职业教育领域的研究数量相对偏少。总体而言,国内研究呈现出"重国内、轻国外""重高教、轻职教"的态势,以下将依次对国内外相关研究进行综述。

一、国内研究

我国学术界对澳大利亚职业教育国际化政策的研究成果相对偏少,多数是针对世界各国职业教育国际化总体情况的研究,有部分学者对澳大利亚职业教育国际化政策的上位概念,即澳大利亚职业教育政策开展了相关研究。因此,国内相关研究成果大致可以分为以下两个方面。

(一)有关职业教育国际化的研究

首先,对我国职业教育国际化的研究主要见于专著与期刊论文。从专著看,目前,国内系统论述中国职业教育国际化的专著有三部,均是针对高等职业教育阶段国际化的研究。其中,王昆欣采用模式研究,以浙江旅游职业学院的实践为案例,揭示了旅游职业教育国际化的本质与特征,阐述了国际化旅游人才培养的模式与实践途径。[①] 杨小燕从区域、院校、学生等三个层面剖析了我国高等职业教育国际化的现实状况,并以"比较优势—后发优势—类型优势"为视角,提出了推动我国高等职业教育国际化发展的策略。[②] 王杨则从投资经济学的角度对我国高等职业教育的国际融资问题与国际投资合作问题进行了初步探索。[③]

---

① 王昆欣.高等旅游职业教育国际化人才培养的研究与实践[M].北京:中国旅游出版社,2010:10.
② 杨小燕.使命的召唤:高等职业教育国际化发展研究[M].成都:西南交通大学出版社,2013:3.
③ 王杨.中国高等职业教育国际化问题研究[M].北京:经济科学出版社,2016:1-9.

　　从期刊论文看,一些学者从理念与策略的角度对我国的高等职业教育国际化进行了研究。例如,杨旭辉认为,我国高职教育国际化应借鉴企业国际化的实践经验,在教育理念、组织机构、课程实施、科学研究以及合作办学方面增强竞争意识、输出意识与策略意识。① 万金保等概括了推进我国高职教育人才培养模式国际化的几个方面,分别是:面向国际社会建设专业,加强课程建设国际化,推进教学管理国际化,加强合作与交流国际化,促进职业资格证书国际化。② 王玉香提出,高等职业教育国际化人才培养战略模式的建构要以国际化人才培养的理念,形成渐进型梯级式分层系统,遵循国际化人才培养的原则,根据不同高等职业院校的特点形成多样性的运作方式。③ 冯宝晶认为,我国职业教育在"一带一路"倡议的大背景下,要秉持"平等合作""开放包容""创新共享"的职业教育国际化发展理念,坚持适应国际规则与制定新规则相结合、文化输出与文化输入相结合、国际化人才培养与引进相结合,形成"以职业教育理念为先导,以职业技术人才培养为核心"的职业教育一体化建设。④ 李成明认为,我国高职教育应在"互联互通、资源共享、境外输出"等开放共享理念的引导下,着力构建国际化人才培养平台的运行机制、服务内容、服务制度和信息交互模式。⑤ 部分学者针对我国高职教育在国际交流与合作办学中存在的问题提出了若干建议。例如,张慧波等认为,我国高职院校在国际合作的过程中遇到了如下阻力:开展国际合作项目盲目性较大、教师意识与能力不足、合作方责任感欠缺以及政府支持力度不够,并建议高职院校应坚持本土化与国际化相结合的原则,采取市场化与多元化相结合的方式,借助优质的教学资源与良好的政策保障,有效开展国际合作。⑥ 莫玉婉认为我国高职教育"走出去"办学存在办学目标不明确、规范机制不健全、办学水平有限、国际化师资匮乏等问题,并提出应从政府的引导与规范、院校自身能力的建设以及社会团体的广泛参与等方面加以解决。⑦ 步光华指出,当前我国高职院校中外合作办学在教学管理层面存在优质生源不足、学生基础较差,师资力量不足、管理相对困难,专业设置差异、课程衔接不畅等问题,并

① 杨旭辉.高职教育国际化:内涵、标准与策略[J].中国高教研究,2006(12):64-65.
② 万金保,李春红.论高职教育人才培养模式的国际化[J].职业技术教育,2005(4):17-19.
③ 王玉香.论高等职业教育国际化人才培养的战略模式[J].当代教育科学,2009(7):47-55.
④ 冯宝晶."一带一路"视角下我国职业教育国际化发展的理念与路径[J].中国职业技术教育.2016(23):67-71.
⑤ 李成明.开放共享理念视角下高等职业教育国际化人才培养平台研究[J].江苏高教,2017(10):76-79.
⑥ 张慧波,张菊霞.高职教育国际化:从多元化的国际合作开始[J].职业技术教育,2011(7):45-47.
⑦ 莫玉婉."走出去"办学:高职院校国际化发展路径简论[J].职业技术教育,2016(1):13-17.

建议从提高生源质量、加强教师培训、严格教学管理、改进双语教学等途径入手。[①]

其次,关于澳大利亚职业教育国际化的研究方面,步光华从动因、策略、特点、问题、挑战以及趋势等方面,对澳大利亚的技术与继续教育(Technical and Further Education,TAFE)国际化进行了初步探索。该研究重点聚焦于澳大利亚政府与职业院校在推进 TAFE 国际化具体策略上的不同表现:政府通过制定稳定的政策、实施良好的质量保障、确立重点发展区域、出台强有力的法律以及成立专门机构等策略为 TAFE 国际化的发展提供了重要保障;而职业院校则通过观念国际化、学生国际化、教师国际化、课程国际化以及开展国际合作与交流等策略全面推进澳大利亚技术与继续教育的国际化。步光华认为,在总结澳大利亚 TAFE 国际化经验与教训的基础上,我国应争取更多的政府支持,打造职业教育品牌,加快高职教育国际化进程。[②] 职芳芳对澳大利亚职业教育国际化办学的社会背景、办学理念、课程体系、师资队伍以及办学形式作了详细论述。该研究认为,澳大利亚在办学理念上高度重视职业教育质量,致力于打造世界职业教育品牌。为了培育国际化的职业教育人才,澳大利亚在原有课程中渗透国际要素,建立了国际职业教育教师考核与培训机制。除了对内招收海外学生之外,还通过对外合作办学、建立海外分校、开设远程教育等途径丰富了职业教育国际化的办学形式。通过对澳大利亚职业教育国际化办学经验的总结,研究在最后提出了我国高等职业教育国际化办学的对策与建议:重视国际学生教育,学习先进的办学模式;更新办学理念,培育国际化人才;重视引进国际课程,构建国际化课程体系;培养国际型教师,加快教师的国际流动;加强职业教育立法,保障职业教育质量。[③]

还有学者对新加坡、德国、日本等国职业教育国际化的特征、策略以及经验进行了概述。例如,李霆鸣认为,新加坡高职教育在理念、课程体系、教师资源、教学方式以及教育交流与合作等方面具有鲜明的国际化特色,高职教育国际化促进了新加坡的经济发展,培养了世界一流的技术人才,提升了国际竞争力。[④] 刘金存等将以应用科技大学为主体的德国高等职业教育作为研究对象,指出德国高等职业教育在国际化进程中采取了一系列成功的策略,如传承双元理念,

① 步光华.高职院校中外合作办学教学管理存在的问题与对策[J].黑龙江教育(高教研究与评估),2011(7):20-21.

② 步光华.澳大利亚 TAFE 国际化策略研究[D].广州:华南师范大学,2012:19-54.

③ 职芳芳.澳大利亚高等职业教育国际化办学模式研究[D].开封:河南大学,2013:12-38.

④ 李霆鸣.新加坡高职教育国际化特征[J].职教论坛,2008(2):51-53.

提高国际影响;注重应用研究,开发国际课程;适应国际需求,改革学制学位以及加强国际交流,推广成功经验等,并认为构建国际化的职业资格认证体系、打造中国高职教育品牌以及建立校际交流的国际学生机制,能够有效提升中国高职教育国际化的水平。[①] 韩玉等认为,日本从国家管理层面明确了高职教育国际化办学战略,高职院校以提升国际竞争力及国际通用性、共通性为战略目标导向,制定了适合院校的国际化办学战略规划及战略措施,日本高职院校将"国际维度"整合到办学实践中,创建办学特色、提升办学竞争力,不断推动国际化办学,是振兴日本产业发展的必由之路。[②] 廖华论述了美国社区学院课程国际化的若干策略,包括提供丰富的外语课程;为国际化学科专门设立副学士学位和证书,激励校内课程国际化;积极利用政府财政投入进行课程国际化改造;注重校内课程国际化和海外留学融合发展。[③]

(二)有关澳大利亚职业教育政策的研究

对澳大利亚职业教育国际化政策进行研究不能脱离对其职业教育总体政策的了解。因此,有必要对澳大利亚职业教育政策的研究文献进行梳理。

当前,国内一些学者对澳大利亚职业教育政策的发展与演变进行了研究。例如,王龙香梳理了近十年来澳大利亚职业教育政策的发展,分别对《塑造未来——澳大利亚职业教育国家战略》《职业教育发展的新方向》《未来的基础:国家培训体系管理、构建和市场设计建议》以及《技能促进繁荣——职业教育路线图》等具有代表性的四份职业教育政策的出台背景、核心内容以及主要特点进行了深入分析,并认为我国应在借鉴澳大利亚职业教育政策经验的基础上,完善职业教育管理体系、建立健全职业教育投资机制、建立质量监管制度、发挥行业企业在职业教育体制中的作用。[④] 董仁忠等基于政策分析的视角,将澳大利亚职业教育与培训系统演变的发展阶段归纳为各州职业教育与培训系统独立发展、联邦政府干预职业教育与培训系统、职业教育与培训系统的结构化改革、推进体现新职业主义倾向的改革等四个重要阶段。[⑤]

① 刘金存,贾生超,赵明亮.德国高职教育国际化发展的经验借鉴[J].职业技术教育,2015(9):74-77.
② 韩玉,石伟平.日本高职教育国际化办学战略探析[J].教育与职业,2015(19):17-20.
③ 廖华.美国高职教育课程国际化及启示[J].教育与职业,2016(10):103-105.
④ 王龙香.21世纪以来澳大利亚职业教育政策研究[D].重庆:西南大学,2012:1-12.
⑤ 董仁忠,杨丽波.澳大利亚职业教育与培训系统演变——基于政策的分析[J].外国教育研究,2015(2):108-116.

　　还有部分学者对澳大利亚职业教育政策的特点与价值取向进行了探索。例如,胥传孝认为,澳大利亚 TAFE 系统的公共政策具有政府支持、国际化、多样性、实用性、网络化等特点,并提出创新管理体制、明确清晰定位、加强国际交流、完善评估体系、推进职业教育与行业合作等有利于我国职业教育发展的政策建议。[①] 陈小琼等从促进澳大利亚职业教育改革的若干政策文本入手,认为澳大利亚职业教育政策发展中的价值取向是实现教育公平,推行终身教育,发展综合能力,促进经济发展。[②] 陈取江等深入分析了澳大利亚政府理事会、职业教育与培训部长委员会、国家质量委员会、各州培训局、职业院校以及行业与雇主等多元主体在澳大利亚职业教育与培训政策的制定与规划中所扮演的角色,并认为某一时期澳大利亚职业教育相关政策的出台是多个利益团体妥协的结果,通常与经济、社会、政党轮替以及相关管理机构的增设紧密联系在一起。[③]

二、国外研究

　　与高等教育国际化相比,职业教育国际化是一个新兴的研究领域。同国内研究情况相类似,目前国外学者对于澳大利亚职业教育国际化政策本身的研究亦较为罕见。因此,本研究试图从澳大利亚职业教育国际化的动因、职业院校的国际化、职业教育学生的国际化以及职业教育教师的国际化等方面对国外相关研究进行综述。

(一)有关澳大利亚职业教育国际化动因的研究

　　职业教育国际化的"动因"可以理解为一国职业教育国际化的动机与原因,它主要探讨的是"职业教育为什么需要国际化"的问题。部分学者对影响澳大利亚职业教育国际化的因素进行了探讨。例如,巴里·霍巴特(Barry Hobart)认为,随着全球化进程的加快,信息通信技术的发展、在线学习系统的出现以及产业转型升级等方面对澳大利亚职业教育国际化产生了重要影响。[④] 斯图尔特·E. 弗雷泽(Stewart E. Fraser)将澳大利亚国际教育交流的历史划分为二战前本土学生的单向流出与二战后海外学生的大量流入,并认为澳大利亚

---

① 胥传孝.经验与理念—澳大利亚职业教育体系公共政策分析[J].同济大学学报,2009(1):117-124.

② 陈小琼,谭绮球.试析澳大利亚政府高等职业教育政策的价值取向[J].高教探索,2010(1):73-75.

③ 陈取江,顾海悦.澳大利亚职业教育与培训政策的演变、制定与规划、挑战[J].职业技术教育,2012(19):88-93.

④ HOBART B. Globalisation and Its Impact on VET[M]. Adelaide:NCVER,1999:2.

历届政府在二战后以各类项目招收海外学生赴澳接受职业教育的目的是通过教育援助促进与新兴经济体之间的文化交流,并建立一种"国际亲善"的形象。[1] 希瑟·麦凯(Heather McKay)借用了福柯(Foucault)的话语概念,认为国际化是在经济理性主义影响下出现的一种嵌入澳大利亚职业教育系统的新兴话语,国际化作为能力本位培训的对立面出现,由于能力本位培训对学生的严格规定使职业教育成了一种"驯化"与"繁殖"的过程,而职业教育国际化能够促进学生形成一种持续改进与终身学习的精神,是一种削弱能力本位培训话语霸权的有效工具。[2]

(二)有关澳大利亚职业院校国际化的研究

在澳大利亚职业院校的国际化方面,埃丽卡·史密斯(Erica Smith)对澳大利亚职业院校如何改善国际学生的教学效果进行了分析,研究从学生性质、课程性质两方面总结了职业教育国际学生教学面临的挑战,并认为职业院校需要采取为国际学生英语培训提供支持、维护与本土雇主的良好关系、确保学生了解行业规范、对教材进行结构化设计、专注于各领域的专业发展以及科学评估教师绩效等若干提高教学效果的措施。[3] 托尼·克鲁克斯(Tony Crooks)在分析了职业院校、澳大利亚 IDP 教育集团(IDP Education Australia)以及澳大利亚教育国际(Australian Education International,AEI)等三类机构开展职业教育国际营销的方式后,提出了十点提升澳大利亚职业教育国际化水平的建议,分别是明确政府职责、开展市场调查、精准定位产品、杜绝零和博弈、建立伙伴关系、灵活满足需求、注重质量保障、谨慎选择中介、聚焦学生支持、注意宣传效果等。[4] 格雷厄姆·高尔(Graham Gall)将澳大利亚国际教育基金会(Australian International Education Foundation,AIEF)在推动澳大利亚职业院校国际化发展中

① FRASER S E. Overseas Students in Australia: Governmental Policies and Institutional Programs[J]. Comparative Education Review,1984,28(2):279-299.

② MCKAY H. Locating the Fault Line: The Intersection of Internationalization and Competency-based Training[J]. International Education Journal, 2004,4(4):203-211.

③ SMITH E. Pedagogy Not Political Pointscoring: How Training Providers Teach International Students[C]//AVETRA 13th Annual Conference "VET Research: Leading and Responding in Turbulent Times". Surfers Paradise: AVETRA, 2010:1-9.

④ CROOKS T. The Internationalisation of Vocational Education and Training: The Australian Experience[M]//Internationalising Vocational Education and Training in Europe. Thessaloniki: CEDEFOP, 2000:98-112.

的作用概括为共享教育资源、建设基础设施、提供咨询服务以及完善项目支持。[①] 马克·拉希米(Mark Rahimi)与海伦·史密斯(Helen Smith)总结了澳大利亚职业院校在境外合作办学中的三种知识转移模式:政府间项目合作模式、业务伙伴关系模式以及海外直接投资模式,他们以中澳(重庆)职业教育与培训模式、科威特澳大利亚学院办学模式以及澳大利亚 OZ 矿业在老挝赛奔铜矿的投资模式为案例,并分别对三种职业院校境外合作办学的知识转移模式进行了分析。[②] 苏·福斯特(Sue Foster)等人通过对澳大利亚职业院校进行的案头审计、访谈、研讨会以及收集各州与地区政府的反馈等方式,初步确定了澳大利亚职业院校在跨境职业教育中面临的 18 个挑战及其相应的风险,并探讨了如何通过有效的管理运作,将潜在风险降到最低。[③] 米歇尔·巴克(Michelle Barker)等从市场、成本、环境与竞争等方面系统分析了澳大利亚热带北昆士兰 TAFE 学院在国际化进程中采取的全球战略,研究认为,区域联盟与市场细分是有助于职业院校进入国际市场的两条有效路径。[④]

(三)有关澳大利亚职业教育学生国际化的研究

在澳大利亚职业教育学生的国际化方面,国外学者主要关注的是澳大利亚职业教育留学生的学习体验、学习动机以及学习困难。例如,朴泰霍(Pooh Tee Kho)采用实证研究的方法,利用拉希(Rasch)模型分析了西澳州私立培训机构中的留学生对职业教育学习的体验,研究结果表明大多数留学生对学习体验有着较高的评价,他们认为西澳州私立培训机构的教学质量好,毕业后在当地就业机会多,回国后的职业资格认可度较高,而部分评价较低则是因为少数学生

---

① GALL G. The Australian International Education Foundation's Role in Vocational Education and Training[M]//APEC Towards 2020: Internationalising Vocational Education and Training in Europe. Sydney: ANTA, 1995:45-54.

② RAHIMI M, SMITH H. Management of Knowledge in Transnational VET: Diversity of Practice in Three Transnational Models[C]//AVETRA 14th Annual Conference "Research in VET: Janus-Reflecting Back, Projecting Forward". Melbourne: AVETRA, 2011:4-7.

③ FOSTER S, DELANEY B. Challenges, Risks, Good Practice in Offshore Delivery of VET[C]//AVETRA 14th Annual Conference "Research in VET: Janus-Reflecting Back, Projecting Forward". Melbourne: AVETRA, 2011:3-8.

④ BARKER M, HABERMANN L. Global Strategies for International Education Providers in Australia: A Case Study of Tropical North Queensland TAFE[J]. International Journal of KAATSU Training Research, 2007,5(1):21-38.

认为基础设施与学习资源的缺乏影响了他们的学习体验。① 澳大利亚迪肯大学的李氏陈(Ly Thi Tran)与克里斯·尼兰(Chris Nyland)对在澳留学生选择职业教育课程的动机以及他们对职业教育课程的适应性进行了考察,研究认为,留学生选择职业教育课程的动机与适应性的关系总是在不断变化的过程中。② 曹玲(Cao Ling)等对 30 位在澳大利亚职业院校学习的中国学生进行了半结构访谈后发现,能够升入大学继续深造是中国学生选择澳大利亚职业教育最为重要的因素。此外,移民、提升英语能力、中介机构与亲戚朋友的建议也是中国学生选择职业教育的动机。在机构类型选择上,由于澳大利亚"双部门"(Dual Sector)大学(同时提供高等教育学历与职业教育资格的大学)职业教育项目的国际声誉、高质量的实践培训以及优越的地理位置等因素,中国学生倾向于选择双部门大学中的职业教育项目,而不直接在 TAFE 学院就读。③ 还有学者研究了移民倾向对职业教育国际学生的影响。例如,李氏陈与陶氏芳武(Thao Thi Phuong Vu)在《刻板印象对国际学生学习与就业的影响》一文中,利用著名社会学家范·兰根霍夫(Van Langenhove)的定位理论(Positioning Theory),对新南威尔士州、昆士兰州与维多利亚州的双部门大学以及 TAFE 学院中的 100 名国际学生与 50 名教师进行了访谈,系统阐述了移民倾向对职业教育国际学生学习与就业的不利影响。研究结论指出,对国际学生移民动机的刻板印象普遍存在于澳大利亚雇主与职业教育教师的头脑中,将部分职业教育国际学生群体存在的移民倾向视为所有职业教育国际学生的留学动机是不公平的,长此以往会导致职业教育国际学生群体陷入脆弱性与边缘化的恶性循环。④

(四)有关澳大利亚职业教育教师国际化的研究

由于国际学生有着不同的文化背景,且有着多样化的学习动机与个性特

---

① KHO P T J. International Student Perceptions of the Quality of Learning Experiences in Vocational Education and Training[D]. Perth: Edith Cowan University, 2014:1-17.

② LY T T, Chris Nyland. International Students in Australian VET-Framing a Research Project [A]. AVETRA 12th Annual Conference "Aligning Participants, Policy and Pedagogy: Traction and Tensions in VET Research"[C]. Sydney: AVETRA, 2009:1-5.

③ CAO L, LY T T. Pathway from Vocational Education and Associate Degree to Higher Education: Chinese International students in Australia[J]. Asia Pacific Journal of Education, 2015,35(2):274-289.

④ LY T T, THAO T P V. "I'm not like that, why treat me the same way?" The impact of stereotyping international students on their learning, employability and connectedness with the workplace[J]. Australian Educational Researcher, 2016,43(2):203-220.

点,所以职业教育教师在教学时必须充分考虑国际学生的差异性,在将知识、技能与态度传授给国际学生的同时,能够满足不同国际学生的需求。部分学者对职业教育教师国际化开展了研究。例如,李氏陈在《澳大利亚职业教育与培训的国际化——教师与学生的适应曲线》一文中,阐述了国际化的教学法与学习者本位教育、生成性与包容性教学法、跨国技能流动以及文化多样性等一系列问题之间的联系。[①] 索娜尔·纳克(Sonal Nakar)对昆士兰州布里斯班公立TAFE学院与私立培训机构的 15 名教师进行了访谈,并采用归纳分析法确定了职业教育教师在多元文化教学环境中遭遇的职业层面、道德层面、教育层面以及个人层面等的一系列挑战,并指出这些挑战可能进一步使教师陷入进退两难的困境。[②] 墨尔本大学的里诺斯·帕苏拉(Rinos Pasura)聚焦研究墨尔本私立培训机构教师对国际学生的看法以及国际学生当地在 11 所私立培训机构的学习环境。研究结论指出,教师与职业院校均需要重新审视自身,批判性地评估教学实践,以确保职业教育教学能够满足国际学生的学习需求。[③]

三、对既有文献的评述

从国内外现有文献中可以看出,既有研究直接或间接地对澳大利亚职业教育国际化政策研究起到了推动作用。

其中,国内研究大多属于针对职业院校中观视角的质性研究,有针对澳大利亚跨境职业教育学生留学效益的研究,也有涉及澳大利亚职业院校层面国际化策略的研究,还有对澳大利亚职业教育国际化办学模式的研究。然而,仅有的几篇关于澳大利亚职业教育国际化的研究主要停留在描述层面,未能对职业教育国际化的内涵进行清晰的界定。此外,国内研究较少关注内外部因素对职业教育国际化的影响。应该说,国内相关研究的总体思路还是较为清晰的,但具体论述流于形式,而且未能从根本上剖析推动澳大利亚职业教育国际化的深层次动因,缺乏对国外一手文献的掌握,普遍存在核心文献被忽略的情况。

---

① LY T T. Internationalisation of Vocational Education and Training: An Adapting Curve for Teachers and Learners[J]. Research in Comparative and International Education, 2013, 17(4):492-507.

② NAKAR S. Understanding VET Teachers' Dilemmas in Providing Quality Education to International Students in Brisbane[D]. Brisbane: Queensland University of Technology, 2012:24.

③ PASURA R. Realities of Private VET Practice Through VET Teachers' Lenses: Learning Contexts for International Students in Private VET in Australia[J]. International Journal of Training Research, 2014, 12(1):29-44.

与国内研究的取向不同，国外研究较多属于从教学、课程、教师、学生等微观视角进行的实证研究，尤其注重教师对国际学生的看法以及国际学生对澳大利亚职业教育的评价等方面。国外研究采用的研究方法较为科学，逻辑与条理也比较清晰。但不足之处在于，未能深入政策文本，很少关注国家/部门层面的国际化政策及其具体的实施举措、成效与不足。对部分访谈提纲与问卷调查的设计略显粗糙，忽视了制度层面对澳大利亚职业教育国际化的促进作用。

通过对已有文献的归纳与总结，本研究旨在克服国内外研究中存在的部分缺陷，在厘清职业教育国际化基本内涵的基础上，对澳大利亚职业教育国际化政策的生成背景、核心内容、具体实施、成效不足等方面进行深入分析。本研究从国家宏观层面的政策视角切入，在对政策文本进行详细阐释的基础上，注重对澳大利亚职业教育国际化政策在中观院校层面以及微观教学层面的实施进行分析，并总结澳大利亚职业教育国际化政策对我国职业教育国际化发展的借鉴意义，使后续研究得以继续深入。

第三节　核心概念界定

一、澳大利亚职业教育

目前，国内对"职业教育"的定义还没有统一的认识，各类职业教育专著与权威辞典对"职业教育"的定义也不尽相同。例如，《教育大辞典》将职业教育定义为"传授某种职业或生产劳动知识与技能的教育"，可以仅指"培养技术工人类的职业技能教育"，也可以泛指"为谋取或保持职业而准备、养成或增进从业者的知识、技能、态度的教育和培训，不仅包括技能性、还包括技术性的"，与"职业技术教育"（Vocational-Technical Education）同义。[①]《中国教育大百科全书》将职业教育的含义划分为两个层面：广义的职业教育指"普通教育中的职业技术入门教育"，狭义的职业教育则指"准备从事各项职业的职业技术准备教育和之后进一步提高的职业技术继续教育"。[②]

① 顾明远.教育大辞典（增订合编本）[M].上海：上海教育出版社，1998：2032.
② 顾明远.中国教育大百科全书[M].上海：上海教育出版社，2012：2318.

无独有偶,国际上对"职业教育"也有着多种不同的提法,有的称职业教育(Vocational Education),有的称技术教育(Technical Education),有的称技术和职业教育(Technical and Vocational Education,TVE),有的称职业教育与培训(Vocational Education and Training,VET),还有的称技术和职业教育与培训(Technical and Vocational Education and Training,TVET)。在 1999 年召开的第二届国际职业技术教育大会上,联合国教科文组织在正式文件中首次使用了"技术和职业教育与培训"的提法[①],将"职业教育""技术教育"与"职业培训"三者相整合。这不单是字眼上的变更,它表明职业教育的内涵与外延均发生了变化。随着世界范围内的贸易往来、资金融通以及技术革命的深入发展,各行业对从业人员的素质要求不断提高,职业教育中的"技术成分"也不断增加。此外,伴随着世界各国教育、培训与就业部门合作关系的加强,教育、培训与就业之间相互隔绝的状况亦得到了明显改善,职业教育已成为由职前教育、就业培训与在职培训所构成的连贯过程。[②] 2012 年 5 月在上海召开的第三届国际职业技术教育与培训大会仍沿用了"技术和职业教育与培训"的提法,可见这一提法已获得了国际上的普遍认可。

澳大利亚对"职业教育"的提法最早可追溯至 19 世纪末,当时"职业教育"被称为"技术教育"。1974 年,坎甘委员会在《坎甘报告》(Kangan Report)中将"技术教育"更名为"技术与继续教育"。1992 年以来,随着澳大利亚国家培训局的成立,"职业教育"的外延得到了扩充,所有公立技术与继续教育学院以及私立培训机构所提供的职业教育被统称为"职业教育与培训"。2017 年 5 月,澳大利亚国家职业教育研究中心(National Centre for Vocational Education Research,NCVER)在最新出版的《职业教育与培训术语手册》(Glossary of VET)中对"职业教育与培训"的官方定义是:继义务教育之后(澳大利亚的义务教育年限为 12 年,包括小学 6 年,初中 4 年,高中 2 年),为学习者提供与职业或工作相关的知识与技能,并为企业培养高素质劳动力的教育与培训。[③] 为行文方便,本研究中所指的"职业教育"等同于"职业教育与培训",是澳大利亚注册培训机构(Registered Training Organization,RTO)(注册培训机构包括 TAFE 学院、部分前身为理工

---

①　吴雪萍.国际职业技术教育研究[M].杭州:浙江大学出版社,2004:1.

②　王承绪,顾明远.比较教育[M].北京:人民教育出版社,2013:210.

③　National Centre for Vocational Education Research. Glossary of VET[Z]. Adelaide:NCVER,2017:118.

学院的大学、私立培训机构、行业或企业内部培训机构、成人与社区教育提供者、社区组织以及满足注册要求的其他组织）在本土或境外开展的一系列职业教育与培训活动。

二、教育国际化

教育国际化是职业教育国际化的上位概念，因此，在界定职业教育国际化之前，有必要对教育国际化的定义进行探讨。

从词源看，在国内文献中，最早使用"国际化"一词的是陈独秀，他于1921年在《新青年》上发表了《社会主义批评》一文。据统计，"国际化"一词在文中总共出现了三次，该词在原文中的出处为："因为交通便利，需要复杂底缘故，有许多事都渐渐逃不了国际化，经济制度更是显著，一是救济中国断不能不发展实业……三是现代国际化的力量固然很大，但是制度的改变，必先由于国别的提倡，冒着困难使新制度渐渐现实，渐渐成为国际化，那时新的制度便确立了。"[①]此处"国际化"的内涵较为宽泛，表示的是世界各国之间在政治与经济领域日益密切的接触与频繁的相互交流。[②]

从词义看，《现代汉语词典》将"国际"一词解释为，一为表属性的形容词，指国与国之间的、世界各国之间的；二为名词，指世界或世界各国。"化"在此处为加在形容词或名词之后构成动词的后缀词，表示转变成某种性质或状态[③]。因此，教育国际化可理解为将教育转化成国与国之间、世界各国之间相互融合的性质或状态。《教育大辞典》对教育国际化的定义是"二战后，国际相互交流、研讨、协作，以解决教育上共同问题的发展趋势。国际教育组织的出现与发展；国际合作的加强以及各国在各级各类学校的发展上日益趋同为教育国际化的三大特点"。[④]

加拿大著名学者简·奈特（Jane Knight）从国家/部门、院校机构等层面对教育国际化进行了定义："在院校与国家层面，把国际的、跨文化的、全球的维度

① 胡明.陈独秀选集[M].天津：天津人民出版社，1990：140.
② 田正平，王恒."教育国际化"考略[J].社会科学战线，2015(6)：230-236.
③ 中国社会科学院语言研究所词典编辑室.现代汉语词典[M].6版.北京：商务印书馆，2012：495，559.
④ 顾明远.教育大辞典（增订合编本）[M].上海：上海教育出版社，1998：751.

整合进中学后教育（Tertiary Education）的目的、功能或传递的过程。"[①]其中，"全球的""国际的""跨文化的"是三位一体的概念集群，"全球的"指范畴上与实质上的世界范围，也可以指一种世界视野；"国际的"强调不同民族与国家之间的关系；"跨文化的"是指两种及其以上不同文化背景群体之间的交互作用，强调一国环境中文化的多样性。三者互为补充，共同反映了教育国际化过程在深度与广度上的深刻内涵。从哲学角度看，"维度"是观察、思考与表述某事物的"思维角度"，这里可以理解为"方面"或"层面"。"整合"这一表述，则是将三种维度嵌入国家政策与院校实践中，以保证教育国际化政策在院校层面具有可持续性且不被边缘化。"过程"则表示教育国际化是一种正在进行与持续不断的努力。

三、职业教育国际化

从国内文献看，"职业教育国际化"这一词语最早出现于 1994 年，是由江汉大学高等职业教育研究所的张晓明教授在《世界外向型职业技术人才的培养特色》一文中提出的。张晓明从瑞士、法国、新加坡与菲律宾等国职业教育国际化人才培养的实践入手，将职业教育国际化概括为：强调培养目标的国际视野，面向国际市场的培训内容，突出培训机构的跨国合作以及重视培训人员的国际交流。[②] 此后，也有部分学者尝试对"职业教育国际化"进行定义。例如，侯兴蜀认为，职业教育国际化是"一国或地区积极参与职业教育国际交流、分工、合作、服务与竞争，是一种使职业教育诸多要素聚集、流动与对外扩散的历史进程。职业院校的国际化、教师与学生的国际化、教学与课程国际化以及学习成果的国际转换构成了职业教育国际化的几大要素。"[③]贾剑方认为，职业教育国际化是与经济全球化密切相关的概念，反映的是一种"全球化""通行化""被公认""标准化""现代化""先进性"的水平，核心是人才培养和课程建设。[④]

从国外文献看，澳大利亚 TAFE 国际（Australia TAFE International, ATI）在 1996 年制定的《澳大利亚 TAFE 国际化国家框架：TAFE 学院指导方针》（A National Framework for the Internationalisation of Australian TAFE：

---

　　① KNIGHT J. Internationalization Remodeled：Definition，Approaches，and Rationales[J]. Journal of Studies in International Education，2004，8(1)：5-31.

　　② 张晓明.世界外向型职业技术人才的培养特色[J].科学学与科学技术管理，1994(7)：34-36.

　　③ 侯兴蜀.职业教育国际化的内涵、形势及推进策略[J].中国职业技术教育，2012(21)：46-50.

　　④ 贾剑方.职业教育国际化概念的重新审视[J].职教论坛，2017(7)：54-57.

Guidelines for Australian TAFE Institutions)中,首次提出了"技术与继续教育国际化"(Internationalisation of TAFE)及其所包含的五个关键维度。1997 年,彼得·卡恩斯(Peter Kearns)在《跨境学习:职业教育与培训教职员工发展国际化报告》(Learning Across Frontiers:Report on the Internationalisation of Staff Development in Vocational Education and Training)中,将之前澳大利亚 TAFE 国际提出的"技术与继续教育国际化"的外延拓展为"职业教育与培训的国际化"(Internationalisation of VET)。

在这份著名的《卡恩斯报告》(Kearns Report)中,卡恩斯从动因(国际化的动机和原因)、路径(怎样国际化)以及目的(国际化为了什么)等层面将职业教育国际化定义为:"职业教育为了应对国际新秩序在经济、技术、社会与文化等方面对自身提出的挑战,而相应地做出改变的一种过程。这种过程应该使职业教育学生与教师掌握在多元化世界中有效生活与工作所必备的技能、态度、价值观;要与澳大利亚的多元文化社会紧密联系,而且必须为澳大利亚产业在国际经济竞争中做出贡献。职业教育国际化的最终目的是使澳大利亚职业教育成为国际最佳实践,并塑造一种持续改进与终身学习的职业教育文化。"[①]

从这个相对完整的定义中可以看出,对于澳大利亚而言,职业教育国际化的实质是职业教育因应国际变化、培养师生能力、服务国家需求、提高自身实力的过程,是国际挑战、国家逻辑与院校动机三者的有机结合。因此,本研究中对职业教育国际化概念的界定也采用了这一描述性定义。

此外,卡恩斯将职业教育国际化的五个关键维度归纳为课程国际化(Internationalisation of the Curriculum)、教职员工发展的国际化(Internationalisation of Staff Development)、加强职业院校与世界的联系(Linking Vocational College to the World)、成为国际最佳实践(Achieving International Best Practice)以及促进学生的国际流动(Promoting International Mobility of Students)。此外,积极应对外部变化、注重以客户为中心、重视国际能力的培养以及塑造不断进取的文化是职业教育国际化的重要原则。图 1.1 清晰地呈现了澳大利亚职业教育国际化的动因、关键维度以及重要原则。

---

① KEARNS P. Learning Across Frontiers:Report on the Internationalisation of Staff Development in Vocational Education and Training[R]. Melbourne:ANTA,1997:9.

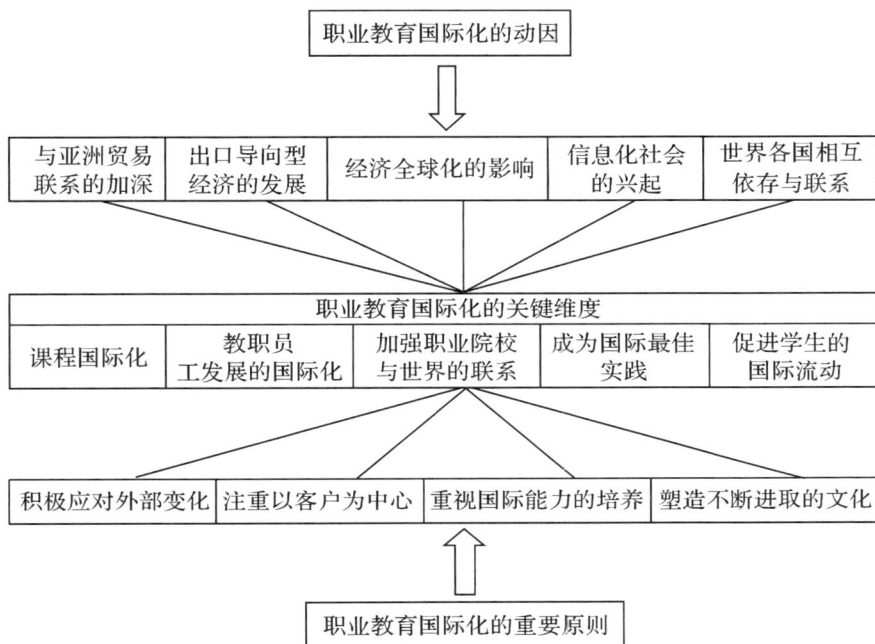

图 1.1　职业教育国际化的动因、关键维度、重要原则

资料来源：Peter Kearns. Learning Across Frontiers：Report on the Internationalisation of Staff Development in Vocational Education and Training［R］. Melbourne：ANTA，1997：9.

四、职业教育国际化政策

英语中原本并没有"政策"（Policy）一词，只有"政治"（Politic），后者源于古希腊语中的"Politeke"，意为"关于城邦的学问"。随着近代西方政党政治的发展，逐渐由"政治"演变出"政策"一词，包含"政治""策略""谋略""权谋"等诸多内涵，一般用以指称政府或政党组织为某一特定目的所采取的行动。[①]《辞海》对"政策"的定义为："国家、政党为实现一定历史时期的路线和任务而规定的行动准则。"[②]在现代国家中，教育早已超越家庭事务的性质，伴随福利国家的发展而具有社会公共事务的性质，国家具有办教育、管理教育的权力与责任。因而，教育政策理所当然属于公共政策的范畴，由公共权力机关制定，是公共政策在教育领域的具体表现。

---

① 范国睿.教育政策的理论与实践［M］.上海：上海教育出版社，2011：2-3.
② 辞海编辑委员会.辞海［M］.上海：上海辞书出版社，1980：1465.

学术界对教育政策的定义纷繁多样,例如:"教育政策是政府或政党制定的有关教育的方针、政策,主要是某一历史时期国家或政党的总任务、总方针、总政策在教育领域内的具体体现"。[①] "教育政策是负有教育的法律或行政责任的组织及团体为了实现一定时期的教育目标和任务而规定的行动准则。"[②] "教育政策是一个政党或国家为实现一定时期的教育任务而制定的行为准则。"[③] "教育政策是一种有组织的动态发展过程,是政党、政府等政治团体在一定历史时期,为了实现一定的教育目标和任务而协调教育的内外关系所规定的行动依据和准则。"[④] "教育政策是有关某种态度的表述,这些表述通常记录于政策文件上,指'即将或者应当遵循的,有关教育议题的原则和行动的特定化,用以达成所期待之目标'"。[⑤]

综上所述,本研究中所探讨的澳大利亚职业教育国际化政策是指:对澳大利亚教育负有法律或行政责任的组织或团体,在特定时期内制定的、促进澳大利亚职业教育国际化的行动依据与行为准则。需要特别指出的是,对于澳大利亚而言,"负有教育法律或行政责任的组织与团体"除了联邦议会、联邦政府的组成部门与直属机构(主要是教育与培训部及其司局机构)等公权力机关之外,还包括在教育决策与管理中发挥重要作用的,介于政府与职业院校之间的教育团体(Educational Body)[⑥]。例如:澳大利亚 TAFE 国际、国家职业教育研究中心以及澳大利亚 TAFE 理事会(TAFE Directors Australia,TDA)。虽然教育的公权力机关才是最终有权制定具有公共约束力教育政策的机构,但在其决策前,往往需要听取来自智囊机构与社会公众的意见。因此,本研究探讨的政策不仅包括公权力机关制定的政策文件,还涵盖部分官方与民间教育团体的决策性报告。

第四节　理论分析框架

一、教育国际化概念框架

概念框架(Conceptual Framework)是一种包含许多变量与不同情境的分

① 叶澜.教育概论[M].北京:人民教育出版社,1991:148.
② 成有信.教育政治学[M].南京:江苏教育出版社,1993:201.
③ 袁振国.教育政策学[M].南京:江苏教育出版社,1996:115.
④ 孙绵涛.教育政策学[M].武汉:武汉工业大学出版社,1997:5.
⑤ TRAWLER P. Education Policy[M]. London:Routledge,2003:95.
⑥ 黄立志.制度生成与变革:澳大利亚技术与继续教育历史研究[M].天津:南开大学出版社,2013:5.

析工具,通常用于区分概念与组织思路,有力的概念框架能够以一种易于记忆与应用的方式捕捉到真实的东西。而教育国际化的概念框架是一种分析各类教育国际化问题的工具。当前,国外学术界对高等教育国际化的概念框架已有了较为深入的分析。因此,本研究在理论分析框架的选择上,借鉴了由荷兰学者汉斯·德维特(Hans de Wit)提出,并经加拿大学者简·奈特修改的高等教育国际化概念框架(Conceptual Framework of Internationalisation of Higher Education)。就概念框架的适用性看,虽然澳大利亚并无高等职业教育这一提法,但澳大利亚的职业教育同高等教育一样,均处于中学后教育阶段,是一种独立存在的中学后教育类型,用于分析高等教育国际化的概念框架在某种程度上也适用于分析职业教育国际化。

德维特与奈特在对美国、加拿大与欧洲高等教育国际化的历史进行了较为系统的梳理后,将前人对高等教育国际化的碎片化论述整合为高等教育国际化的含义(Meanings)、动因(Rationales)、策略(Strategies)与组织模式(Organisation Models)等四大模块[①],构建了四位一体的,具有高度的浓缩性、普适性与概括性的高等教育国际化概念框架。因此,本研究试图对高等教育国际化概念框架中的四大模块进行阐述,进而在分析与批判的基础上,将其作为分析澳大利亚职业教育国际化政策的理论支点。

(一)高等教育国际化的含义

顾名思义,高等教育国际化的含义主要探讨的是"何为高等教育国际化"的问题。在浩如烟海的文献中,许多学者从意义、原因、内容以及活动等层面对高等教育国际化的含义进行了描述与解释。然而,部分学者在同一篇文章中使用了多个术语来描述同一种高等教育国际化现象,而忽视了对每一种术语异同的区分,多种术语意义的相互重叠与混淆容易影响对高等教育国际化含义的理解。因此,在批判的基础上,德维特与奈特将前人对高等教育国际化含义的各种描述与解释归纳为四种界定方法,即活动方法(Activity Approach)、气质方法(Ethos Approach)、能力方法(Competency Approach)以及过程方法(Process Approach)。[②] 虽然每种方法都有区别于其他方法的明显特征,但四种方法并

---

① Hans de Wit. Internationalisation of Higher Education in the United States of America and Europe：A Historical，Comparative and Conceptual Analysis[D]. Amsterdam：Amsterdam University，2001：75-128.

② Hans de Wit. Internationalisation of Higher Education in the United States of America and Europe：A Historical，Comparative and Conceptual Analysis[D]. Amsterdam：Amsterdam University，2001：106-109.

不互相排斥。因此，可将这些方法理解为共同构成高等教育国际化的不同方面。

1. 活动方法

活动方法是从各种具体的活动出发来描述高等教育国际化的一种方法，这些具体的活动包括课程开发与创新、学生与教师的交流、区域研究、技术援助、跨文化培训、国际学生留学以及联合研究等各式各样的学术活动与课外活动。[①]活动方法重点关注活动的内容，并不包含创立、发展与维持这些活动的组织。该方法成了西方学者描述高等教育国际化所广泛采用的界定方法，甚至与活动方法相关的部分术语已被等同为高等教育国际化。从术语使用的频繁性看，在诸多高等教育国际化的活动中，课程开发与创新（或课程国际化）是最关键，也是最重要的活动之一。与课程开发与创新相关的术语有国际教育、国际理解教育、多元文化教育、跨文化教育、和平教育、全球教育、发展教育、国际研究、区域研究、跨国研究以及全球研究。各类国际化活动的主要目的是为学生提供一种教育经历，并在此过程中培养学生的全球意识与国际视野。

2. 气质方法

简·奈特于1994年提出了用以界定高等教育国际化的气质方法，气质方法注重开创一种重视与支持跨文化与国际视野的风气。她认为，国际化不仅应当包括活动方法所提及的那些方面，还必须包括"明确与积极的全球态度、超越本土的发展理念，并将此内化为高等教育的精神与气质"[②]。显然，简·奈特强调的是一种观念与态度层面的国际化，目的是在高等教育领域树立全球态度并形成国际化的精神气质与文化氛围。

3. 能力方法

能力方法倾向于将高等教育国际化视为学生与教师通过高等教育过程所掌握的在多样化世界中有效生活与工作的一系列能力。[③] 显然，能力方法关注的是个体层面的国际化，而非学术活动或组织管理等层面的国际化。在各种文

---

① Hans de Wit. Internationalisation of Higher Education in the United States of America and Europe：A Historical，Comparative and Conceptual Analysis[D]. Amsterdam：Amsterdam University，2001：106.

② KNIGHT J. Internationalization：Elements and Checkpoints[J]. Canadian Bureau for International Education Research，1994，7：4.

③ Hans de Wit. Internationalisation of Higher Education in the United States of America and Europe：A Historical，Comparative and Conceptual Analysis[D]. Amsterdam：Amsterdam University，2001：107.

献中所提及的学习能力、职业能力、全球能力、跨国能力、国际能力以及跨文化能力均属于能力方法范畴中的术语。之后，能力方法的外延得到了拓宽，除了个人，还包括政府、教育机构组织以及社会团体。

4. 过程方法

过程方法对高等教育国际化的定义为"将具有国际维度的观念融入院校机构的主要职能中的过程，如注入、整合、渗透与吸收等动词均是用于表示过程方法的术语"。① 各类学术活动、组织政策以及流程策略也是国际化过程的组成部分。有关过程方法的比较研究包括：高等教育机构的国际化策略；国家政策；全球化与国际化之间的联系以及国际化与质量保障等方面。德维特与奈特认为，在上述界定高等教育国际化的四种方法中，过程方法是目前得到广泛认可，且较为系统与全面的一种方法。奈特、德维特以及欧洲国际教育协会（European Association for International Education，EAIE）都赞成将高等教育国际化视为一种"过程"。本研究在对职业教育国际化这一核心概念进行界定时，也采用了过程方法。

（二）高等教育国际化的动因

高等教育国际化的动因可以理解为一国高等教育国际化的动机与原因，它主要探讨的是"一国高等教育为什么需要国际化"的问题。不同的动因往往意味着不同的国际化目的与手段。自20世纪90年代以来，全球高等教育国际化的迅猛发展来源于种种力量的推动，德维特将推动高等教育国际化发展的力量归结为以下四个方面：①政治动因，包括对外政策、国家安全、技术援助、和平与相互理解、民族认同与区域认同等方面；②经济动因，包括经济增长、劳动力市场需求、教育出口创收等方面；③社会/文化动因，包括不同国家文化间的认同与理解、社会与社区团体的发展等方面；④学术动因，包含拓展学术视野、提升教学与科研的国际影响力、国际化体制建设、提升教育质量、建立国际学术标准等方面。②

---

① Hans de Wit. Internationalisation of Higher Education in the United States of America and Europe：A Historical，Comparative and Conceptual Analysis[D]．Amsterdam：Amsterdam University，2001：108．

② Hans de Wit. Internationalisation of Higher Education in the United States of America and Europe：A Historical，Comparative and Conceptual Analysis[D]．Amsterdam：Amsterdam University，2001：79-91．

在分析高等教育国际化的动因时,德维特认为必须要考虑到政府、教育部门以及私人部门等利益相关者群体的多样性。政府包括狭义的国家政府以及广义的区域性国际组织(如欧盟、联合国)。教育部门可分为院校层面的高校各部门、各系所以及个人层面的学者与学生。而私人部门群体的范围大到跨国公司与国际基金会,小到国有或地方企业。然而,奈特认为,德维特归纳的四个动因类别模糊不清,也不易阐明,更无法在国家与院校层面加以辨别。因此,奈特在此基础上将高等教育国际化的动因分为国家/部门与院校机构两个层面,其中国家/部门层面的动因包括人力资源发展、地缘政治、商业贸易、国家建设以及文化相互理解等,而院校机构层面的动因则包括国际形象与声誉、质量提升、学生与教师的发展、经济创收、战略联盟以及开发科研与知识产品等。[①]

(三)高等教育国际化的策略

高等教育国际化的"策略"是活动方法在院校层面的细化,是决定院校层面的国际化能否获得成功并可持续发展的核心。具体包括一系列融入高等教育提供者主要职能中的具有国际维度的活动,这些活动被分为项目策略(Programme Strategies)与组织策略(Organisational Strategies)两大类别。

1. 项目策略

项目策略是指高等教育机构为了将国际维度融入教学、科研与服务等主要职能中所建立与开发的各种学术活动。[②] 1995 年,奈特与德维特共同提出了高等教育机构的四类项目策略:与科研有关的活动,与教育有关的活动,技术援助与合作活动,课外活动与机构服务。2004 年,在经过奈特的修改之后,项目策略的外延发生了变化,变为包含学术项目、科研与学术合作、外部关系以及课外活动在内等四类策略。其中,将"技术援助与发展合作"修改为"外部关系"这一变动表明,在奈特的观念中,院校层面国际化策略的价值取向已经从单纯的援助导向转变为服务贸易导向,修改后的项目策略如表 1.3 所示。

---

① 德维特,哈拉米略,加塞尔-阿维拉,等.拉丁美洲的高等教育:国际化的维度[M].李锋亮,石邦宏,陈彬莉,等译.北京:教育科学出版社,2011:15.

② Hans de Wit. Internationalisation of Higher Education in the United States of America and Europe: A Historical, Comparative and Conceptual Analysis[D]. Amsterdam: Amsterdam University, 2001:111.

表 1.3 高等教育国际化的项目策略

学术项目	学生层面:学生交换项目、学生访问项目、海外留学/工作/实习 教师层面:教师流动项目、访问学者项目 课程开发层面:国际课程、联合/双学位课程、外语学习课程、跨文化培训课程、区域专题课程、暑期国际课程
科研与学术合作	学生层面:攻读海外博士/硕士学位研究生、联合培养博士/硕士 教师层面:科研人员流动项目、客座教授项目、访问研究者项目 科研开发层面:联合研究项目、国际科研合作协议、合作科研成果发表、国际会议与研讨会、科研领域国际合作伙伴
外部关系	本土层面:与非政府组织或公共/私人部门建立的伙伴关系、社区服务 海外层面:国际伙伴关系与网络联系、国际发展援助项目、跨境合作办学、海外校友项目、为国际合作伙伴与客户定制的教育项目
课外活动	学生俱乐部与社团活动、国际校园活动、基于社区的跨文化与民族活动

资料来源:KNIGHT J. Internationalization Remodeled:Definition,Approaches,and Rationales[J]. Journal of Studies in International Education,2004,8(1):5-31.

2.组织策略

组织策略是指高等教育机构为了使具备国际维度的活动制度化而制定的适切性政策与管理体制。① 奈特与德维特指出,即便国际化学术项目与活动的数量不断增加,如果得不到永久的组织承诺与结构支撑,当发生支持者离开机构、资源日益稀缺或其他优先考虑事项出现等情况时,这些国际化学术项目与活动随时可能被搁置,甚至被取消。因此,国际化需要牢固地扎根于院校机构层面的政策、文化以及组织中,以避免学术活动被边缘化或如昙花一现。奈特认为,在区分两种策略的基础上,有必要将组织策略提升到与项目策略同等重要的地位,她将组织策略归纳为管理、运行、支持服务以及人力资源开发等四个方面,如表1.4所示。

① HANS D W. Internationalisation of Higher Education in the United States of America and Europe:A Historical,Comparative and Conceptual Analysis[D]. Amsterdam:Amsterdam University,2001:113.

表 1.4　高等教育国际化的组织策略

管理	高层领导的明确承诺 全体教师的主动参与 国际化动因与目标的衔接 对任务宣言与其他政策文件中的国际维度给予认可
运行	融入机构与部门的规划、预算与质量审查制度中 合适的组织结构 沟通、联络与协调系统 集中与分散并举的国际化发展 充足的资金支持与完善的分配制度
支持服务	机构的服务支持:学生住宿、注册、咨询、筹款 学术支持:语言培训、课程开发、图书馆 针对国际学生的支持服务:入学辅导、问询服务、跨文化培训、学生顾问
人力资源开发	国际专家的招聘与选拔程序 针对教师的奖励与晋升政策 教师的专业发展活动 对国际外派与公休假期的支持

资料来源:KNIGHT J. Internationalization Remodeled: Definition, Approaches, and Rationales[J]. Journal of Studies in International Education,2004,8(1):5－31.

(四)高等教育国际化的组织模式

高等教育国际化的"组织模式"可以理解为将组织策略的不同方面经过组合所构成的一种动态运行机制[1],主要可以分为两种类型。第一种是矩阵模式(Matrix Mode),该模式的特点是通过对不同维度的选择与定义,形成定位国际化的矩阵,各类国际化活动与策略都可以放入矩阵中进行定位。第二种是过程模式(Process Mode),此类模式试图呈现机构国际化策略的制定过程、实施过程以及影响因素。由于过程模式是在矩阵模式的基础上发展而来,并对矩阵模式进行了一定的改良,所以过程模式就成了高等教育国际化概念框架的主流组织模式。过程模式主要包括国际化分形模式、国际化 NUFFIC 模式以及国际化循环模式几种。

1.鲁茨基提出的国际化分形模式

1998 年,英国学者爱德华·鲁茨基(Edward Rudzki)在其博士论文《国际

---

[1]　HANS D W. Internationalisation of Higher Education in the United States of America and Europe: A Historical, Comparative and Conceptual Analysis[D]. Amsterdam: Amsterdam University, 2001:115.

化策略管理——理论与实践模式的建构》（"The Strategic Management of Internationalization—Towards a Model of Theory and Practice"）中借鉴了约翰逊（Johnson）与斯科尔斯（Scholes）的策略管理方法，通过对英国96所商学院国际化策略的实证调查，将高等院校的国际化策略确定为四个关键维度，即组织变革、课程创新、人员发展、学生流动，并在此基础上提出了由六个阶段组成的国际化分形模式（The Fractal Process Model of Internationalization）。[①] 如图1.2所示。

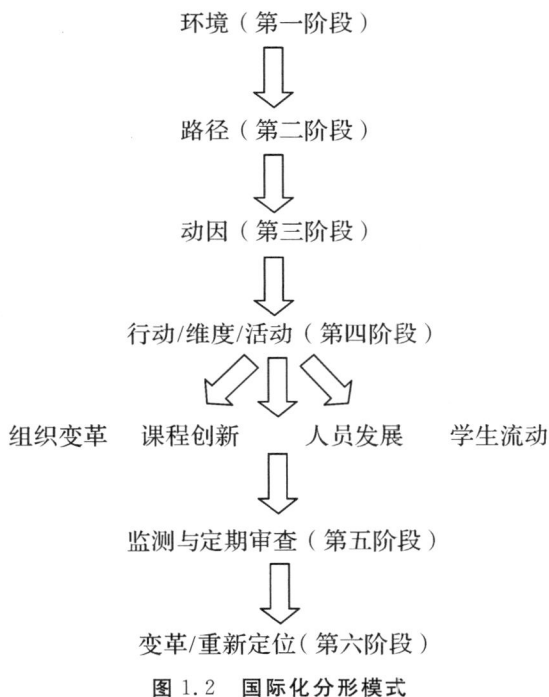

环境（第一阶段）

⬇

路径（第二阶段）

⬇

动因（第三阶段）

⬇

行动/维度/活动（第四阶段）

组织变革　课程创新　　人员发展　　学生流动

⬇

监测与定期审查（第五阶段）

⬇

变革/重新定位（第六阶段）

图 1.2　国际化分形模式

资料来源：RUDZKI E. The Strategic Management of Internationalization—Towards a Model of Theory and Practice[D]. Newcastle：University of Newcastle，1998：213-230.

第一阶段为环境（Context），包括国际环境（如机会分析、专家网络、外部资金支持）与国内环境（如海外学生奖学金，咨询机会以及国际机构建设）。第二阶段为路径（Approach），主要分为主动的国际化路径与被动的国际化路径。第

---

① RUDZKI E. The Strategic Management of Internationalization-Towards a Model of Theory and Practice[D]. Newcastle：University of Newcastle，1998：213-230.

三阶段为动因（Rationale），主要包括政治经济动因（如经济增长，劳动力市场，对外政策，财政激励）与文化教育动因（如文化功能，个人发展，提供国际维度的科研与教学，机构建设，提升教育质量）。第四阶段为行动／维度／活动（Actions/Dimensions/Activities），主要包括组织变革（Organizational Change）、课程创新（Curriculum Innovation）、人员发展（Staff Development）、学生流动（Student Mobility）等四大维度。其中，组织变革指机构为了维持教学、科研及其相关活动的存在与延续，因应环境变化的过程；课程创新指机构将国际知识纳入课程内容中，并不断调整教学方式，确保课程内容与国际发展的相关性；人员发展指大学教师与管理人员提高自身知识、技能与意识的国际化水平，以实现自我完善与专业发展的过程；学生流动指本科生与研究生在空间层面与知识层面的流动。第五阶段为监测与定期审查（Monitoring and Periodic Review），定期审查的主要目的是保持机构内部发生的事件与外部环境变化之间的一致性。高校需要不断地对国际化过程进行监测与评估，根据反馈信息衡量国际化过程中取得的进展与存在的问题，以便对国际化活动持续进行改进。第六阶段为变革／重新定位（Change/Repositioning），主要指高校根据审查结果，适当地增加或减少国际化活动。

鲁茨基提出的国际化分形模式将政策声明、结对项目、特许经营以及联合学位课程等多样化的策略作为机构组织变革的实例，这种项目策略与机构策略的组合有效地揭示了机构国际化的动态发展过程，在实践领域可以为分析高等教育国际化过程提供评估框架。即便如此，该模式仍有不足之处。首先，鲁茨基在模式中用环境与路径代替了外部背景与内部背景。由于环境与路径是分阶段以层级次序排列的，这暗示了外部环境在机构国际化的战略规划中比内部因素显得更重要，显示出较强的主观性。此外，鲁茨基未能对每个阶段的发展与过渡机制进行详细阐述，使得国际化过程呈现线性与孤立性的特点。其次，在构成机构国际化过程的四个维度方面，由于组织变革这一维度相较于其他三个具体维度而言更抽象，因此这一抽象维度与其他三个具体维度不应为并列关系，而是包含与被包含的关系。最后，由于鲁茨基仅选择了课程创新、人员发展与学生流动等三项具体的国际化活动，容易忽略对其他项目策略的考虑，或错误地将其他项目策略归于组织变革的维度之下。

2. 范·德·文德提出的国际化 NUFFIC 模式

荷兰乌德勒支大学（Utrecht University）高等教育研究院院长范·德·文德（Marijk van der Wende）也是研究高等教育国际化的知名学者之一。1996 年，在她的博士论文《荷兰高等教育课程国际化：国际比较的视角》(Internationalising the Curriculum in Dutch Higher Education：An International Comparative Perspective)中，她为荷兰高等教育国际交流协会(Netherlands Organization for International Cooperation in Higher Education，NUFFIC)开发了一种高等教育机构国际化的过程模式，并将其命名为 NUFFIC 模式。[①] 如图 1.3 所示。

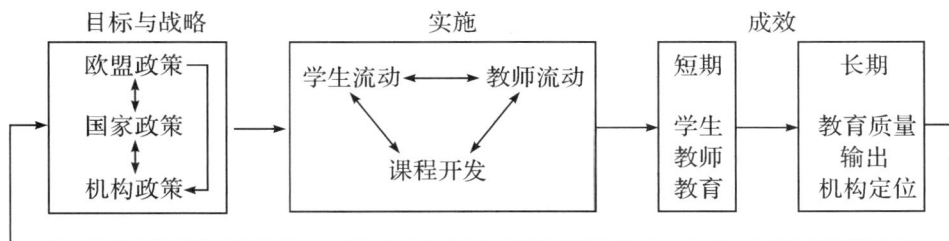

图 1.3 国际化 NUFFIC 模式

资料来源：WENDE M V D. Internationalising the Curriculum in Dutch Higher Education：An International Comparative Perspective[D]. Ph. D. Thesis. Enschede：University of Twente，1996：8.

NUFFIC 模式确定了国际化过程的三类重要因素，即国际化的目标与战略、实施以及成效，三者之间形成了前后递进的发展关系。首先，在欧盟国家情境中，机构国际化的目标与战略包括欧盟政策、国家政策、机构政策，三种不同层面的政策相互影响形成了政策间循环，并对高等教育机构国际化策略的实施直接产生影响。其次，国际化目标与战略的实施对象主要涉及学生流动、教师流动与课程开发等三个维度。最后，短期成效主要关注国际化对学生、教师、教育的影响，而长期成效则注重衡量国际化对教育质量、输出以及机构定位的影响。对实施成效的评估反过来能够更新目标与战略，使得整个过程得到循环改进。与鲁茨基的国际化分形模式相比，这一模式更好地呈现了不同层面的政策对高等教育机构国际化策略形成以及整个国际化过程循环的影响。但该模式仍存在两个缺陷：一是该模式只关注机构国际化中的教育维度，排除了科研与技术援助等因素；二是该模式在影响机构国际化的动因方面只强调了官方的政策文本，这表明高等教育机构的国际化只受国家政策的影响，而忽视了其他组织的影响因素，显得较为狭隘。

① WENDE M V D. Internationalising the Curriculum in Dutch Higher Education：An International Comparative Perspective[D]. Enschede：University of Twente，1996：7-8.

3. 简·奈特提出的国际化循环模式

简·奈特是较早研究高等教育国际化问题的学者之一,她在 1994 年《国际化:要素与检验点》(Internationalization:Elements and Checkpoints)这篇论文中系统阐述了高等教育国际化的概念、动因、要素以及国际化的推进过程,并构建了一种包含意识、承诺、规划、实施、审查、强化等六大要素组成的国际化循环模式,试图揭示大学如何将国际化意识转变为制度化的发展路径。[①] 如图 1.4 所示。

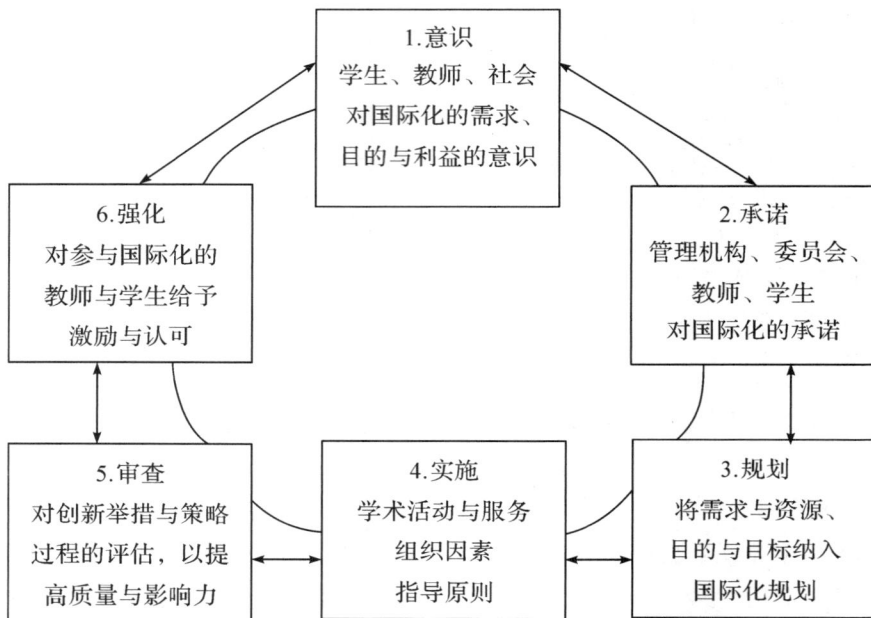

图 1.4　国际化循环模式

资料来源:KNIGHT J. Internationalization:Elements and Checkpoints[J]. Canadian Bureau for International Education Research,1994,7:12.

简·奈特的国际化循环模式将国际化进程视为连续的循环周期,而非线性或静态的过程。这种模式试图准确地识别那些将国际维度融入大学文化与制度过程中的步骤或阶段。该模式与鲁茨基的分形模式一样,也按顺序分为六个阶段,但比鲁茨基模式更进一步的是其不同阶段之间能够进行双向流动,且不同的组织与机构可以根据实际情况自定步调。

---

① KNIGHT J. Internationalization:Elements and Checkpoints[J]. Canadian Bureau for International Education Research,1994,7:1-14.

二、教育国际化概念框架的应用

虽然职业教育国际化与高等教育国际化存在相似之处,但两者最主要的差异在于高等教育国际化的主体是高度自治的大学,政府对大学国际化的干预程度并不高;而职业教育国际化的主体则是由政府主管的职业院校,政府以立法或制定政策方针的形式对职业院校在国际化过程中形成了一定的约束力。此外,职业院校机构没有制定政策的权力,与大学相比,也没有复杂而多样的组织策略。本研究在分析高等教育国际化概念框架后发现:仅仅将项目策略与组织策略视为一系列融入院校机构主要职能中的国际化活动是狭隘的,因为它无法将国家/部门层面的国际化政策包含在内。而且,根据《学会生存》的定义,"策略的目的就是要把政策转化为一套视条件而定的决定,根据将来可能发生不同情况,决定所要采取的行动"①。也就是说,策略包括了政策文本及其具体实施两方面的内容。此外,本文的研究对象(职业教育国际化政策)决定了有必要将项目策略与组织策略的观念延伸到国家/部门层面。这里的国家/部门主要指澳大利亚联邦政府的组成部门及其直属机构。因此,重新构建一个既囊括国家/部门层面的国际化政策,又涵盖院校机构层面的国际化策略的新框架就显得尤为必要了。表1.5即为重构后的框架。在新框架中,原组织策略变为国家/部门层面的政策,原项目策略则包含了国家/部门以及院校机构在实施职业教育国际化政策时所采取的具体方法。

表 1.5 国家/部门层面制定的国际化政策及其实施

主体	项目	
	政策内容(原组织策略)	政策实施(原项目策略)
国家/部门	国家/部门层面制定的促进职业教育国际化的政策	国际化政策在国家/部门层面的实施
院校机构	—	国际化政策在院校机构层面的实施

本研究在内容架构上与重构后的高等教育国际化概念框架相对应,如图1.5所示。导论中的概念界定部分对职业教育国际化政策的含义进行了探讨,与概念框架中的含义相对应;职业教育国际化政策的生成背景与概念框架中的动因相对应;职业教育国际化政策的核心内容与概念框架中的原组织策略相对应;职业教育国际化政策的具体实施与原项目策略相对应。

---

① 联合国教科文组织国际育发展委员会.学会生存——教育世界的今天和明天[M].华东师范大学比较教育研究所,译.北京:教育科学出版社,1996:210.

```
┌─────────────┐                              ┌─────────────┐
│   动因       │                              │ 政策的生成背景 │
│ 政治、经济    │ ◄──────────────────────────► │ 政治、经济、文化 │
│ 社会/文化、学术 │                              └─────────────┘
└─────────────┘
       │                                              │
┌─────────────┐  ┌─────────┐  ┌─────────┐  ┌─────────────┐
│ 高等教育国际化 │──│ 原组织策略 │◄►│ 政策的   │──│ 澳大利亚职业教育 │
│   概念框架   │  │ 国家/部门 │  │ 核心内容 │  │  国际化政策   │
└─────────────┘  └─────────┘  └─────────┘  └─────────────┘
       │                                              │
┌─────────────┐                              ┌─────────────┐
│ 原项目策略    │                              │  政策的      │
│ 国家/部门    │ ◄──────────────────────────► │  具体实施    │
│ 院校机构     │                              └─────────────┘
└─────────────┘
```

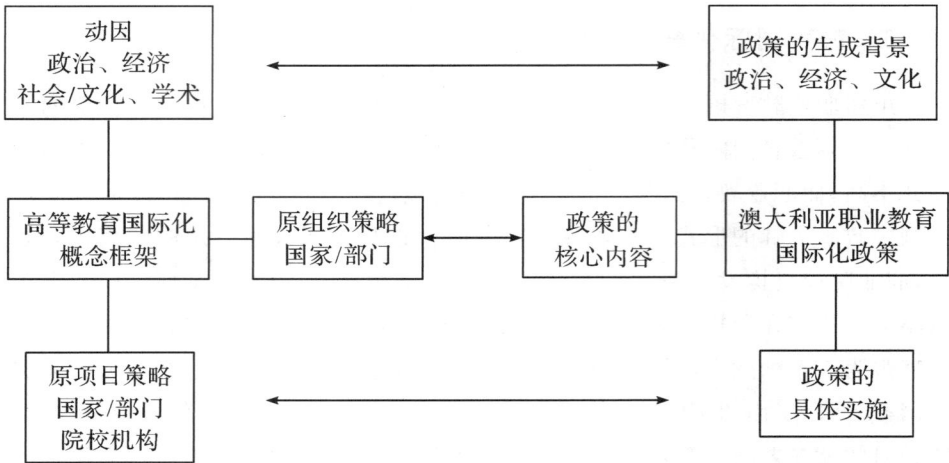

图 1.5　理论分析框架与本研究内容架构的对应图

第五节　研究思路与方法

一、研究思路

围绕研究问题,本研究主要分六章加以详细论述,框架结构如图 1.6 所示。

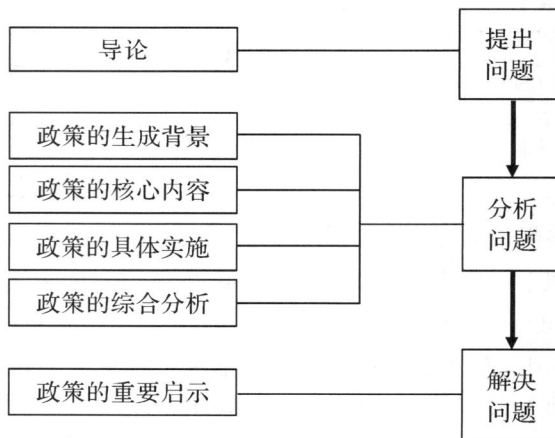

```
┌─────────┐              ┌─────────┐
│  导论    │──────────────│ 提出    │
└─────────┘              │ 问题    │
                         └─────────┘
                              │
┌─────────────┐                │
│ 政策的生成背景 │───┐            ▼
└─────────────┘   │         ┌─────────┐
┌─────────────┐   │         │ 分析    │
│ 政策的核心内容 │───┼─────────│ 问题    │
└─────────────┘   │         └─────────┘
┌─────────────┐   │              │
│ 政策的具体实施 │───┤              ▼
└─────────────┘   │         ┌─────────┐
┌─────────────┐   │         │ 解决    │
│ 政策的综合分析 │───┘         │ 问题    │
└─────────────┘              └─────────┘
┌─────────────┐                  │
│ 政策的重要启示 │──────────────────┘
└─────────────┘
```

图 1.6　本研究的框架结构图

第一章为导论,主要介绍研究缘起与意义,分析国内外学者围绕职业教育国际化这个主题的研究现状,对本研究涉及的核心概念进行界定,将高等教育国际化概念框架作为本研究的理论分析框架,并说明了研究思路与研究方法。

第二章分别从政治背景、经济背景、文化背景等三个方面论述了战后至20世纪80年代末,澳大利亚职业教育国际化政策的生成背景。

第三章以职业教育国际化的五个关键维度为主线,对20世纪90年代中期以来澳大利亚立法机构与行政机构制定的职业教育国际化政策的核心内容进行全面的梳理与分析。

第四章根据上一章所总结的政策核心内容,以案例的形式阐述澳大利亚职业教育国际化政策在国家/部门以及院校机构层面的具体实施。

第五章根据政策内容及其具体实施,对澳大利亚职业教育国际化政策的特点、效果以及趋势进行全面分析。

第六章为借鉴与启示,主要目的是从纷繁复杂的政策文本及其实践中,发掘出澳大利亚职业教育国际化政策中可供我国借鉴与参考之处。

二、研究方法

(一)文献研究法

文献研究法是人文社会科学的基本研究方法之一,主要通过对文献的查阅、整理、鉴别,力图探寻事物的本质,同时也是知晓前人足迹,避免重复研究的必要途径。本研究对国内外与澳大利亚职业教育国际化政策相关的文献进行收集、整理、分析与提炼,力求避免主观因素影响,客观地分析澳大利亚职业教育国际化政策所涉及的问题。区别于"自上而下"(Top-down)的研究路径(即在事先预设研究框架后,只寻求契合预设框架的文献资料),本研究所采用的是一种"自下而上"(Bottom-up)的研究路径。此种研究路径决定了本研究在文献资料收集的过程中坚持多渠道、全方位的原则,尽可能地收集国内外各种文献类型。国内文献资料收集所涉及的类型主要包括专著、期刊论文、学位论文、报纸、网站等。资料主要来源于浙江大学图书馆、中国知网(《中国学术期刊网络版》《中国博士学位论文全文数据库》《中国优秀硕士学位论文全文数据库》)、国务院、教育部国际合作与交流司的官方网站以及各大主流报刊。

本研究涉及的政策文本主要包括:澳大利亚联邦议会通过的教育法案,联邦教育与培训部、外交事务与贸易部等联邦政府组成部门以及澳大利亚国家培训局、澳大利亚技能质量管理局以及贸易投资委员会等联邦政府直属机构制定的政策文件与战略规划、研究报告。此外,还包括澳大利亚 TAFE 国际、国家职业教育研究中心以及澳大利亚 TAFE 理事会等教育团体确立的指导方针与立场文件。除政策文本之外,本研究还参考了国外学者出版的专著、发表的学术论文以及澳大利亚职业教育与培训研究协会(Australian Vocational Education and Training Research Association,AVETRA)公开的年度会议论文等资料。国外政策文本以及其他文献资料的来源渠道包括澳大利亚国家职业教育研究中心开发的国际中学后教育研究数据库(International Tertiary Education Research Database,VOCEDplus)、澳大利亚国家图书馆(National Library of Australia)、美国教育资源信息中心(Education Resources Information Center,ERIC)、美国赛捷(Sage)全文期刊数据库、英国泰勒-弗朗西斯(Taylor & Francis)人文社科期刊数据库以及德国斯普林格(Springer)数据库。

(二)比较研究法

比较研究法是对事物异同关系进行对照、比较,从而揭示事物本质的思维过程与方法,包括同类与异类比较、纵向与横向比较、明比与暗比等。本研究主要通过暗比的方式,在对澳大利亚职业教育国际化政策与我国职业教育国际化政策进行比较分析的基础上,找出差异并从中得出对我国的借鉴。

(三)个案研究法

个案研究法,也称为案例研究法,是一种通过对单一研究对象进行深入具体的调查与认真细致的分析,以认识个案的现状或发展变化过程的研究方法。个案研究法通常能够使抽象的分析变得具体。根据理论分析框架,为了形象地阐述澳大利亚职业教育国际化政策的具体实施,本研究根据职业教育国际化政策的关键维度,选取了若干典型案例,直观展现政策在国家/部门以及院校机构层面实施的细节。

第六节　研究创新与不足

一、研究创新

本研究的创新点主要体现在两个方面。

第一,研究视角的创新。本研究全面而系统地对澳大利亚职业教育国际化政策进行梳理与分析,弥补了以往研究较少从政策层面关注澳大利亚职业教育国际化的不足。本研究引入四位一体的教育国际化概念框架,从"含义—动因—策略—组织模式"的视角切入,构建出适用于分析澳大利亚职业教育国际化政策的理论分析框架。本研究首先对职业教育国际化的含义作了较为清晰的界定,并分析了澳大利亚职业教育国际化政策的生成背景。其次,以联邦政府自1995年至2018年制定的法律法规、战略规划、研究报告等一手英文文献为基础,本研究从加强职业院校与世界的联系、推动教职员工发展的国际化、促进学生的国际流动、实现国际职业教育最佳实践、推进本国资格框架与国外相关资格框架的对接等五个关键维度,详细阐述了澳大利亚职业教育国际化政策的核心内容。最后,本研究以案例分析的形式直观而细致地展示了不同维度的政策在国家/部门以及院校机构层面的实施。

第二,本研究在"放眼世界"的同时,始终将"立足中国"作为归宿点。在澳大利亚职业教育国际化政策的生成背景、核心内容、具体实施这条逻辑明线中,实则暗含对我国职业教育国际化未来发展的关注。通过全面总结澳大利亚职业教育国际化政策与实践的成功经验,结合我国职业教育国际化发展的实际情况,本研究针对性地对我国未来职业教育国际化的发展提出了五点政策建议。

二、研究不足

本研究的不足之处主要是缺乏对澳大利亚职业教育国际化政策实施环节的具体考察。由于未能亲临澳大利亚的职业院校及相关部门进行实地调查,无法把握政策实施的全过程,因而没有在研究中全方位展现澳大利亚职业教育国际化政策实施的真实成效与现实困境。

第二章
澳大利亚职业教育国际化政策的生成背景

"在研究外国教育制度时,我们不应忘记校外的事情比校内的事情更重要,并且制约和说明着校内的事情。"①著名比较教育学家萨德勒(Michael Sadler)曾提醒比较教育学者,在研究外国教育问题时,要注意从教育之外的其他领域中寻找教育问题的原因与答案。澳大利亚职业教育国际化政策必然与其政治体制、经济发展以及社会文化有着密切的联系,是在政治、经济、文化等多种土壤下发展的结果。

第一节　政治背景

一、科伦坡计划的实施

科伦坡计划(Colombo Plan)于 20 世纪 50 年代由英联邦国家发起,是世界上首批援助计划之一,其目的是通过英联邦发达国家开展资金、技术、教育与培训等形式的国际援助,促进南亚与东南亚地区的经济发展,最终帮助该地区发展中国家摆脱贫困与不发达状态。1950 年 1 月 9 日至 14 日,英联邦外长会议在锡兰(今斯里兰卡)首都科伦坡召开,时任澳大利亚外长的珀西·斯宾德(Percy Spender)提交了《南亚与东南亚经济政策备忘录》,并在大会上做重要发言,以强调澳大利亚参与科伦坡计划的必要性:"作为亚洲的邻居,澳大利亚的命运日益取决于亚洲国家的发展。这意味着,我们的未来建立在亚洲各国政治

---

① 萨德勒. 我们从对外国教育制度的研究中究竟能学到多少有实际价值的东西[C]//赵中建,顾建民. 比较教育的理论与方法——国外比较教育文选. 北京:人民教育出版社,1994:115.

的稳定、人民的幸福以及澳大利亚与亚洲国家之间友好合作关系等基础之上。"①此外,他还建议英联邦国家应该争取世界银行与美国的支持,共同向南亚与东南亚国家提供贷款。该备忘录成了英联邦国家对发展中国家开展经济与技术援助的蓝图。② 1950 年 9 月,七个位于亚洲地区的英联邦成员国在伦敦会议上提交了各自国家在未来六年的发展规划。会议对各国的发展规划进行了详细的讨论与分析,最终形成了一份历史性报告,即《南亚与东南亚经济发展合作的科伦坡计划》(Colombo Plan for Cooperative Economic Development in Southeast Asia),这份长达 100 页的报告构成了科伦坡计划的主要规章,在战后的国际合作史上具有里程碑意义。作为一种政治衍生物,科伦坡计划的实施标志着澳大利亚政府首次对赴澳留学生给予资助。

科伦坡计划具体分为三个子项目。其中,资金援助项目包括对受援国农业、电力与通信等领域的公共投资;技术合作项目包括为受援国提供技术装备、派遣技术专家;教育与培训项目主要是资助海外学生赴澳接受教育与培训。③在教育与培训项目中,大部分海外学生选择去新南威尔士州的多所大学接受学术教育,其余的海外学生则进入维多利亚州与西澳州的技术学院(Technical College,技术与继续教育学院的前身)接受职业教育与培训。为扩大援助规模,上述三个州的州长曾向联邦政府申请额外的海外学生教育与培训补贴。从教育与培训项目开始实施到 1957 年,约有 600 名海外学生赴澳接受教育与培训。此后,在 20 世纪 60—70 年代,澳大利亚海外学生数量持续增长,且大多来自中国、马来西亚、新加坡等亚太地区。直到 1979 年,科伦坡计划每年仍资助10000名海外学生进入澳大利亚大学或 TAFE 学院接受教育与培训。④

虽然,当时澳大利亚只是在本土为海外学生提供职业教育,并没有将职业教育视为一种出口产业,但科伦坡计划的实施使职业教育成为一种援助形式,以此满足部分发展中国家的学生对于出国接受职业教育的需求,发挥了其应有的国际援助作用,为 20 世纪 90 年代之后的职业教育国际化政策奠定了政治基础。

---

① BYRNE C. Australia's New Colombo Plan: Enhancing Regional Soft Power through Student Mobility[J]. International Journal,2016,71(1):115.

② AULETTA A. A Retrospective View of the Colombo Plan: Government Policy, Departmental Administration and Overseas Students[J]. Journal of Higher Education Policy & Management,2000,22(1):47-58.

③ 孙建党.科伦坡计划及其对战后东南亚的经济发展援助[J].东南亚研究,2006(2):20-25.

④ TAFE Directors Australia. International Education: A Position Paper[R]. Canberra: TAFE Directors Australia. 2003:2.

二、"白澳政策"的终结与多元文化政策的确立

在相当长的一段历史时期内,"白澳政策"(White Australia Policy)曾是澳大利亚传统共识政治中最重要的一项原则。所谓"白澳政策",指的是澳大利亚历史上推行的,对内歧视土著居民,对外限制有色人种(尤其是亚洲、非洲以及太平洋岛屿等地区的移民)迁入,所采取的一系列限制性与歧视性的政策。[①]"白澳政策"的最终目的是将澳大利亚变成同种、同质、单一文化的白种人国家,是一种极端的种族主义政策。"白澳"一词的英文为"White Australia",最早出现于 1896 年[②];作为一项基本国策则是在 1901 年澳大利亚联邦建立之后确立的。1901 年,澳大利亚首届联邦会议制定的《移民限制法案》(Immigration Restriction Act 1901)使排斥移民原则得到了合法化。该法案规定:移民在入境时,需要通过由海关官员开展的包含 50 个英文单词的听力测试,如果移民的英语水平较高,海关官员就会转而以其他语言进行测试。总之,在该规定实行期间,几乎没有移民可以顺利通过测试。因此,这种测试在本质上是一种"巧妙的"种族主义政策。

二战后,"白澳政策"受到了一定的冲击与批评。一向被澳大利亚视为"劣等人种"的亚洲、非洲与拉丁美洲国家的人民,虽然不是白皮肤,但却同澳大利亚白种人并肩战斗,共同打击法西斯,成为同一战壕里的战友。这种历史现象深刻地洗涤了澳大利亚本土白人的灵魂,使不少人意识到过往极端种族理念的谬误。加之战后民主、进步与开放等思潮的传播以及科伦坡计划的正面影响,"白澳政策"初步动摇。1971 年 6 月,惠特拉姆(Whitlam)在当选为新一任工党领袖之后,召开了工党全国代表大会,他在会上表示,"我们明确声明,今后不会有因种族、肤色或国籍带来的任何歧视"[③],会后,关于制定非歧视性移民政策的决议以 44∶1 票通过。在接下来的两年内,工党又陆续对《澳大利亚公民法案》(Australian Citizenship Act 1948)与《移民教育法案》(Immigration Education Act 1971)中所有包含歧视性与极端种族主义的条款进行修改。至此,轰轰烈

---

① 秦德占.塑造与变革:澳大利亚工党社会政策研究[M].郑州:河南人民出版社,2009:69.

② WILLARD M. History of the White Australia Policy[M]. Melbourne:Melbourne University Press,1923:123.

③ WHITLAM G. The Whitlam Government:1972—1975[M]. Melbourne:Penguin Books Australia,1985:498.

烈的"白澳政策"于1973年彻底终结。①

在"白澳政策"被废除后,取而代之的是"多元文化政策",其发轫于20世纪70年代初的惠特拉姆政府时期(1972—1975年),在弗雷泽(Fraser)政府时期(1975—1983年)得以发展,最终在霍克(Hawke)政府时期(1983—1991年)被确立为基本国策。1975年10月,惠特拉姆政府颁布的《反种族歧视法案》(The Racial Discrimination Act 1975)规定,"澳大利亚是一个多文化的国家,土著人以及来自世界各地人民的语言和文化都能各得其所"。1977年,弗雷泽政府成立了澳大利亚民族事务理事会(AEAC),并制定了《多元文化社会的澳大利亚报告》(Report of a Multicultural Society of Australia),这份报告确立了建立多元文化社会的三条原则:"社会和谐、机会平等、文化认同",成为之后澳大利亚多元文化的政策基础。②之后上台的霍克工党政府在1989年颁布了《澳大利亚多元文化国家议程》(National Agenda for a Multicultural Australia),该议程进一步系统地制订了多元文化政策的范围与目标,并提出了一系列实施多元文化政策的举措,成了"澳大利亚多元文化社会发展的里程碑"③。1991年之后的基廷(Keating)政府在前几任总理制定的多元文化政策的基础上,公开宣布了"融入亚洲计划"(Integration into Asia)。在移民政策上,基廷政府也继承了从亚洲引入技术移民与商业移民的原则,并放宽了移民标准。自20世纪70年代中期以来,随着澳大利亚数届政府坚持实施多元文化政策,90年代的澳大利亚已经可以称得上是一个多元文化的社会。1992年,在澳大利亚1750万总人口中,近20%为欧洲裔,4.5%为亚裔。④

正如在国际21世纪教育委员会向联合国教科文组织递交的报告——《教育:财富蕴藏其中》所提出的那样:"移民现象是全球相互依赖关系的一种日常的生动的表现形式,所有接受国对移民的接待和移民们自身融入其所处人类环境的能力都是衡量一个现代社会对外来事物的开放程度的标准。"⑤这种多元文

---

① 韩隽.澳大利亚工党研究[M].乌鲁木齐:新疆大学出版社,2003:113-114.

② JAMROZIK A, BOLAND C, URQUHART R. Social Change and Cultural Transformation in Australia[M]. Cambridge: Cambridge University Press, 1995:105.

③ JAMROZIK A, BOLAND C, URQUHART R. Social Change and Cultural Transformation in Australia[M]. Cambridge: Cambridge University Press, 1995:99,102.

④ MANNING K. The Internationalisation of Higher Education in Australia: Management and Strategy Options for Faculties of Education [D]. Melbourne: The University of Melbourne, 1998:198-199.

⑤ 联合国教科文组织总部.教育——财富蕴藏其中[M].教科文组织总部中文科,译.北京:教育科学出版社,1996:29.

化社会显然是一种对外来事物开放的制度性标准,客观上为加速澳大利亚职业教育的对外开放以及招收大量海外学生提供了有利的发展环境。

从历史上看,澳大利亚资本主义的发展是以输入大量廉价劳动力为前提的。二战后,本土劳动力已无法满足社会发展的需要,这是单一民族文化传统与经济发展需求之间的严重冲突。多元文化主义培养澳大利亚人对移民的宽容态度,在输入廉价劳动力时避免社会的反对,成了调和文化传统与经济发展矛盾的一种方式。此外,多元文化主义有利于利用与吸收移民的智慧与技术。事实上,移民劳动力,尤其是亚洲移民劳动力的教育与技术水平远高于澳大利亚本土劳动力的教育与技术水平。在多元文化政策确立之前,澳大利亚在就业方面对非英语移民存在着严重歧视,移民的技术水平与从业资格无法得到认可,无论其受教育水平如何,往往只能从事体力劳动与低层次职业,造成了大量人力资源的浪费。多元文化主义推动了对移民技术资格的认可,使移民的技能得到了充分的发挥。同时,多元文化政策为各国不同背景的移民创造了一个平等共处、安居乐业的宽松环境,有利于吸引世界各地有技术、有资历的人才移民澳大利亚,不断为其补充人力资源。

第二节　经济背景

一、外国留学生政策的转变

二战以来,海外学生已成为澳大利亚中学后教育的重要组成部分。1962年,海外学生人数占澳大利亚全部学生人数的 11.2%。[①] 当时,想要赴澳留学的海外学生除了达到与澳大利亚本土学生同样的学术标准之外,还要为有限的留学名额进行激烈的竞争。在 20 世纪 60 年代,澳大利亚的外国留学生政策规定:通过澳大利亚政府或生源国政府的资助,外国留学生的学费才能够得到减免,否则必须支付与澳大利亚本土学生同样的学费。1973 年,澳大利亚政府对自费留学生项目的目标与成效进行了第一次审查,审查结果决定将自费留学生总数控制在 1 万人。在审查结束后不久,为了扩大澳大利亚本土学生接受中学

---

① 西蒙·马金森.澳大利亚教育与公共政策[M].严慧仙,洪森,译.杭州:浙江大学出版社,2007:132.

后教育的机会,惠特拉姆工党政府决定从 1974 年 1 月起取消学费,同时免除所有留学生的学费。因此,在 1974—1978 年期间,赴澳留学生不需要支付任何学费。1979 年,由于受西方国家经济衰退的影响,澳大利亚又改变了外国留学生政策,具体包括三点:首先,撤销了海外留学人数 1 万的限额;其次,引入了签证费,即外国留学生费用(Overseas Student Charge,OSC),每一位留学生须缴纳占全部学费 10% 金额的签证费,比例逐年提升至 1984 年的 55%;第三,要求所有留学生在完成学业后至少回国两年,才有资格申请移民澳大利亚。①

20 世纪 80 年代以来,澳大利亚经济增长缓慢,国际贸易严重失衡,导致联邦政府的教育预算吃紧。大学与 TAFE 学院谨慎地使用政府拨款,万事都以降低成本、提高效率为宗旨。1984 年 3 月,澳大利亚联邦政府成立了两个委员会对外国留学生政策与项目进行了第二次审查。杰克逊委员会(Jackson Committee)认为,教育首先应该被视为一种出口产业,应该鼓励大学之间、TAFE 学院之间的相互竞争,以吸引更多的国际生源,从而获取足够资金;其次,澳大利亚的国际教育服务贸易在若干年后有可能成为重要的新兴产业,具有创造可观收入的巨大潜力。② 而戈德林委员会(Goldring Committee)则反对将教育视为一种产业。经过一年的深思熟虑后,澳大利亚联邦政府于 1985 年 3 月果断采纳了杰克逊委员会的观点,并根据"谁受益,谁付费"的成本分担原则制定了向外国留学生收取全额学费的新政。从免除学费,到收取占学费 10% 的签证费,再到全额收费,澳大利亚经过 10 年时间正式确立了贸易导向的海外留学生政策,将教育视为一种服务贸易出口的手段。受外国留学生政策转变的影响,90 年代之后出台的各项职业教育国际化政策几乎都紧紧围绕着"通过职业教育出口为国内经济创收"这一基本理念。

二、贸易问题引发的产业结构调整

20 世纪 80 年代中期,澳大利亚面临的经济困境归根结底是贸易问题。1985—1986 年,由于澳大利亚出口结构的单一化,导致羊毛、矿产等价格急速下跌。1986 年 5 月,时任澳大利亚财政部长的保罗·基廷在一次电台采访中曾经

① Hans de Wit. Strategy for the Internationalisation of Higher Education: A Comparative Study of Australia, Canada, Europe and the United States of America[M]. Amsterdam: EAIE, 1995:123.

② CROOKS T. The Internationalisation of Vocational Education and Training: The Australian Experience[M]. Internationalising Vocational Education and Training in Europe. Thessaloniki: CEDEFOP, 2000:98-112.

告诫国人,如果无法解决对初级产品出口过度依赖导致的商品价格过低与澳元贬值问题,澳大利亚极有可能沦为"香蕉共和国"(Banana Republic)("香蕉共和国"泛指经济依赖单一商品出口的,容易被强大外资控制的发展中国家。1870年,"香蕉共和国"的绰号首次被赋予经济命脉被美国联合果品公司控制的洪都拉斯、危地马拉、哥斯达黎加等中美洲国家)。此外,澳大利亚著名作家唐纳德·霍恩(Donald Horne)也曾在其代表作《幸运的国度》(The Lucky Country)一书中提到:"澳大利亚是一个幸运的国家,但'经济自满'(Economic Complacency)总有一天会将澳大利亚的运气耗尽。"①很明显,持续的"经济自满"会导致贸易额急剧缩减,进而经常引发项目的逆差与外债的增长。基廷的警告正是为了避免澳大利亚继续沉溺于从当初依靠羊毛、小麦与矿产等初级产品出口而逐渐发展起来的"经济自满"之中。

严峻的贸易问题促使澳大利亚的产业结构必须向更具效率与竞争力的方向调整。而产业结构的调整势必对以知识与技能为核心的高附加值产品与服务产生新的需求。同时,提升社会生产力、引入新技术与新型工作组织是在国际贸易市场上开展有效竞争的前提。这使得澳大利亚联邦政府意识到,培养具备高水平认知技能、问题解决能力以及社交技能的复合型人才以适应新技术与新型工作组织的变化,才能最大限度地提高生产力、生产优质商品以及开发新市场。1987年,澳大利亚工会委员会(Australian Council of Trade Unions,ACTU)组建了一个代表团对一些低失业率、低通胀率、分配较为公平的西欧国家进行考察与访问,在实地调研的基础上发布了一份名为《重建澳大利亚》(Australia Reconstructed)的报告。报告从工资、价格与收入,行业与产业政策,劳动力市场,工业民主与战略工联主义等几个方面提出了对澳大利亚宏观经济政策的建议。澳大利亚工会委员会书记比尔·凯尔蒂(Bill Kelty)在《重建澳大利亚》的前言中指出:"产业结构调整与生产文化的推广对于增强我们的国际竞争力是非常必要的。高技术产品出口量较低足以印证了澳大利亚劳动力技能的低下。"②显然,报告认为,职业教育与培训的成效决定了出口成绩的好坏。此外,报告还特别指出:"未来一个国家的国际竞争力在很大程度上取决于利用最新知识以及技术密集型产品与工艺所创造的优势,要在瞬息万变的技术

---

① SMITH P J, SMITH S N. The Internationalisation of Vocational Education and Training[M]. Adelaide:NCVER,1999:7.

② 西蒙·马金森. 现代澳大利亚教育史:1960年以来的政府、经济与公民[M]. 沈雅雯,周心红,蒋欣,译. 杭州:浙江大学出版社,2007:126.

世界中取得成功,就需要不断努力培养掌握先进技术与技能的人才。"[1]这一观点初步确立了未来十年职业教育要通过培养高素质、高技能劳动力为澳大利亚产业在国际经济竞争中做出贡献的基本原则。90年代以来,澳大利亚又在《服务贸易总协定》(General Agreement on Trade in Services,GATS)的框架内,积极利用跨境交付、境外消费、商业存在以及自然人流动等四种形式,迅速与各成员达成减少贸易壁垒的协议,通过大量招收海外学生获得的巨额利润在境外建立分校,实施跨境教育,使海外教育服务的规模不断扩大。

三、帮助 APEC 成员开发人力资源

1989年11月5日至7日,首届亚太经济合作部长级会议的召开标志着亚太经济合作组织(Asia-Pacific Economic Cooperation,APEC)的成立。亚太经合组织是亚太地区最具影响力的经济合作官方论坛,为亚太地区在贸易、投资以及教育与培训等领域开展区域对话,满足政府间政策协商机制提供了重要的平台。自成立以来,APEC成员的平均关税已经从1988年的15%下降至1993年的8.8%。[2] 20世纪90年代以来,随着全球贸易保护主义的削弱以及开放经济引发的激烈竞争,许多发展中国家和地区原本依靠廉价劳动力所带来的竞争优势已逐渐丧失。一方面,在经济全球化的大背景下,全球市场竞争的优势越来越多地取决于劳动力技能水平的提升,对所有APEC发展中成员而言,提高劳动力技能水平迫在眉睫。另一方面,由于人口的持续增长使得越来越多的人进入教育系统,许多APEC发展中成员在基础教育与高等教育阶段投入巨资,导致这些国家和地区的政府在教育经费的筹措、分配及使用方面都面临着巨大压力。在满足日益扩大的教育需求的同时,提升人力资源的质量成了90年代APEC发展中成员所面临的共同挑战。1994年11月,APEC领导人非正式会议在印度尼西亚茂物举行,会上通过了《APEC经济领导人共同决心宣言》(APEC Economic Leaders' Declaration,简称《茂物宣言》),确立了APEC发达成员到2010年、发展中成员到2020年实现贸易与投资自由化的目标。在《茂物宣言》中的"APEC人力资源开发框架"下,APEC各成员签署了人力资源开发承诺,确定了将职业教育与培训作为开发人力资源的优先事项。1995年2

---

① Department of Trade. Australia Reconstructed:ACTU/TDC Mission to Western Europe[R]. Canberra:AGPS,1987:1-15.

② NSW Board of Vocational Education and Training. APEC Towards 2020:Internationalising Vocational Education and Training[M]. Sydney:BVET,1995:123.

月,在职业教育与培训第一次全国会议(1st National Conference on Vocational Education and Training)中,澳大利亚明确提出:"要想在未来的全球市场竞争中保持领先地位,没有什么能比通过职业教育与培训的方式增进与亚洲之间的关系更为重要了。"①

面对国际承诺与国内诉求,澳大利亚政府意识到人力资源开发既是提高劳动生产率的核心,也是出口增长的主要动力。因此,自 20 世纪 90 年代中期开始,人力资源开发作为一项顶层国家战略,帮助教育与培训在澳大利亚对外投资活动中成为重要组成部分,而作为人力资源开发重要途径的职业教育与培训是提高劳动力技能水平的基础。许多 APEC 发展中成员由于劳动力技能水平的低下,对 APEC 发达成员的职业教育与培训有着巨大的需求。因此,加强与亚洲的联系,帮助亚洲地区开发人力资源也成了 90 年代中期澳大利亚出台的第一份职业教育国际化政策指导方针。

第三节　文化背景

一、教育市场化思潮的影响

20 世纪 70 年代爆发的两次石油危机导致整个世界陷入了"滞胀"(高通胀、高失业、低经济增长)的困境。在教育问题上,哈耶克(Hayek)倡导学生自主选择院校,主张家长参与学校管理,鼓励高等教育机构参与国际竞争,注重教育服务贸易的重要性。

受教育市场化思潮影响,澳大利亚在 80 年代末最大程度地以教育市场化形塑国家职业教育政策、重构培训体系,并建立了以行业为主导的职业教育系统以及竞争性培训市场机制,目的是通过"公开市场"机制使澳大利亚成为"市场国家"(Market-State),利用市场改革将技能形成作为解决青年失业、社会贫困以及提升国际竞争力的有效手段。除此之外,以最高行业团体为代表的澳大利亚行业部门,在对未来培训需求提供咨询意见等方面对职业教育政策影响深远。例如,澳大利亚商业委员会(The Business Council of Australia)就曾游说

---

① Australian National Training Authority. Towards A Skilled Australia：National Conference on Vocational Education and Training[M]. Canberra：ANTA，1995：159.

政府强调职业教育的功利价值,并发布报告倡导职业教育应以满足就业需求为宗旨。[①] 在教育市场化思潮的持续影响下,90 年代初,澳大利亚联邦政府开始鼓励以 TAFE 学院为主体的职业教育院校进入国际市场参与商业运作,使得市场导向模式成为了推进澳大利亚的职业教育国际化进程的主要动力。面向国际市场的职业教育分担了公共教育系统的部分财政压力,并减少了政府的财政负担。这有助于澳大利亚政府平稳度过财政危机,并在很大程度上促进了国民经济的发展。此外,职业教育国际学生在澳大利亚的消费刺激了当地的旅游与地产行业,为澳大利亚创造了数以万计的就业岗位。

二、国家语言政策的制定

文化是一个宽泛的概念。广义的文化是指人类在社会历史发展过程中所创造的物质与精神财富的总和。在"白澳政策"终结之后,大量非英裔移民进入澳大利亚,新移民将自己国家的传统文化、语言与生活方式也带到了澳大利亚,并为澳大利亚的经济建设做出了重要贡献。在新移民社会地位逐渐得到认可的同时,移民群体的语言与文化意识也开始得到认同。为了实现不同族群间的平等与多元文化认同,1987 年在联邦政府、少数族群社区以及专业语言协会的共同努力下,澳大利亚著名语言学家罗·比安科(Lo Bianco)主持并制定了澳大利亚历史上第一部明确的官方语言政策——《国家语言政策》(National Policy on Languages)。该政策使澳大利亚成了首个制订多语言教育政策的英语国家。《国家语言政策》明确了各类语言在澳大利亚的地位,确立英语为澳大利亚的官方语言,承认土著语言为澳大利亚的本土语言,并将移民语言作为澳大利亚的社区语言。[②] 政策明确规定:由联邦政府拨出专门款项开展包括英语、土著语言以及社区语言在内的各类培训项目。例如:为新移民提供非母语英语课程(English as a Second Language,ESL)项目,资助各州与地区的公立与私立院校进行非英语语言教学,为移民与土著人提供语言翻译服务、语言学习、语言保持服务、语言测试服务、语言广播电视服务。澳大利亚特有的电话翻译服务(TIS)、澳大利亚翻译资格认可局(NAATI)、澳大利亚特别节目广播事业局(SBS)均是在《国家语言政策》制定之后建立的。

---

① Jane Lorrimar. Organisational Culture in TAFE Colleges：Power，Gender and Identity Politics [D]. Ph. D. Thesis. Perth：Murdoch University，2006：14.

② Joseph Lo Bianco. National Policy on Languages[M]. Canberra：Australian Government Publishing Service，1987：9.

对于 20 世纪 90 年代初的职业教育而言，《国家语言政策》使澳大利亚职业教育专业中的语言种类有所增加，特别是社区语言与土著语言。许多 TAFE 学院在专业中增设了社区语言学习课程。例如，护理专业中的希腊语护士课程以及旅游专业中的德语或日语导游课程。① 此外，TAFE 学院还开设了部分以满足当地对"娱乐与闲暇"需求为主的兴趣类社区语言课程。《国家语言政策》从制度层面确立了将移民国家的语言引入澳大利亚职业教育中的合法性，使本国职业教育更具国际包容性。

第四节　本章小结

本章重点从政治、经济、文化等层面考察了二战后到 20 世纪 80 年代末澳大利亚职业教育国际化政策的生成背景。

从政治背景看，20 世纪 50 年代科伦坡计划的制订与实施使职业教育成了一种对外援助的手段。随着南亚与东南亚地区英联邦国家的大批学生赴澳接受职业教育与培训，澳大利亚与亚洲国家之间的关系更为紧密，职业教育起到了间接为澳大利亚外交政策服务的作用。而惠特拉姆政府于 70 年代初全面废除"白澳政策"以及霍克政府在 80 年代中期将多元文化确立为基本国策等政治事件，客观上为扩大澳大利亚职业教育对外开放提供了有利的发展环境。

从经济背景看，1974 年至 1985 年，澳大利亚经过十余年时间，通过免除学费到收取全额学费，正式确立了贸易导向的外国留学生政策，使出口创汇成为职业教育未来的发展理念。此外，由于过度依赖初级产品出口，澳大利亚在 20 世纪 80 年代初面临严峻的贸易问题使产业结构调整提上联邦政府议事日程。为此，1987 年《重建澳大利亚》提出将培养复合型高技能劳动力的职业教育作为产业结构调整的基础，进一步确立了职业教育在澳大利亚国际经济竞争中的重要性。同样的，在 APEC 成立的 90 年代初，人力资源开发已普遍成为劳动力技能水平较为低下的 APEC 发展中成员的共识。《茂物宣言》确定了 APEC 发展

---

① Joseph Lo Bianco. National Policy on Languages[M]. Canberra：Australian Government Publishing Service，1987：31.

中成员承诺在 2020 年实现贸易投资自由化的目标,使得帮助 APEC 发展中成员开发人力资源成了澳大利亚职业教育"走出去"的应有之义。

从文化背景看,70 年代中期兴起的教育市场化思潮促使澳大利亚发展"市场国家"的理念,通过市场改革将职业教育的技能形成作为提升澳大利亚国际竞争力的有效手段。而 1987 年《国家语言政策》从制度层面确立了将移民国家的语言引入澳大利亚职业教育中的合法性,使职业教育更具国际包容性。

第三章
澳大利亚职业教育国际化政策的核心内容

　　1992 年 9 月,时任澳大利亚就业、教育与培训部部长的基姆·C.比兹利(Kim C. Beazley)发表部长声明。比兹利在声明中指出:"国际教育独特地跨越了经济与人文层面,在国际关系中扮演着日益重要的角色。因此,我们应该以一种国际化的视野来审视澳大利亚的教育与培训体系。"①这一声明的发布标志着澳大利亚联邦政府对国际教育政策的重新审视,将重点从收取海外学生留学费用转向寻求整个教育体系全面国际化所带来的广泛利益。

　　为响应联邦政府提出的教育体系全面国际化的号召,作为澳大利亚职业教育主体的 TAFE 系统首先迈出了国际化的步伐。1994 年初,澳大利亚各州与地区 TAFE 系统的行政长官成立了一个具有共同体性质的全国委员会——"澳大利亚 TAFE 国际",其实质是一种官方教育团体,旨在推动澳大利亚成为国际领先的职业教育与培训服务提供者。1994 年 5 月,澳大利亚各州与地区 TAFE 学院的院长,联邦就业、教育与培训部以及贸易投资委员会的代表共同召开了一次战略规划会议,会议上所有代表达成一致,决定制定一份为期三年的国家战略规划,以促进职业教育的国际化发展。不到一年的时间,战略规划制定完毕,并在 1995 年 3 月举行的全国 TAFE 行政长官委员会(National TAFE Chief Executives Committee,NTCC)全体会议上得到一致通过。② 这份名为《国家战略规划 1995—1997》(National Strategic Plan 1995—1997)的政策文件可视为澳大利亚职业教育国际化政策的滥觞,从政策制定的时间看,1995 年正是澳大利亚职业教育国际化元年。

　　1995 年 11 月 10 日,为期 3 年的《国家战略规划 1995—1997》得到了澳大利亚国家培训局部长委员会(ANTA Ministerial Council,MINCO)的大力支持。

---

　　① KIM C. Beazley. International Education in Australia through the 1990s[R]. Canberra：Australian Government Publishing Service，1992：1.

　　② Australia TAFE International. National Strategic Plan 1995—1997[R]. Brisbane：ATI，1995：2.

二、拓展海外市场

除了建立伙伴关系之外,拓展海外市场也是加强职业院校与世界联系的重要途径。为此,澳大利亚 TAFE 国际负责协助各州与地区的职业院校在境外开展商业活动,并根据重点地区与国家制定相应的区域战略。拓展海外市场主要分为三个方面:首先,在已经建立的中国、印度尼西亚、马来西亚、泰国与越南等五个国别工作小组的基础上,加入印度、日本、韩国、美国、加拿大与南非等潜在目标国,使之合并为 2~3 个区域工作小组。针对不同区域确定分阶段拓展方案,并将本国具有影响力的行业协会与企业纳入区域工作小组,重点与亚太地区国家的教育机构与行业团体建立常态化合作机制。其次,与澳大利亚工商业联合会(Australian Chamber of Commerce and Industry,ACCI)以及相关行业组织合作提供境外职业教育。最后,将国际化作为职业院校的优先发展事项,融入 TAFE 学院的主流职能中,不断提高职业院校对国际化的意识,并鼓励澳大利亚职业院校在拓展海外市场的过程中树立一种国际视野,确保 TAFE 学院在国际竞争中保持领先地位。

总体而言,《国家战略规划》为澳大利亚职业院校未来的国际化发展描绘了一幅蓝图。对澳大利亚的职业院校而言,国际化并不是可有可无的选择,而是在适应 21 世纪变革过程中所必须采取的一种进取的积极态度,国际化这一进程在本质上体现的是一种合作共赢与持续改进的精神。

第二节 推动教职员工发展的国际化

在澳大利亚职业教育的语境下,"教职员工"(Staff)包括各类职业院校中的教师与管理人员。在 1996 年《国家框架》发布后不到 3 个月,教职员工发展的国际化最先受到了联邦政府层面的重视。1996 年 5 月,受澳大利亚国家培训局(Australian National Training Authority,ANTA)[①]下属的国家教职员工发展委员会(National Staff Development Committee,NSDC)的委托,以彼得·卡恩斯为负责人的项目团队,通过研讨会、访谈与问卷调研等形式,于 1996 年 7 月

---

① 澳大利亚国家培训局是澳大利亚联邦政府于 1992 年成立的承担全国职业教育与培训统筹规划、综合协调与宏观管理的法定机构,相当于我国教育部下设的职业教育与成人教育司。从 2005 年 7 月 1 日起,澳大利亚国家培训局的所有责任转移到当时的教育、科学与培训部(现为教育与培训部)。

至 12 月对澳大利亚部分州的公立 TAFE 学院、私立培训机构以及行业培训机构开展了为期半年的调研,并在次年 1 月向澳大利亚国家培训局递交了《卡恩斯报告》。这份研究报告主要分析了教职员工发展国际化的影响因素,明确指出了教职员工应具备的国际能力,并从国家层面、州与地区层面、职业院校层面提出了教职员工发展国际化的行动建议。

一、教职员工发展国际化的影响因素

自 20 世纪 90 年代以来,全球知识格局与物质基础发生了翻天覆地的变化,各国之间相互联系,各种复杂性、不确定性与张力达到了前所未有的程度。受种种变化的影响,职业教育也开始步入新的历史阶段。澳大利亚教职员工发展的国际化正是发生在这种动态的国际背景下。《卡恩斯报告》开宗明义,全球化带来的机遇与挑战、信息社会的出现以及教职员工发展国际化研究的缺失等因素交织在一起,所产生的叠加性影响使得新世纪的职业教育教职员工必须以一种完全不同于过往的方式开发自身的能力。

(一)全球化带来的机遇与挑战

全球化最初是作为一种经济学术语出现的,《教育:财富蕴藏其中》的开篇就提到:"全球化最初出现于经济领域,信息技术的发展加快了金融市场放松管制与打破分隔状况的步伐,很快便使得人们感到这些金融市场再也不是由几个大的金融市场统治的巨大的世界资本市场内的一些相互隔离的封闭市场。"[①]从 20 世纪 90 年代起,人类活动的各个领域都体现出全球化的影响,现代科学技术的发展使社会与文化领域发生了同等重大的变化。例如,互联网带来的影响扩大到教育与文化等领域中,缩小了地球上的时空距离,使国际交往日益频繁与便利。就像一个硬币的两面,除了机遇之外,全球化在经济、社会、文化等领域也引发了一系列社会与道德问题。例如,富国与穷国之间的失衡以及上流阶层与弱势群体之间的社会分层。这些问题从根本上加深了世界各国相互依存的程度,也赋予了教育新的使命。面对全球化带来的机遇与挑战,21 世纪澳大利亚职业教育的教师与管理人员需要掌握最前沿的知识,具备跨文化的价值观,以胜任本土或境外的职业教育教学或管理工作。

---

① 联合国教科文组织总部.教育——财富蕴藏其中[M].教科文组织总部中文科,译.北京:教育科学出版社,1996:25.

(二)信息社会的出现

现代信息通信技术的革命使信息社会成了现实,包括互联网在内的现代信息技术具有推动教育与培训体系国际化的巨大潜力。部分国家与国际组织都充分重视信息社会的影响。例如,在新西兰与加拿大召开的教育国际化大会曾以"信息技术推动教育国际化"作为主要议题。欧盟委员会于 1995 年成立了一个研究信息社会的高级专家小组,该小组于 1996 年 1 月提交了一份临时报告,客观地分析了新兴的信息社会对经济与社会各部门的广泛影响,包括对就业、劳动力市场、教育与培训、保健服务、社会凝聚力以及生活质量等多方面的影响。此外,欧盟委员会还在《1995 年教育与培训白皮书》(1995 White Paper on Education and Training)中指出,"信息社会与国际化、科学技术并列为影响欧洲社会的三大因素之一"①。90 年代以来,虽然澳大利亚的职业教育系统以提供灵活多样的培训方式对现代信息技术的影响做出了一定的回应,但国际化与信息社会两大要素的融合对职业教育提出了新的调整需求,进而影响着教职员工发展的国际化。

(三)教职员工发展国际化研究的缺失

20 世纪 90 年代以来,世界各国与国际组织都日益关注国际化对教育与培训体系的影响。例如,经合组织于 1996 年开展了高等教育国际化研究项目;同年,澳大利亚 IDP 教育集团对高等教育国际化进行专项研究;加拿大社区学院协会与新西兰理工学院协会于 1996 年 10 月召开了教育国际化联合会议;欧盟在 20 世纪 90 年代初发起了支持学生与教师在欧盟成员国之间大规模流动的伊拉斯谟计划(Erasmus Programme);美国于 1995 年对各州社区学院的国际教育活动进行审查,并汇编为四卷本,为联邦政府教育国际化决策提供咨询。然而,在 20 世纪 90 年代,国际学术界关于教育国际化的研究与学术交流往往侧重于对学生流动与课程国际化等方面的探讨,而普遍忽视了对教职员工发展国际化的研究。在当时教育与培训领域的文献中,关于教职员工发展国际化的研究数量少之又少。因此,有关跨国企业在全球经营过程中对人力资源管理方面的文献就成了指导教职员工发展国际化重要的理论来源。

---

① KEARNS P. Learning Across Frontiers: Report on the Internationalisation of Staff Development in Vocational Education and Training[R]. Melbourne: ANTA, 1997:6.

二、教职员工应该具备的国际能力

鉴于上述因素的影响,为了在本土与境外有效地从事职业教育教学或管理工作,教职员工必须具备一系列国际能力。为此,《卡恩斯报告》提出了"国际能力发展循环",如图 3.2 所示。

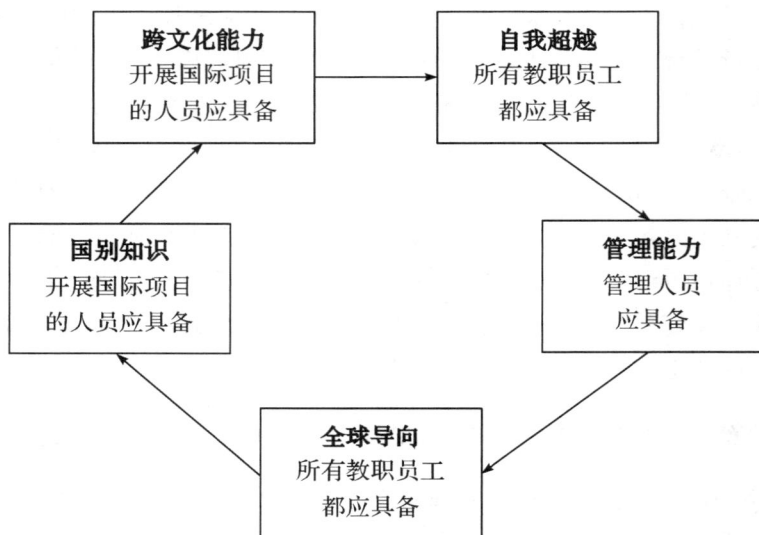

图 3.2　国际能力发展循环

资料来源:KEARNS P. Learning Across Frontiers:Report on the Internationalisation of Staff Development in Vocational Education and Training[R]. Melbourne:ANTA,1997:9.

"国际能力发展循环"规定了教职员工在国际化发展中应该具备的五种国际能力以及每种国际能力所包含的子维度。循环则代表教职员工掌握国际能力属于一种终身学习与持续改进的过程。

(一)全球导向

全球导向(Global Orientation)指的是教职员工需要具备的世界观与全球性思维,其具体能力维度包含:①充分意识到全球化、各国相互依存以及其他国际环境变化对职业教育的影响;②具备不断更新观念的能力,以全球视野开展职业教育工作。① 对全球导向的充分认识是教职员工拓展其他国际能力的基础。因此，这是所有教职员工都应具备的。

(二)国别知识

国别知识(Country Specific Knowledge)是国际能力的重要组成部分，是开展职业教育国际项目的教职员工所必备的能力。国别知识的能力维度包含：①了解海外国家在历史、宗教、文化、经济、教育以及商业活动等方面的重要知识；②具备将这些知识运用到职业教育教学或管理工作中的能力。在对象上，开展职业教育国际项目的管理人员以及面向职业教育留学生授课的教师必须掌握国别知识。①

(三)跨文化能力

跨文化能力(Cross-Cultural Competence)由一般意义上的跨文化理解(Cross-cultural Understanding)发展而来，在职业教育领域里体现为教职员工对不同国家文化差异的认识以及在沟通、教学、培训等具体情境中运用跨文化理解的能力。跨文化能力包含以下几个维度：①一般性跨文化理解（包括对性别差异、种族差异、价值观差异等不同层面文化差异的理解以及在自我导向的文化学习中运用概念框架与分析工具的能力）；②跨文化交际；③跨文化谈判；④跨文化团队建设；⑤根据不同的文化情境，灵活地运用教学与培训策略的能力（例如，改变教学策略以适应不同国家学生的学习需求等）；⑥外语能力。②

(四)自我超越

"自我超越"(Personal Mastery)这一概念最早由麻省理工学院教授彼得·圣吉提出。彼得·圣吉在其代表作《第五项修炼——学习型组织的艺术与实践》中认为："自我超越是个人成长与学习的修炼。自我超越水平高的人，能不

---

① KEARNS P. Learning Across Frontiers：Report on the Internationalisation of Staff Development in Vocational Education and Training[R]. Melbourne：ANTA，1997：38.

② KEARNS P. Learning Across Frontiers：Report on the Internationalisation of Staff Development in Vocational Education and Training[R]. Melbourne：ANTA，1997：38-39.

断为创造自己真心追求的生命成果而拓展自己的能力。"[①]《卡恩斯报告》借鉴了彼得·圣吉提出的这一概念,将自我超越视为教职员工顺利开展国际项目所必备的重要素质。自我超越的能力维度包括:①开放性;②灵活性与适应性;③情绪控制(包括自我意识、情绪弹性);④感知敏锐度(观察与聆听技能);⑤创造力。[②]

与全球导向一样,自我超越也是所有教职员工都应具备的国际能力。首先,自我超越中的情绪控制维度主要指在严苛的工作环境中有效管理情绪的能力。在哈佛大学教育心理学家霍华德·加德纳提出的多元智能理论(Multiple-Intelligence Theory)中,有两种智能与境外工作中的情绪与情感控制较为密切,分别是人际智能(Inter-personal Intelligence)与内省智能(Intra-personal Intelligence)。人际智能指善于察觉并区分他人的情绪、动机、意向以及感觉,具备有效与人交往的能力;内省智能指正确建构自我的能力,了解如何利用意识做出适当的行为,以规划、引导自己的人生。其次,自我超越中的感知敏锐度(特别是观察与聆听技能)对于教职员工在境外开展工作十分重要。前澳大利亚驻印尼大使馆的教育参赞印证了这一观点:"在与不同国家的人打交道时,具备良好的聆听技能是至关重要的,国际工作往往并非按照我们所期望的方式进行,许多信息并不显而易见,因此,观察与聆听技能是必备的。"[③]再次,在正常解决方式无效的情况下,开展国际工作往往需要高水平的创造力以应对复杂情况,包括工作团队的想象力与创新性。最后,在境外开展职业教育工作充满着复杂性、矛盾性与价值冲突,要求教职员工在未知与不确定的环境中,具备良好的适应能力与情绪弹性。

(五)管理能力

管理能力(Management Competence)是指澳大利亚职业教育管理人员应具备的与开展国际项目相关的特定能力,具体包含:①为职业教育国际化提供远景规划与领导的能力(例如,深刻阐述全球化对职业教育的影响);②掌握国

---

① 彼得·圣吉.第五项修炼:学习型组织的艺术与实践[M].张成林,译.北京:中信出版社,2009:137.

② KEARNS P. Learning Across Frontiers:Report on the Internationalisation of Staff Development in Vocational Education and Training[R]. Melbourne:ANTA,1997:39-40.

③ KEARNS P. Learning Across Frontiers:Report on the Internationalisation of Staff Development in Vocational Education and Training[R]. Melbourne:ANTA,1997:40-41.

际关系、国际制度等学科知识;③具备管理国际职业教育项目的能力。[①] 首先,为职业教育国际化提供远景规划与指导是每一位职业教育管理人员首先应具备的能力,这要求职业教育管理人员深入了解当前国际环境对职业教育的影响并具备为职业院校制定既面向国际又适应本土的综合性发展愿景。其次,除了对所有职业教育管理人员的一般要求外,职业教育还需要培养具有高水平国际项目管理能力的专家。这正是 20 世纪 90 年代澳大利亚职业教育的不足之处,因为培养国际项目管理人员通常由职业院校以外的机构(如澳大利亚 IDP 教育集团)负责。因此,加强对国际项目管理人员的培养成了推进教职员工发展国际化的优先事项。

三、对教职员工发展国际化的行动建议

教职员工发展国际化是一项系统工程,需要联邦政府、州政府以及职业院校等多方的共同努力。因此,《卡恩斯报告》最后从国家、州与地区以及院校机构等三个层面提出了相应的行动建议。

(一)国家层面

从国家层面看,行动建议主要包括三个方面:编制国际化指导手册,改善信息的获取途径,提升教职员工的专业化水平。[②]

1. 编制国际化指导手册

为了使各州与地区职业院校中的教职员工深入了解全球化对职业教育与培训的深刻影响,国际化指导手册成了教职员工发展国际化的重要载体。因此,澳大利亚国家培训局负责拨出专项资金,编制一部全国统一的国际化指导手册,以供各州与地区的职业院校在召开教职员工发展国际化研讨会时参考。国际化指导手册的编制根据已有的相关成果为依据,在编排上需要体现出连贯性与可借鉴性。首先,在手册的具体内容方面,以琼·梅茨格(June Mezger)于1992 年为国家 TAFE 海外网络(National TAFE Overseas Network)编写的《为跨文化交流搭建桥梁》(Bridging the Intercultural Communication Gap)为范本,并在此基础上增加对全球化概念的理解,对世界各国相互依存、休戚与共的

---

① KEARNS P. Learning Across Frontiers:Report on the Internationalisation of Staff Development in Vocational Education and Training[R]. Melbourne:ANTA,1997:41-42.

② KEARNS P. Learning Across Frontiers:Report on the Internationalisation of Staff Development in Vocational Education and Training[R]. Melbourne:ANTA,1997:57.

认识以及全球化对澳大利亚产业、社会以及职业教育的意义等内容。其次，在手册的目标与原则方面，严格遵循1996年《国家框架》中提出的教职员工发展国际化的目标与指导原则。最后，在手册的目录编排方面，参照加拿大不列颠哥伦比亚国际教育中心（British Colombia Centre for International Education）开发的《国际化指南》，以"何为国际化""为何国际化""国际化如何运作""迈向可持续发展的国际化"以及"课程国际化"等五大模块为主要章节。总之，编制国际化指导手册的最终目的是使所有教职员工在集体学习与个人学习的过程中逐渐培养一种全球意识，并将其应用到国际职业教育教学与管理中。

2. 改善信息的获取途径

为教职员工获得相关信息建立渠道是国家必须考虑的优先事项。当时，与欧洲国际教育协会（European Association for International Education）相比，澳大利亚还没有建立一个能为各州与地区职业院校的教职员工提供国际教育信息的专业机构。与各国职业教育相关的文献与信息均分散在澳大利亚国际教育基金会、澳大利亚 TAFE 国际以及澳大利亚 IDP 教育集团等机构中。职业院校的教职员工无法随时查阅其他国家的重要信息以及必要的国际知识，这导致澳大利亚对职业教育国际化领域的研究基础较为薄弱，且缺乏系统性。针对这一问题，首先，需要建立专门机构对最新的职业教育国际化问题进行研究，并确保研究成果的有效传播。其次，需要对已有的文献信息进行分类，以便教职员工能够迅速地查阅到相关信息。有两种方案可供选择：第一，联邦政府出面与国家职业教育与培训研究中心进行协商，在协商一致的基础上，由国家职业教育与培训研究中心承担职业教育国际化研究的职能；第二，由澳大利亚国家培训局出资设立专业的职业教育国际化研究中心，可设在独立的机构内或机构联盟中。

3. 提升教职员工的专业化水平

除上述两点之外，提升教职员工的专业化水平是推进职业教育国际化的关键。作为高素质与经验丰富的专家，专业化的教职员工能够在任何国家开展职业教育工作。例如，北美国际教育管理者协会（Association of International Education Administrators）以及欧洲国际教育协会等专业机构内一般配有国际关系专员与留学生顾问。提升教职员工专业化水平的主要途径是建立专业人员发展网络，为此，澳大利亚国家培训局与澳大利亚国际教育基金会需要通力合作，以亚洲国家作为重点发展区域，为教职员工制定培训与实习计划。

(二)州与地区层面

在促进教职员工发展的国际化方面,各州与地区的行动重点是增加教职员工的国际经验以及协助提升职业院校的国际化水平。[①]

1. 增加教职员工的国际经验

州与地区主要是通过制定海外商业项目、产教合作计划以及教职员工国际交流计划等方式增加教职员工的国际经验。在教职员工国际交流计划上,其他国家政府与民间团体制定的各种计划为澳大利亚提供了可资借鉴的实践范本。例如,欧盟制定的"伊拉斯谟计划"与"达芬奇计划"增加了教职员工的国际流动性。北美民间团体组织——社区学院国际发展协会(Community Colleges for International Development)以及加拿大社区学院协会(Association of Canadian Community Colleges)均实施了促进教职员工国际交流的项目。反观澳大利亚,个别州也有类似举措。例如,维多利亚州 TAFE 学院院长协会(Victorian Association of Directors of TAFE Institutes)制定的"澳大利亚 TAFE 学院教职员工交流项目"为教职员工提供了出国交流、考察访问以及专业发展的机会,并与北美的社区学院国际发展协会签订了谅解备忘录。这种做法能够为其他州与地区开展国际合作提供参考,从而促进双边交流。在合作项目的管理方面,州与地区可设立一个由各州职业教育系统与机构的代表组成的全国顾问委员会,以统筹各州情况,做出综合研判。各州与地区的职业院校需根据实际情况,建立与其他国家职业院校的网络联盟,将增加教职员工的国际经验作为一种州层面的战略。

2. 协助提升职业院校的国际化水平

由于澳大利亚各州职业院校之间的情况各不相同,各州与地区政府协助提升职业院校国际化水平的方式也有所差异。尽管如此,各州与地区政府还是可以从一些关键领域着手,协助职业院校实现国际化的目标。这些关键领域包括:促进职业院校之间信息的互通、引导职业院校产生新想法、推广职业院校的国际化最佳实践以及管理职业院校的国际化发展。其中,州与地区政府通过不断激发职业院校的创新能力,将可持续发展理念注入现有的教职员工国际交流计划中,能够使职业院校的国际化水平产生从量变到质变的飞跃。此外,州与

---

① KEARNS P. Learning Across Frontiers: Report on the Internationalisation of Staff Development in Vocational Education and Training[R]. Melbourne: ANTA, 1997:62.

地区政府还应考虑如何配合国家层面的行动建议,鼓励与支持职业院校开展国际工作。

(三)院校机构层面

在国家层面以及州与地区层面的协助下,职业教育国际化最终是在院校机构层面上得以实现。职业院校层面的行动重点主要是:加强国际化战略规划,消除人员开展国际项目的组织障碍;通过评估教职员工能力加强对教职员工的选拔,从而保障国际项目质量。[①]

1. 加强战略规划,消除组织障碍

澳大利亚 IDP 教育集团在 1996 年的《国际化研究报告》中指出:澳大利亚有 38 所大学都将国际化纳入到任务宣言与合作计划中,其中 25 所大学在国际化进程中对质量保障有着明确承诺,也为开展国际项目的人员设立了准入标准。[②] 相比之下,90 年代中期的职业院校并非如此。借鉴大学的经验,职业院校可以考虑将适切的国际化目标纳入任务宣言与战略规划之中,使教职员工发展的国际化有据可依。此外,消除组织障碍是提高教职员工开展国际项目积极性的手段之一。当时,澳大利亚部分职业院校有一条不成文的规定:由于无法兼顾本土职业教育工作,职业院校通常会建议出境从事国际职业教育教学或管理工作的教职员工辞去本国的工作职位。很明显,部分职业院校未将教职员工出境工作视为一种获取国际经验的宝贵途径,这种短视行为实际上已经成为抑制教职员工发展国际化的组织障碍。因此,在全球化时代,职业院校需要将获取国际经验视为教职员工发展国际化的重要组成部分。此外,随着国际化项目的发展与成熟,职业院校需要定期审查国际项目的组织安排,以消除教职员工开展国际项目的组织障碍,提高教职员工开展国际项目的主动性与积极性。

2. 评估教职员工能力,保障国际项目质量

确保国际项目质量的关键是对开展国际项目的教职员工进行有效甄选,而这正是澳大利亚许多职业院校的短板。很多情况下,教职员工被安排开展国际项目的理由或是职业院校层面的权宜之计,或是职业院校为了达到上级规定而

---

① KEARNS P. Learning Across Frontiers:Report on the Internationalisation of Staff Development in Vocational Education and Training[R]. Melbourne:ANTA,1997:65.

② KEARNS P. Learning Across Frontiers:Report on the Internationalisation of Staff Development in Vocational Education and Training[R]. Melbourne:ANTA,1997:65.

增设的国际项目教职员工的数量指标。教职员工个人素质的高低事关国际项目的成败，而失败的代价也较高。因此，为了有效保障国际项目的质量，职业院校要为每一个国际项目制定详细的职位说明与建议，并以"国际能力发展循环"中的五种国际能力为基准，对教职员工进行评估。评估标准包含以下几个方面的能力：自我超越与跨文化能力；个人以积极的态度与建设性的方式接受变革的能力；将所学技能运用到国际环境中的能力；拓宽自身现有知识与技能的动力。除了院校评估之外，有意向开展国际项目的教职员工个人也可以根据五种国际能力，对自身的国际能力进行自我评估，以制定个人发展目标。

第三节　促进学生的国际流动

促进学生国际流动是澳大利亚职业教育国际化的第三个关键维度，从流动方向上看，学生流动分为国际学生的流入与本土学生的流出。从政策文本看，澳大利亚主要聚焦于扩大留学生招生规模以及鼓励本土学生出境交流。

一、扩大留学生招生规模

早在 1995 年，《国家战略规划》就提出了若干吸引国际学生赴澳接受职业教育的建议。例如，制定职业资格互认方案，使面向留学生的 TAFE 课程得到境外国家的认可；与澳大利亚大学校长委员会（Australian Universities Vice-Chancellors' Committee，AVCC）合作制定 TAFE 资格与大学课程的衔接方案，使职业教育成为留学生升学的桥梁；与澳大利亚国际开发署合作，提高 TAFE 在留学生奖学金市场中的份额，并为留学生提供支持服务。[①] 进入 21 世纪之后，这些建议上升到法律高度，在范围上也得到了进一步扩充。2000 年，澳大利亚联邦议会通过了《海外学生教育服务法案》（Education Services for Overseas Students Act，简称《ESOS 法案》）。[②] 该法案经过了数次修改，目前由八个部分组成。其中，"学费保护服务"（Tuition Protection Service，TPS）与《招收海外学生教育与培训提供者的国家实践准则》（National Code of Practice for Providers of Education and Training to Overseas Students 2018，简称《国家

---

① Australia TAFE International. National Strategic Plan 1995－1997[R]. Brisbane：ATI，1995：15.

② Office of Parliamentary Counsel. Education Services for Overseas Students Act 2000[Z]. Canberra：OPC，2000：i-xi.

准则》)等两个条款是《ESOS法案》的核心,分别起到了保障留学生权益以及规范留学生招生机构的作用,最终目的是扩大留学生的招生规模。

(一)保障留学生权益

20世纪90年代中后期,澳大利亚国家培训局将"以海外客户为中心"视为职业教育国际化的重要原则之一,此处的"客户"主要指赴澳留学的海外学生(即留学生)。"以留学生为中心"是维护澳大利亚职业教育国际声誉的出发点;反之,则"皮之不存,毛将焉附"。因此,在从教育出口大国向教育出口强国转变的过程中,对赴澳留学生基本权益的保障一直被澳大利亚政府视为重中之重。联邦议会于2000年12月颁布的《ESOS法案》使澳大利亚成了世界上第一个,也是唯一一个专门为留学生教育立法的国家。

纵观《ESOS法案》,学费保护服务是一项极具特色的确保留学生权益不受侵害的服务。如果职业院校因各种原因无法为留学生提供已支付的课程,该教育机构就必须为留学生提供替代课程或安排其转学到其他教育机构完成学业。如无法安排转学,则将已支付的学费退还给留学生。学费保护服务将全程协助留学生寻找替代课程或帮助他们获得退款(即提供者违约时应尽的义务)。①

从2002年起,澳大利亚的教育出口产业不断壮大,其根本原因是政府出台了较为宽松的技术移民政策。许多移民职业列表中的紧缺专业由职业院校提供,许多职业院校相继开设了厨师、西点师、图形制作等方便留学生就业与移民的职业课程。为了吸引更多的留学生,部分私立培训机构疯狂扩张,在基础设施上投入大笔资金以供更多留学生实训。例如,莫瑞迪安国际酒店管理学院(Meridian International Hotel School)就曾耗资100万澳元(当时约合630万元人民币)在学校本部新建大型厨房,以供职业教育留学生开展实训。从2008年底开始,澳大利亚政府针对霍华德政府遗留的移民政策先后做出了几次调整。调整后的移民政策增加了技术移民的申请难度,移民审批流程也更为严格,导致留学生的注册率直线下降。而大部分私立培训机构的主要生源便是留学生,因此移民政策的调整,加之资金链的断裂,许多私立的职业院校面临倒闭的困境。2009年,澳大利亚有11所私立院校先后倒闭,其中规模最大的私立教育集团——全球校园管理集团(Global Campus Management Group)于2009年

---

① Office of Parliamentary Counsel. Education Services for Overseas Students Act 2000[Z]. Canberra:OPC,2000:63,76.

11 月初倒闭。该集团为留学生提供包括英语课程以及职业教育与培训等课程，旗下的 5 所院校(包括莫瑞迪安国际酒店管理学院在内)也全部进入自愿破产管理程序，致使 3400 余名留学生面临失学的局面。

在 2009 年职业院校倒闭事件中，澳大利亚政府对留学生的安置方案是先由澳大利亚私立教育与培训委员会(Australian Council for Private Education And Training，ACPET)与英语澳大利亚协会(English Australia)根据学籍保障计划，为每位学生安排合适的院校完成学业。如果学生已向原学校缴纳学费，则无须向新学校支付额外学费。如果学籍保障计划无法安排转学，联邦政府则根据《ESOS 法案》的第五部分——学费保护服务中的第 46D"注册培训机构在违约情况下应尽的义务"规定，将已支付的学费全额退还给国际学生。[①] 最终，所有面临失学困境的留学生都获得了学费退款，可见学费保护服务是一项切实保障留学生权益的政策。

(二)规范留学生招生机构

除了通过学费保护服务保障留学生权益，《ESOS 法案》的另一大核心条款——《国家准则》注重加强联邦政府对留学生招生机构的管理。《国家准则》规定：所有招收留学生的注册培训机构及其开设的课程都必须在"招收海外学生的机构与课程的联邦注册系统"(Commonwealth Register of Institutions and Courses for Overseas Students，CRICOS)中进行注册，注册的条件是必须遵守《ESOS 法案》的相关要求。此外，所有留学生也必须凭学生签证在"提供者注册与国际学生管理系统"(Provider Registration and International Student Management System，PRISMS)中注册。根据《ESOS 法案》第 33 条(1)的规定："联邦教育与培训部部长有权制定并修改《国家准则》。"[②]2017 年 9 月 4 日，澳大利亚联邦与培训部部长——西蒙·伯明翰(Simon Birmingham)发布了新版《国家准则》，并于 2018 年 1 月 1 日起正式实施。新版《国家准则》规定：注册培训机构及其第三方中介机构向留学生开展教育与服务时应遵守的全国统一的标准与流程，以确保教育与培训服务满足赴澳留学生的需求与期望。《国家准则》具有《ESOS 法案》明确赋予的法律效力，根据《ESOS 法案》第 6 部分"强制执行"的 1A 条

---

① Office of Parliamentary Counsel. Education Services for Overseas Students Act 2000[Z]. Canberra：OPC，2000：66-67.

② Office of Parliamentary Counsel. Education Services for Oversea Students Act 2000[Z]. Canberra：OPC，2000：61.

款:"对于任何违反《国家准则》的教育提供者,监管机构有权采取相应的行动,取消提供者的注册资格。"①《国家准则》具体包括十一条标准,主要从下几个方面规范留学生招生机构。

首先,保障招生机构的信誉。标准一规定,注册培训机构首先必须遵守《澳大利亚消费者保护法》(Australian Consumer Law),不得向留学生宣传与推广虚假性或误导性的教育服务信息。在与留学生签署书面协议时,必须保证培训项目、先修课程以及课时要求等信息的准确性。标准二规定,在留学生进行课程注册前,注册培训机构必须向留学生提供全面、最新、便于理解的英文信息,包括录取要求、课程内容、课程时间、资格授予、校园地点、学费与生活费、住宿条件等。② 标准四规定,国际教育中介必须与注册培训机构签订书面协议才可以正式代表培训机构开展招生活动。在与留学生交流时,国际教育中介应保持适当的透明性,诚信地开展教育宣传,将留学生利益放在首位,并对澳大利亚的国际教育体系以及中介道德准则有适当程度的了解。如果注册培训机构发现或有合理理由怀疑国际教育中介或其代理机构未遵守相关规定,如从事虚假性或误导性的招生活动,注册培训机构必须立即终止与国际教育中介的代理关系,或者要求国际教育中介立即终止与从事这些非法活动的代理机构之间的关系。③

其次,为留学生提供支持服务。标准六规定,为支持留学生尽快适应澳大利亚的学习与生活,并选择适合他们年龄与文化的课程,注册培训机构必须向留学生提供英语语言与学习援助服务、相关的法律服务、应急与卫生服务、培训机构内部的基础设施与资源以及就业服务等一系列学生支持服务。而且无论学习地点或开课方式如何,留学生均无需为支持服务支付额外费用。此外,注册培训机构必须指定一名或多名通晓支持服务最新细节的教职员工作为留学生的正式联络人员。④

最后,监测留学生的出勤状况与课程进度。根据《ESOS 法案》的规定,教育

---

① Office of Parliamentary Counsel. Education Services for Oversea Students Act 2000[Z]. Canberra: OPC, 2000:104.

② Minister for Education and Training. National Code of Practice for Providers of Education and Training to Overseas Students 2018[Z]. Canberra: DET, 2017:8-10.

③ Minister for Education and Training. National Code of Practice for Providers of Education and Training to Overseas Students 2018[Z]. Canberra: DET, 2017:13-14.

④ Minister for Education and Training. National Code of Practice for Providers of Education and Training to Overseas Students 2018[Z]. Canberra: DET, 2017:17-18.

机构要监测留学生是否遵守学生签证中的条件,例如出勤率或者课程进展。对于违反签证条件的留学生,教育机构通过管理系统向国家内务事务部(Department of Home Affairs)报告。《国家准则》中的标准八详细规定了留学生参加职业教育与培训课程学习的进度与考勤要求。第一,规定职业教育的课程进度与考勤要求。注册培训机构必须制定并实施评估课程进度的规定和流程,包括以下五点:①促进与维护每门课程学术诚信的规定、满足培训包(Training Package,TP)或认证课程(Accredited Courses)的要求,并解决不当行为指控的流程;②记录与评估课程进度要求的过程;③监测课程进度不佳的流程;④注册机构的干预策略;⑤确定留学生未达课程进度的标准。如果监管机构要求注册培训机构将监测留学生的出勤状况作为注册条件,那么最低出勤率必须达到计划课时的80％。第二,对不理想的课程进度或出勤率等情况进行上报。如经过注册培训机构评估,留学生未达到课程进度或出勤要求,注册培训机构必须尽快给予留学生书面通知,告知留学生上报的原因,并在二十个工作日内,向留学生提供投诉或申诉权利。对于职业教育课程而言,即使留学生的出勤率只有70％,但只要留学生能够保持令人满意的课程进度,则注册培训机构有权决定不向管理系统上报出勤不理想的情况。①

(三)设立留学生奖学金

为了扩大留学生招生规模,澳大利亚联邦政府还专门设立了针对留学生的奋进奖学金(Endeavour Scholarships and Fellowships)。奋进奖学金是澳大利亚政府奖学金(Australia Awards)计划的一部分,所设奖项择优选拔,且颇具国际竞争性。奋进奖学金的设立旨在巩固澳大利亚在教育领域的杰出声誉,促进高等教育、科研机构以及职业教育的国际化进程,并为亚太、中东以及欧美地区的优秀人才提供赴澳学习、从事研究以及发展专业能力的机会。澳大利亚奋进奖学金包含四个子项目,分别是:奋进研究生奖学金(Endeavour Postgraduate Scholarship)、奋进研究学者奖学金(Endeavour Research Fellowship)、奋进职业教育与培训奖学金(Endeavour Vocational Education and Training Scholarship)以及奋进行政管理奖学金(Endeavour Executive Fellowship)。从表3.1看,在奋进研究生奖学金中,硕士学位课程最长学时为两年,博士学位课程最长学时为四

---

① Minister for Education and Training. National Code of Practice for Providers of Education and Training to Overseas Students 2018[Z]. Canberra:DET,2017:22-23.

年,硕士学位与博士学位的最高资助金额分别可达 14.05 万澳元与 27.25 万澳元。其中,硕士与博士学位每学年学费最高为 3 万澳元。[①]

表 3.1　澳大利亚奋进奖学金项目

奖学金名称	学习项目	奖学金金额	学时
奋进研究生奖学金	赴澳攻读硕士或博士学位课程	攻读硕士学位最高为 14.05 万澳元攻读博士学位最高为 27.25 万澳元	硕士学位课程 2 年博士学位课程 4 年
奋进研究学者奖学金	在本国攻读硕士或博士期间赴澳进行短期研究或博士后研究	最高为 2.45 万澳元	4～6 个月
奋进职业教育与培训奖学金	文凭课程高级文凭课程副学士学位课程	最高为 13.1 万澳元	1～2.5 年
奋进行政管理奖学金	职业发展培训	最高为 1.85 万澳元	1～4 个月

资料来源:Department of Education and Training. International recipients (program undertaken in Australia)［EB/OL］.［2018-02-04］. https://internationaleducation. gov. au/endeavour%20program/scholarships-and-fellowships/international-applicants/pages/international-applicants. aspx.

　　在四类奖学金中,奋进职业教育与培训奖学金是专门为赴澳攻读文凭课程、高级文凭课程或副学士学位课程等项目的国际学生提供的专项奖学金。奖学金金额最高可达 13.1 万澳元,其中每学年学费最高为 1.3 万澳元,学时通常为 1～2.5 年。[①]从年均最高净资助力度[②]看,奋进职业教育与培训奖学金为 3.94 万澳元/年,资助力度基本上与博士学位课程(3.8 万澳元/年)和硕士学位课程(4 万澳元/年)相当。2008—2017 年,共有来自 44 个国家的 486 名国际学生获得了澳大利亚奋进职业教育与培训奖学金,并赴澳接受职业教育与培训。[③]其中,不丹在 10 年中共有 144 位学生获得奖学金,占获奖总人数的 30%,其他获奖学生基本上来自亚洲国家(占所有国家的 79%),如表 3.2 所示。

---

　　① Department of Education and Training. International recipients (program undertaken in Australia)［EB/OL］.［2018-02-04］. https://internationaleducation. gov. au/endeavour%20program/scholarships-and-fellowships/international-applicants/pages/international-applicants. aspx.

　　② 年均最高净资助力度的算法为(最高奖学金金额－最高学费)/学时。

　　③ Department of Education and Training. International Student Data Monthly Summary［EB/OL］.［2018-02-04］. https://internationaleducation. gov. au/endeavour%20program/scholarships-and-fellowships/alumni/pages/default. aspx.

表 3.2 2008—2017 年获得奋进职业教育与培训奖学金的生源国及人数

国家	2008—2017 年获奖总人数	比例
不丹	144	30%
巴基斯坦	63	13%
巴布亚新几内亚	39	8%
所罗门群岛	29	6%
越南	28	5.7%
泰国	20	4%
菲律宾	18	3.7%
印度尼西亚	17	3.5%
韩国	11	2.3%
蒙古	11	2.3%
中国	10	2%
尼泊尔	10	2%
孟加拉国	10	2%
柬埔寨	8	1.6%
老挝	8	1.6%
其他国家	60	12.3%
总计	486	100%

资料来源：Department of Education and Training. 2008—2017 Endeavour Scholarship and Recipients[EB/OL]. [2018-02-04]. https://internationaleducation. gov. au/endeavour% 20program/scholarships-and-fellowships/alumni/pages/default. aspx.

二、鼓励本土学生出境交流

相比于扩大留学生招生规模而言,澳大利亚联邦政府鼓励本土学生出境交流的政策力度显然不如前者,仅以设立了奋进流动助学金(Endeavour Mobility Grants)的形式为本土学生出境交流提供资助。奋进流动助学金由联邦教育与培训部设立,目的是促进澳大利亚本土的本科生、研究生以及职业教育学生通过短期学习(如实习、临床实习以及志愿者项目),充分了解其他国家与地区的学术与社会文化,从而获得全球知识与国际经验。奋进流动助学金包括以下子项目:国际学生交换项目(International Student Exchange Program);海外留学短期流动项目(Study Overseas Short-Term Mobility Program);职业教育与培训出境交流项目(Vocational Education and Training Outbound Mobility Program);奋进长江学生交换项目(Endeavour Cheung Kong Student Exchange Program);亚洲研究生项目(Asia Postgraduate Program);亚洲职业教育与培训项目(Asia

Vocational Education and Training Program)。[1] 其中,与职业教育相关的两类子项目分别为职业教育与培训出境交流项目以及亚洲职业教育与培训项目。

(一)职业教育与培训出境交流项目

职业教育与培训出境交流项目旨在资助本土的职业教育学生到全球各国(不包括亚太地区国家)参加与其专业相关的短期(一般为期半年)职业教育项目。职业教育与培训出境交流项目的目标是:促进越来越多的本土职业教育学生拥有与其领域或课程相关的海外经验;通过境外学习获取经验,提高本土学生的就业能力与培训效果;帮助职业院校进行创新选择、将少数群体或非传统区域纳入职业教育项目,从而实现项目的多样化;加强澳大利亚职业院校与海外机构、组织间的合作。申请者必须符合以下四种条件:①成为澳大利亚公民或永久居民;②在符合条件的注册培训机构中学习;③申请项目之前必须在所注册的机构选择一门包含以下职业教育资格之一的课程:四级证书、文凭、高级文凭、研究生证书或研究生文凭;④之前未申请过该项目资助。每名申请成功的学生可获得 2500 澳元的短期资助,申请者所在的注册培训机构可获得 1500 澳元的项目促进补贴(Project Facilitation Subsidy)。学生所申请的项目必须能够满足学生在本土课程中所要求的学分。项目助学金由申请者所在的注册培训机构管理,且必须一次性拨付给申请者。申请者所在的注册培训机构可以申请一系列项目:实习或临床实习;有薪、无薪实习或顶岗实习;研究;短期学习以及志愿者项目。[2]

申请时,申请人所在机构必须在国际学生在线交换系统(International Student Exchange Online, ISEO)中输入以下信息:项目开展的地点(最多可选择 10 个);寻求短期资助的金额(每个项目最多可申请 10 笔资助);是否需要项目促进补贴;该申请项目相对于其他所有申请项目的排名;相关的学习领域、资格水平、学习经历、项目合作伙伴以及预计旅程信息;项目简要说明;确认该项目能提供足够学分或符合澳大利亚职业教育课程的注册要求。

---

① Department of Education and Training. Endeavour Mobility Grants[EB/OL]. [2018-02-04]. https://internationaleducation. gov. au/endeavour％20program/studentmobility/theprograms/pages/default. aspx.

② Department of Education and Training. 2018 Endeavour Mobility Grant Guidelines[EB/OL]. [2018-02-04]. https://internationaleducation. gov. au/Endeavour％20program/studentmobility/resources/Documents/FINAL％20Endeavour％20Mobility％20Grants％20Guidelines％202018％20Round. pdf.

(二)亚洲职业教育与培训项目

与之前的职业教育与培训出境交流项目形成互补,亚洲职业教育与培训项目旨在资助职业教育学生到亚洲以及太平洋地区的国家进行短期学习。亚洲职业教育与培训项目的具体目标是:通过提供资助的方式,鼓励更多的职业教育学生到亚太地区国家进行短期学习;支持注册培训机构为本土职业教育学生提供更加多元化的流动方式,从而培养一批"亚洲通";通过在亚太地区国家的各种学习机会,提高澳大利亚学生的技能与专业知识水平;培养澳大利亚本土职业教育学生对亚洲国家语言的掌握能力;加强澳大利亚与海外职业院校的合作伙伴关系。申请者必须符合的四种条件与职业教育与培训出境交流项目相同。每名申请成功的学生可获得 2000 澳元的短期资助,如所申请的项目中包含亚洲语言学习模块,每位申请者还可获得 1000 澳元的语言支持助学金(Language Support Grant)。同样,申请者所在的注册培训机构可获得 1500 澳元的项目促进补贴。[1]

为了完成申请,申请人所在机构同样需要在国际学生在线交换系统中输入信息,唯一与职业教育与培训出境交流项目要求不同的是,如果申请包含了亚洲语言学习模块,申请人所在机构必须说明学习哪一国的语言,并确定何时进行语言学习。此外,还要说明拟议的语言学习计划,包括对学生有何帮助、建议的期限以及培训机构或组织的基本信息。

第四节 保障职业教育办学质量

作为管理学的核心概念,最佳实践(Best Practice)是指"以全面的、综合的、协作的管理方式对企业经营的各个方面进行持续改进,从而达到世界一流标准,成为其他国家企业竞相参照的标杆。"美国管理学家巴巴拉·莱帕尼(Barbara Lepani)曾在《行业与教育的伙伴关系:创新与竞争优势》一书中指出:"为了达到最佳实践,企业必须具备超越竞争对手的快速学习能力,并根据学习

---

[1] Department of Education and Training. 2018 Endeavour Mobility Grant Guidelines[EB/OL].[2018-02-04]. https://internationaleducation. gov. au/Endeavour％20program/studentmobility/resources/Documents/FINAL％20Endeavour％20Mobility％20Grants％20Guidelines％202018％20Round. pdf.

成果采取适当的行动,从而在全球竞争中取得优势。"①作为职业教育国际化的第四个关键维度,国际职业教育上的最佳实践是澳大利亚职业教育保持国际竞争力的必要条件,即建立一种强制性标准以保障职业教育的办学质量,使澳大利亚的职业教育质量标准成为世界各国职业教育竞相参照的标杆。由此看出,保障澳大利亚职业教育的办学质量无疑是最佳实践在职业教育国际化层面的最佳体现。本节主要阐述澳大利亚为保障本土与跨境职业教育办学质量而制定的若干政策。

一、澳大利亚职业教育的质量标准

澳大利亚职业教育质量标准建立的时间并不长,大体可分为两个阶段:第一阶段从 2001 年 7 月"澳大利亚高质量培训框架"(Australian Quality Training Framework,AQTF)的建立至 2011 年 6 月;第二阶段从 2011 年 7 月"职业教育与培训质量框架"(VET Quality Framework,VETQF)的建立至今。

2001 年 6 月 8 日,澳大利亚高质量培训框架建立。该框架由澳大利亚国家培训局下属机构——国家培训质量委员会(National Training Quality Council,NTQC)联合各州与地区政府以及行业组织共同参与制定。框架规定了注册培训机构、注册机构/课程认证机构的质量标准,目的是建立稳定而高质量的职业教育与培训体系。澳大利亚高质量培训框架于 2002 年 1 月 1 日起正式实施,在经过了 2005 年、2007 年以及 2010 年的三次修改与扩充之后,由以下几个标准组成:注册培训机构首次注册的基本条件与标准(Essential Conditions and Standards for Initial Registration)②、注册培训机构持续注册的基本条件与标准(Essential Conditions and Standards for Continuing Registration)③、各州与领地(注册/课程认证)机构的标准(Standards for State and Territory Registering/Course Accrediting Bodies)④、注册培训机构的卓越标准(Excellence Criteria for Registered Training Organisations)⑤。

---

① LEPANI B. Industry-Education Partnerships:Innovation and Competitive Advantage[M]. Melbourne:VIEP,1994:1.

② National Quality Council. AQTF:Essential Conditions and Standards for Initial Registration[Z]. Melbourne:NQC,2010:1.

③ National Quality Council. AQTF:Essential Conditions and Standards for Continuing Registration[Z]. Melbourne:NQC,2010:1.

④ Australian National Training Authority. Australian Quality Training Framework:Standards for State and Territory Registering/Course Accrediting Bodies[Z]. Melbourne:ANTA,2005:1.

⑤ National Quality Council. Excellence Criteria for Registered Training Organisations[Z]. Melbourne:NQC,2007:1.

在澳大利亚高质量培训框架实施十年后,澳大利亚联邦议会于 2011 年 7 月 1 日正式通过了《国家职业教育与培训监管者法案》(National Vocational Education and Training Regulator Act)。法案由简介、注册、课程的认证、颁发与取消资格的权力、调查权、强制执行、国家职业教育监管者职责、联邦与各州的权力分配、行政法律事项、年度报告要求、合作与年度运营规划以及杂项等 12 部分所组成。[①] 该法案是澳大利亚历史上首个国家层面的职业教育质量保障法案,也是新时期澳大利亚职业教育质量保障的"根本大法"。同年 7 月,澳大利亚技能质量管理局(Australian Skills Quality Authority,ASQA)作为新的联邦政府直属机构成立。作为全国职业教育与培训的监管机构,澳大利亚技能质量管理局主要负责确保注册培训机构及其开设的课程达到质量标准、提供注册培训机构与认证课程的信息、处理客户投诉、发布机构年报等。澳大利亚技能质量管理局的监管范围涉及澳大利亚首都地区、北地区、新南威尔士州、昆士兰州、南澳州、塔斯马尼亚州的所有注册培训机构以及维多利亚州与西澳州的部分注册培训机构。与澳大利亚高质量培训框架相类似,澳大利亚技能质量管理局同样根据全国统一的"职业教育与培训质量框架"评估注册培训机构是否达到相应的注册标准。根据《国家职业教育与培训监管者法案》的相关规定,职业教育与培训质量框架包含以下几个部分:①注册培训机构标准(Standards for Registered Training Organisations 2015);②适合人员要求(Fit and Proper Person Requirements 2011);③财务生存能力风险评估要求(Financial Viability Risk Assessment Requirements 2011);④数据提供要求(Data Provision Requirements 2012);⑤澳大利亚资格框架(Australian Qualifications Framework,AQF)。

值得注意的是,在澳大利亚技能质量管理局成立之后,澳大利亚高质量培训框架并没有被废除。维多利亚州注册与资格管理局(Victorian Registration and Qualifications Authority,VRQA)以及西澳州培训认证委员会(Training Accreditation Council,TAC)依然根据澳大利亚高质量培训框架,分别对各州招收本土学生的注册培训机构进行认证与评估。

上述两个阶段的质量标准同中有异:相同点是都建立了全国统一的质量标准,第一阶段为澳大利亚高质量培训框架,第二阶段为职业教育与培训质量框架。不同点在于第一阶段没有全国统一的质量监管机构,各州与地区的质量监

---

① Office of Parliamentary Counsel. National Vocational Education and Training Regulator Act 2011[Z]. Canberra:OPC,2011:i-xii.

管机构各不相同;而第二阶段设立的澳大利亚技能质量管理局实质上收编了全国大多数州与地区(除维多利亚州与西澳州之外)的注册机构以及课程认证机构,以便进行全国统一监管。由于第二阶段的质量标准是在第一阶段质量标准的基础上发展而来的,并且在范围上涵盖了澳大利亚大多数州与地区。因此,以下主要根据第二阶段的质量标准对澳大利亚保障本土职业教育办学质量进行论述。

二、保障本土职业教育办学质量

质量是职业教育的生命线,而严格的质量标准是衡量职业教育办学质量高低的重要尺度。在澳大利亚,所有职业院校都必须向澳大利亚技能质量管理局提出申请,在达到相关标准与要求之后,才能成为合法的注册培训机构(简称RTO)。标准及其细则的制定由联邦教育与培训部部长负责,这是《国家职业教育与培训监管者法案》的第八部分——"联邦与各州的权力分配"明确规定的。①如前所述,这些标准与细则所组成的"职业教育与培训质量框架"是澳大利亚职业教育质量保障的国家标准,国家标准对职业教育的机构、人力、财力、数据以及资格等五个方面的标准进行严格规定,以保障本土职业教育的办学质量。

(一)关于机构的质量标准

"注册培训机构标准"是保障机构质量的根本依据,由 8 项子标准组成。主要包含注册条件、确保 RTO 提供的培训产品符合培训包或认证课程的要求;为学生提供完整的就业与升学途径;遵守道德规范;充分满足学习者与企业的需求。其中,标准 1 到标准 3 规定 RTO 开展培训与评估(此处的评估是指 RTO 利用测试或其他手段评判学习者是否具备了培训包或认证课程中规定的能力)的标准,而标准 4 到标准 8 则明确了 RTO 应尽的义务。

1. 注册培训机构开展培训与评估的标准

首先,RTO 开展的培训必须达到一定的总量,以确保学习者达到培训包或认证课程中规定的能力标准。培训总量根据学习者现有的技能与知识、培训方式以及就业方向而有所不同。为确保评估结果的客观性,RTO 必须根据风险本位方法(Risk-Based Approach)制定包含风险指标在内的系统性验证规划(此

---

① Office of Parliamentary Counsel. National Vocational Education and Training Regulator Act 2011[Z]. Canberra:OPC,2011:138-140.

处的验证是指对评估过程的质量审查,包括审查评估工具是否能产生有效的、可靠的、充分的、最新的、真实的证据,以便对学习者是否符合培训包或认证课程的要求做出合理判断)。例如:RTO 需要验证无效的评估结果、培训方式、培训包规定的变更对学生的潜在影响。其次,RTO 可以将培训与评估服务转包给第三方,第三方也可以进一步将服务分包给其他机构。无论第三方是否以RTO 的名义开展服务,RTO 都必须与所有以其名义开展培训与评估的代理机构签订书面协议,资格证书的最终颁发由 RTO 负责。最后,RTO 负责证书的颁发、维护与认可并保存学习者成绩档案。为了保证培训结果的诚信度与国家认可度,RTO 必须认可其他 RTO 颁发的证书,这是国家对认证内容的性质与维护的要求。当学习者完成注册手续,所有相关费用已缴清,成绩合格,必须在30 天内颁发证书,证书与成绩档案最长可保留 30 年。[①]

2. 注册培训机构应尽的义务

注册培训机构应尽的义务主要分为三点。第一,注册培训机构必须向学习者与潜在客户公布有关 RTO 服务与绩效的准确信息。RTO 最终负责确保有关服务信息的透明性与准确性,以便学习者与潜在客户可以随时了解 RTO 的绩效信息,目的是使学习者与潜在客户能够根据自身的培训需求做出明智的决定。

第二,注册培训机构必须确保每个学习者的知情权。RTO 应在服务开始前向学习者提供准确的纸质或电子服务信息,告知学习者享有的权利与应尽的义务,包括任何由第三方代理机构开展的培训或评估信息。RTO 可通过多种类型的文件向学习者提供信息,例如报名表、雇佣合同或协议、引导手册、培训计划或培训合同,并且在培训服务有任何更改时及时通知学习者。RTO 必须建立透明的、指控不法行为的投诉政策以及对决议进行复审的申诉政策,并且妥善保管投诉档案,分析原因并减少投诉发生的概率,确保申诉流程的公正、公平。申诉流程一般在 60 日内终结,超期应说明原因并及时告知进展。

第三,确保 RTO 与职业教育监管机构的合作在任何情况下都合法合规。RTO 需要符合 RTO 标准以及相关的联邦、州与地区的法律法规,以便使 RTO提供的培训产品具有较高的信誉度,并能够切实履行对客户应尽的义务。此外,使用第三方中介服务的 RTO,应签订书面协议并及时备案,以便监管机构

---

① Department of Education and Training. Standards for Registered Training Organisations (RTOs) 2015[Z]. Canberra：DET，2015：15-24.

在执行合规性审查时,将第三方中介服务纳入风险档案库。[①]

(二)关于人力的质量标准

人力的质量标准可从"适合人员要求"中看出,该标准较为严格地规定了从事职业教育教学的教师或培训者必须获得的资格证书以及应具备的职业操守。一名适合的教师或培训者人选应当满足:在教学领域及其他领域未被指控、未有不适合作为管理者的迹象、未采用不正当手段破产、未提供虚假或误导信息行为等 9 条硬性规定。此外,如果公众对教师的任教资格持怀疑态度,则有权认定其不满足适合人员要求。[②]

(三)关于财力的质量标准

此处的财力即财务生存能力,指的是注册培训机构有能力获得足够的收入来满足其经营性支出,并有能力偿还债务,同时能够提供高质量的培训与评估服务。"财务生存能力风险评估要求"规定注册培训机构能够在任何时间展示其财务生存能力。这项规定保证了注册培训机构即使在不确定的经济环境下,也要配备充足的人力、物力、财力等资源,确保学生能够顺利完成学业。根据"财务生存能力风险评估要求",监管机构对注册培训机构的财务状况在时间上与内容上实行无盲区监控,只要国家职业教育与培训监管机构提出要求,注册培训机构在首次注册之前以及注册审批通过之后的任何时间内,均必须提供由管理当局指定的第三方独立审计师对其财务生存能力风险开具的评估报告。评估报告不仅包括资金流动性(包括流动比率与现金流)、偿付能力(包括债务资产、债务股权)、经济依赖性、商业风险、法定义务、会计准则等揭示财务绩效的普通指标,还涉及财务预测、收益与支出预测、短期预算、当前注册学生、税务记录、法律纠纷、公司间交易、转移与所有权变更以及或有负债等详细数据。如果管理当局认为某个组织的财务生存能力风险较低,可能会免除对其财务生存能力风险评估的要求。[③]

(四)关于数据的质量标准

"数据提供要求"主要分为三个方面:职业教育学生的数据收集要求、RTO

---

① Department of Education and Training. Standards for Registered Training Organisations (RTOs) 2015[Z]. Canberra: DET, 2015:25-29.

② Minister for Education and Training. Fit and Proper Person Requirements 2011[Z]. Canberra: DET, 2011:4-5.

③ Australian Skills Quality Authority. Financial Viability Risk Assessment Requirements 2011 [Z]. Melbourne: ASQA, 2011:4-5.

注册信息的收集要求以及质量指标的数据收集要求。第一,澳大利亚职业教育与培训管理信息统计标准(The Australian Vocational Education and Training Management Information Statistical Standard,AVETMISS)是职业院校的国家数据标准,能够准确、及时地获取有关职业教育学生的课程、活动单元以及资格等信息。第二,RTO 在注册时通过澳大利亚技能质量管理局的官方网站提供法人机构类型、公司注册证书、财务生存能力风险评估信息、适合人员要求、培训机构类型、课程名称及代码、海外招生、政府资助、社会责任保险等 23 项信息。第三,注册培训机构必须在国家职业教育研究中心网站上报实时的质量指标与财务年报。监管当局有权根据风险的不同等级,在任何时间对注册培训机构进行在线审查,必要时开展实地核查。[①]

(五)关于资格的质量标准

澳大利亚对于职业教育资格有着严格的质量标准,澳大利亚资格框架明确规定:职业教育资格在开发、认证与颁发等三个阶段分别由不同的机构负责,目的是确保学生获得的职业教育资格在全澳的认可性与通用性。[②] 在资格开发阶段,职业教育资格分为培训包中的资格以及认证课程中的资格。首先,培训包中的资格由技能服务机构(Skills Service Organisations,SSO)在行业参考委员会(Industry Reference Committees,IRC)的指导下负责开发;而认证课程中的资格由注册培训机构以及其他利益相关者团体负责开发。其次,职业教育资格的认证由澳大利亚政府理事会行业与技能委员会(COAG Industry and Skills Committee,CISC)主管的澳大利亚行业与技能委员会(Australian Industry and Skills Committee,AISC)负责。最后,职业教育资格的颁发机构统一由澳大利亚技能质量管理局授权的注册培训机构负责。

三、保障跨境职业教育合作办学质量

2001 年建立的澳大利亚高质量培训框架在一定程度上能够保障澳大利亚本土职业教育的办学质量。然而,职业教育一旦走出国门,就无法用统一的标准来规定跨境职业教育的办学质量。正如联邦教育、科学与培训部长的布兰登·尼

---

① Minister for Education and Training. Data Provision Requirements 2012[Z]. Canberra:DET,2012:4-5.

② Australian Qualifications Framework Council. Australian Qualifications Framework[R]. Adelaide:AQFC,2013:21.

尔森在《澳大利亚教育与培训国际化部长声明》(Ministerial Statement on the Internationalisation of Australian Education and Training)中所指出的："目前，暂无机制能够保障澳大利亚教育提供者在境外的服务质量。通过《ESOS 法案》扩大海外教育服务的范围显然是不可行的，而单纯地依靠市场机制也极可能有损澳大利亚的教育声誉。"[①]当时，澳大利亚的教育体系虽然健全，但体系内部却较为复杂。例如，不同类型的教育提供者都有一套对应的注册、课程认证以及审计等要求。除了大学的教育质量由澳大利亚大学质量署(Australian Universities Quality Agency，AUQA)监管之外，职业教育质量保障的主要责任在于各州与地区政府。因此，建立国家质量框架能够确保各州与地区的职业教育提供者在开展跨境职业教育时，能够依据本国的质量框架提供高质量的服务。

为此，2005 年 4 月，澳大利亚教育、科学与培训部(Department of Education，Science and Training，DEST)制定了《跨国教育与培训国家质量战略》(A National Quality Strategy for Australian Transnational Education and Training)。该战略是一个囊括高等教育、职业教育、基础教育等不同类型学历教育以及海外学生英语强化课程(The English Language Intensive Courses for Overseas Students，ELICOS)与预科课程(Foundation Programs)等非学历教育的综合性质量战略。作为战略的配套资金支持，澳大利亚联邦政府计划从 2005—2006 财年起，连续四年投资 1060 万澳元，确保澳大利亚境外质量保障的相关性、有效性、并得到国际认可。[②] 该战略遵循的原则是：①使澳大利亚的质量保障框架在本土与国际上得到充分的理解与认可；②通过建立一站式门户网站，使提供者与消费者了解海外教育与培训的责任；③确保质量认证与审核过程的透明性；④保证在境外国家开展的项目与课程的质量与澳大利亚本土规定的质量标准相一致。[③] 该战略的目的是通过建立三种教育与培训质量框架的参考模式，加强国家对于质量的控制，最终提升澳大利亚作为高质量教育与培训服务提供者的国际认可度。由于本节主要探讨的是跨境职业教育的质量保障，因此，在质量框架参考模式图中，本节仅保留了职业教育这一类型。

---

① Department of Education，Science and Training. Engaging the World through Education：Ministerial Statement on the Internationalisation of Australian Education and Training [R]. Canberra：DEST，2003：31.

② Department of Education，Science and Training. A National Quality Strategy for Australian Transnational Education and Training：A Discussion Paper[R]. Canberra：DEST，2005：9.

③ Department of Education，Science and Training. A National Quality Strategy for Australian Transnational Education and Training：A Discussion Paper[R]. Canberra：DEST，2005：11.

(一)完善现有模式

在 2005 年之前,澳大利亚各州与地区政府对跨境职业教育的质量保障负主要责任。第一种质量框架的参考模式——完善现有模式(Augmented Current Model)建议各州与地区政府继续承担现有责任,一旦国家职业教育与培训质量机构成立,将有可能取代州与地区政府,并履行对注册培训机构监管职责。完善现有模式本质上是以行业主导与政府间协议的形式对现有的质量保障安排进行完善。例如,2005 年澳大利亚国家培训局修改了澳大利亚高质量培训框架,以突出政府间协议在保障跨境职业教育合作办学中的重要性。同年,联邦教育、科学与培训部决定对跨境职业教育质量保障的良好实践(Good Practice)进行一般性推广(Generic Promotion)。

完善现有模式主要基于以下三点考虑。首先,为职业教育提供者与政府部门之间的对话提供便利,以便将战略原则贯彻到现有的质量保障安排中。其次,提升各州与地区在保障职业教育质量中的一致性,便于国家层面将职业教育作为一个系统进行国际推广。最后,明确州与地区政府部门以及职业教育提供者各自在跨境职业教育质量保障中承担的职责,并采取措施为有效的质量保障分配适当资源。

在跨境职业教育办学方面,完善现有模式加强了州与地区在质量保障中的职能。首先,所有在境外开展的澳大利亚资格框架下的职业教育项目都必须由注册培训机构本身,或以注册培训机构的名义提供。职业教育提供者的初始认证审核由州与地区政府或其他认证机构负责,往后至少每五年对职业教育提供者进行一次审核。其次,行业协会、质量保障机构以及联邦教育、科学与培训部以加强自我监管以及开展志愿活动等措施,对自身质量持续改进。最后,职业教育提供者通过参照跨境职业教育质量保障的良好实践持续改进。其中,关于注册、认证以及审计流程等方面的内容由州与地区制定;联邦教育、科学与培训部或行业协会则负责制定跨境职业教育办学的内容。图 3.3 显示了澳大利亚职业教育提供者与初始外部质量保障机构之间的关系及其各自的权限范围。在这个模式中,质量保障机构即州与地区/拟设立的国家职业教育质量机构同时拥有本土与境外职业教育的质量监管权,并在现有基础上听取联邦教育以及科学与培训部的建议。

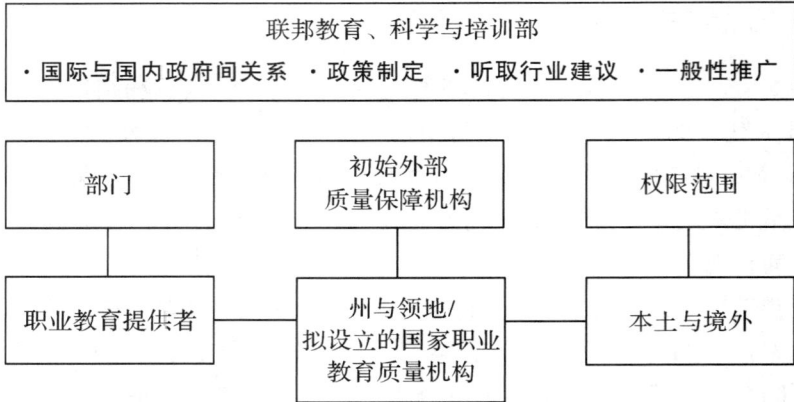

图 3.3　完善现有模式

资料来源:Department of Education, Science and Training. A National Quality Strategy for Australian Transnational Education and Training: A Discussion Paper[R]. Canberra: DEST,2005:19.

(二)顾问委员会模式

顾问委员会模式(Advisory Board Model)与完善现有模式之间有许多相同点。它们的主要区别在于:顾问委员会模式建议设立一个由行业与政府联合组成的顾问委员会,负责向职业教育提供者以及联邦政府、州与地区政府提供关于跨境职业教育质量最佳实践的建议。顾问委员会的成员由职业教育提供者、质量保障机构以及政府等代表组成,直接向教育、就业、培训与青年事务部长委员会(Ministerial Council on Education, Employment, Training and Youth Affairs, MCEETYA)报告。

作为一个由多部门组成的联合体,顾问委员会的作用包括:对职业教育提供者境外办学的良好实践进行分析,制定关于境外办学的协议与原则,补充现有安排;审查职业教育提供者的投诉处理系统,并挑选出最佳实践;对建立境外办学综合统计数据机制提供咨询意见;对推广澳大利亚质量框架的创新方法进行鉴别;就发挥职业教育与其他教育类型之间的协同作用提供意见与建议。图3.4显示了澳大利亚职业教育提供者、质量保障机构以及顾问委员会之间的关系。顾问委员会充当国家教育部门和州与地区/拟设立的国家职业教育质量机构之间的中介,扮演了决策资讯的作用。

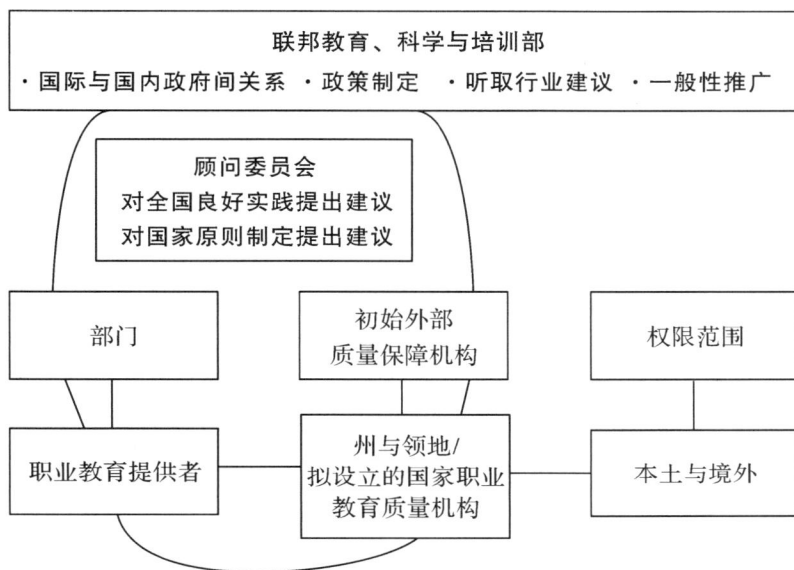

图 3.4　顾问委员会模式

资料来源：Department of Education，Science and Training. A National Quality Strategy for Australian Transnational Education and Training：A Discussion Paper[R]. Canberra：DEST，2005：24.

　　由此可以看出，顾问委员会建议就各州与地区跨境职业教育提供者的注册、认证与审计等事项达成全国性协议。与完善现有模式相似，顾问委员会将对行业协会、质量保障机构以及联邦教育、科学与培训部的自我监管与志愿活动提出建议，以促进上述部门持续改进质量。此外，它还将协助职业教育提供者共同确定跨境职业教育办学质量保障的良好实践，以改进境外办学质量。毫无疑问，顾问委员会在政府、职业教育提供者以及行业之间起到了沟通桥梁的作用。然而，顾问委员会作为一种咨询机构，其成员包含众多不同类型的利益相关者，对外部环境变化的响应速度相对较慢，其局限性也显而易见。

(三)国家权威机构模式

　　国家权威机构模式（National Authority Model）建立在已有职业教育质量基础之上。在该模式中，澳大利亚本土职业教育提供者与课程的注册、认证与审核职能继续由各州与地区的认证机构与相关的质量保障机构负责。与前两种模式的不同之处在于，州与地区认证机构将跨境职业教育提供者的认证、注

册与质量保障职能委托给在协议下设立的国家权威机构,如图 3.5 所示。如果
拟议的国家职业教育与培训质量机构成立,可以作为独立实体与国家权威机构
合作,也可以直接承担国家权威机构的职责。

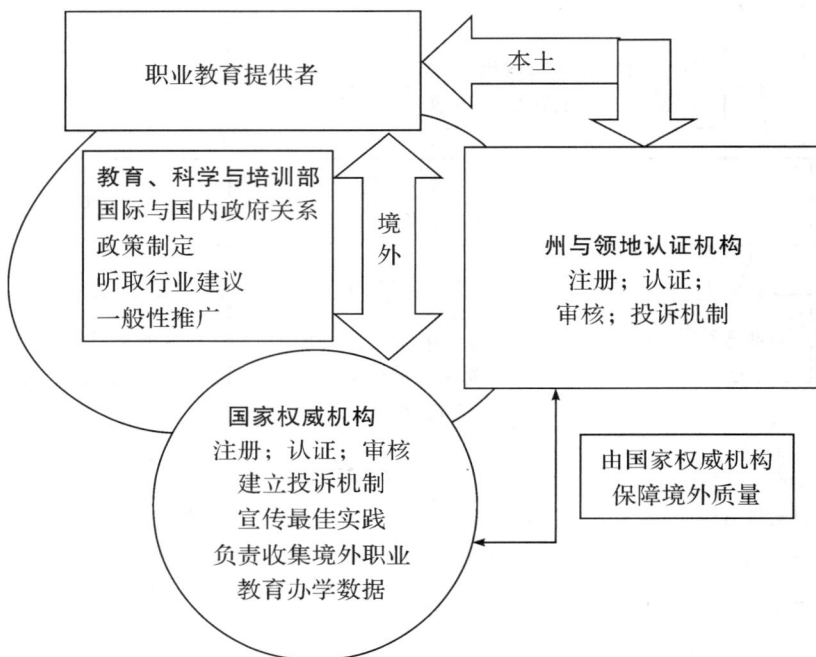

图 3.5　国家权威机构模式

资料来源:Department of Education, Science and Training. A National Quality Strategy
for Australian Transnational Education and Training:A Discussion Paper[R]. Canberra:
DEST, 2005:30.

　　之前,国外政府与其他国际利益相关者认为,由于缺乏国家层面的独立机
构,他们无法理解复杂的澳大利亚职业教育质量保障体系。国家权威机构的建
立可以有效解决上述问题。国家权威机构除了能够向国际利益相关者就境外
质量保障做出明确说明外,也可以在处理境外学生投诉方面发挥重要作用。通
过明确澳大利亚跨境职业教育办学质量保障职责,国家权威机构为国外政府、
质量保障机构以及境外学生之间搭建了相互沟通的平台。

　　国家权威机构模式的优势有:促进澳大利亚职业教育质量框架的推广与宣
传,确保澳大利亚职业教育质量保障框架在本土与国际范围内得到理解;对开
展境外职业教育提供者的认证与审计等方面的专业知识进行整合;保证跨境职

业教育审计与认证过程的全国统一性,以资源节约型方式开展质量保障工作。在制定良好实践方面,国家权威机构也能够充当智囊团的角色,将澳大利亚跨境职业教育办学的良好实践进行有效推广,进一步保证在境外国家开展的职业教育项目质量与澳大利亚本土规定的质量具有对等性。此外,国家权威机构的另一项重要职责是代表各州与地区,以全国统一的方式收集与跨境职业教育办学相关的数据。建立国家权威机构并不代表引入额外的监管机构。相反,将跨境职业教育质量保障的职能移交给国家权威机构代表现有质量保障工作的重组,可以降低跨境职业教育质量保障的成本。

综上所述,三种职业教育质量框架的参考模式都强调在未来建立国家层面的职业教育与培训质量机构,对跨境职业教育办学质量进行保障,并充分发挥政府、职业教育提供者以及行业协会在保障跨境职业教育质量中的协同作用。

第五节 推进本国资格框架与国外相关 资格框架的对接

1995 年,经合组织对课程国际化的定义是"在内容上明确体现国际导向,为本土学生与国际学生共同设计的,使学生在国际与多元文化环境下具备专业性与社会性的课程"[①]。课程国际化是澳大利亚职业教育国际化的第五个关键维度。澳大利亚 TAFE 国际在 1996 年的《国家框架》中对课程国际化的初步界定是"将跨文化理解与文化敏感性等模块渗透到现有的关键能力中,并完全融入整个职业教育课程体系"[②]。根据该定义,课程国际化包含两个方面。首先,促进国际视野在职业教育课程内容中的融入与渗透,以便学生能够顺利参与国际事务;其次,在职业教育课程的设计中,注重培养学生具备全球经济社会所需的知识、技能以及合作、容忍、承认等价值观,提升学生的跨文化理解力。然而,澳大利亚 TAFE 国际当时并未能准确地把握职业教育课程国际化的内涵。从1998 年培训包制度建立以来,澳大利亚职业教育课程体现的是能力本位理念,

---

① IDP Education Australia. Curriculum Development for Internationalisation:OECD/CERI Study [R]. Canberra:IDP Education Australia, 1995:1.

② Australia TAFE International. A National Framework for the Internationalisation of Australian TAFE:Guidelines for Australian TAFE Institutions[R]. Brisbane:ATI, 1996.

而非知识本位理念。培训包中的能力单元以及评估要求对每一种职业教育资格进行明确而统一的规范,相当于国家层面的职业教育课程大纲。培训包的开发与认证等流程也都是由行业与技能委员会、行业参考委员会以及技能服务机构全权负责。因此,职业教育课程是为满足澳大利亚本土企业的特定需求而"量身定制"的,这就从根本上要求职业院校所开设的每一门课程都必须本土化。

由此看出,澳大利亚 TAFE 国际当时只是将经合组织的定义照搬到职业教育上,并未深入剖析国际化与能力本位职业教育课程之间的匹配度。2011 年,澳大利亚资格框架委员会将推进本国资格框架与国外相关资格框架的对接列入了细则,目的是使澳大利亚的职业教育课程得到国际认可,是课程国际化在输出层面的体现。由于职业教育阶段的所有课程均以能力为本位,且包含在澳大利亚资格框架中,因此,澳大利亚资格框架与国外相关资格框架的对接,在某种程度上可以被视为职业教育课程的国际化。本节根据最新的澳大利亚资格框架政策文本,详细阐述澳大利亚资格框架与国外相关资格框架对接的目的、原则与流程。

一、澳大利亚资格框架概述

澳大利亚是国际上最早建立并实施国家资格框架的国家之一。1995 年,澳大利亚资格框架咨询委员会(Australian Qualifications Framework Advisory Board,AQFAB)完成了澳大利亚资格框架实施手册(AQF Implementation Handbook)的制定,并将其引入澳大利亚教育与培训体系。该手册历经 1998 年、2002 年、2007 年的三次修改,并于 2011 年正式更名为第一代澳大利亚资格框架(1ˢᵗ Edition Australian Qualifications Framework)。2013 年,新成立的澳大利亚资格框架委员会(Australian Qualifications Framework Council,AQFC)又对第一代澳大利亚资格框架的部分细则进行了修改,于 2013 年 1 月 1 日发布了第二代澳大利亚资格框架(2ⁿᵈ Edition AQF),并一直沿用至今。

澳大利亚资格框架总共分为 10 个等级,涵盖了所有职业教育阶段到高等教育阶段的证书、文凭与学位,共计 14 种。学习者先前获得的非正规与非正式教育经历或相关证明都能在澳大利亚资格框架内得到充分认可。澳大利亚资格框架对每一级资格的目标、知识、技能、应用以及学时做出了明确与细致的规定。该框架各层级向上发展无瓶颈,无工作经验的学生、在职人员、待业人员都能够依据自身的发展需求,选择资格框架中的相应资格进行深造。其中,职业教育阶段的资格均以能力为本,侧重于技能的获得。学生在达到培训包或认证课程中规定的能力标准后,可获得由注册培训机构颁发的职业教育资格。职业教育资格分别位于澳大利亚资格框架中的一至六级:一级资格对应一级证书(Certificate I)、二级资格对应二级证书(Certificate II)、三级资格对应三级证书(Certificate III)、四级资格对应四级证书(Certificate IV)、五级资格对应文凭(Diploma)、六级资格对应高级文凭(Advanced Diploma)。截至 2022 年,澳大利亚共有 56 个培训包,实现了所有职业领域的全覆盖。培训包中的职业教育资格有 1227 项,每一项资格都能在澳大利亚资格框架中找到对应的等级,其中一级证书 36 项、二级证书 179 项、三级证书 344 项、四级证书 300 项、文凭 233 项、高级文凭 105 项,职业教育研究生证书 15 项,职业教育研究生文凭 15 项,共 15409 个能力单元。[①]

二、与国外相关资格框架对接的目的

从全球看,资格框架通常可以分为国家资格框架(National Qualifications Framework,NQF)、区域资格框架(Regional qualification framework,RQF)和跨国资格框架(Transnational Qualifications Framework,TQF)三种类型。2015 年,由联合国教科文组织终身学习研究所(UNESCO Institute for Lifelong Learning)、欧洲职业培训发展中心(European Centre for the Development of Vocational Training,Cedefop)以及欧洲培训基金会(European Training Foundation,ETF)共同发布的《区域与国家资格框架全球目录》(Global Inventory of Regional and National Qualifications Frameworks)显示,2014 年共有超过 150 个国家参与了国家资格框架的开发与实施。此外,欧洲、美洲、亚洲、非洲、大洋洲等地区也都相应地建立了区域资格框架,分别是欧洲资格框架(European Qualifications Framework,EQF)、东南亚国家联盟框架(Association of Southeast Asian Nations Framework Arrangement,ASANFA)、加勒比资格框架(Caribbean Qualifications Framework,CQF)、海湾资格框架(Gulf Qualifications Framework,GQF)、太平洋资格框架(Pacific Qualifications Framework,PQF)、非洲南部发展共同体资格框架(Southern African Development Community Qualifications Framework,SADCQF)以及英联邦小国虚拟大学跨国资格框架(The Transnational

---

① Australian Government. Nationally Recognised Training [EB/OL]. [2018-03-08]. https://training. gov.au/Home/Tga.

Qualifications Framework for the Virtual University of Small States of the Commonwealth，TQF for VUSSC)。[1]

随着国与国之间劳动力流动的日益频繁，作为职业人才流动的凭证和依据的职业资格在国际的互认已成大势所趋。因此，在澳大利亚资格框架的细则中，明确提出本国的资格框架与国外相关资格框架对接的目的。

澳大利亚资格框架与其他国家或区域资格框架对接的目的主要体现在对国家或区域层面的经济利益以及对个人的利益，包括：①为加强国家间或区域间的相互信任与资格认定提供依据；②促进各国或区域资格框架信息的透明度与可靠性；③通过资格的可比性以及对学习与就业资格的认可，提高各国之间的相互理解；④维持各国或区域资格认证体系的稳定性，包括提高对支持资格框架的各种质量保障体系与流程的认识与理解；⑤促进学生与技术工人获得的资格在澳大利亚与其他国家得到理解与认可，增加这类群体的国际流动性；⑥为澳大利亚资格框架提供可对比的标杆。[2]

三、与国外相关资格框架对接的原则

与国外相关资格框架对接的原则分为首要原则（Overarching Principles）与一般原则（General Principles）。首要原则是澳大利亚资格框架在对接流程中优先考虑的核心因素，包括以下几点：①只要能够为本国带来显而易见的利益，澳大利亚就应该积极寻求对接；②对接应该使澳大利亚与所对接的国家或区域之间的现有关系得到进一步加强；③澳大利亚资格框架不会纯粹为适应其他国家或区域的要求而进行调整；④澳大利亚资格框架不会无条件认定对接国家或区域中的资格；⑤如果所对接的国家或区域还没有建立正式的国家或区域资格框架，就以该国家或区域的资格认证制度作为对接的依据。[3]

一般原则规定了澳大利亚与对接国家或区域在协调流程中的期望：①双方参与对接流程的机构应当明确各自的合法性与权责利，相关认证机构或质量保障机构之间应达成一致的协议；②对接双方的资格框架都必须建立在完善的教

---

① UNESCO Institute for Lifelong Learning，European Training Foundation，European Centre for the Development of Vocational Training. Global Inventory of Regional and National Qualifications Frameworks Volume I：Thematic Chapters[M]. Hamburg：UIL，2015：6.

② Australian Qualifications Framework Council. Australian Qualifications Framework[R]. Adelaide：AQFC，2013：107.

③ Australian Qualifications Framework Council. Australian Qualifications Framework[R]. Adelaide：AQFC，2013：107.

育与培训质量保障体系的基础上,并与国际质量保障原则相一致;③澳大利亚资格框架中的资格等级与对接国家或区域的资格框架等级之间应有明确的联系,资格等级的划分必须基于学习成果,且资格之间具有可比性;④对接国家或区域的资格框架中应该包含对所有学习成果与学分体系的认证政策;⑤在对接过程中,可以寻求国际专家的支持与帮助,使对接结果更具科学性与可信度;⑥对接双方的国家机构需要联合发布一份全面性报告,分别列出对接的证据与原则。①

四、与国外相关资格框架对接的流程

澳大利亚资格框架与国外相关资格框架对接的工作由以下具有特定职责的机构承担。

(一)澳大利亚联邦政府

在澳大利亚联邦政府看来,与其他国家或区域资格框架的对接属于一种谈判协议。澳大利亚联邦政府负责在对接开始之前签署多边与双边协议,邀请澳大利亚资格框架委员会的专家与技术咨询引导谈判进程,签署最终的对接协议。

(二)澳大利亚资格框架委员会

澳大利亚资格框架委员会(Australian Qualifications Framework Council,AQFC)属于国家团体,负责澳大利亚资格框架的维护与监督,并就国际对接事宜提供建议。其职责主要包括以下几点:寻找并向澳大利亚政府推荐潜在的对接机会;通过澳大利亚资格框架国际对接委员会及其项目、管理专家与技术咨询的开发,为澳大利亚政府在谈判过程中提供建议;协调国际专家对技术咨询进行验证;负责最终对接报告与相关安排的发布与传播;指导各类教育与培训提供者如何将对接成果转化为实践,例如,指导机构如何在毕业证书中加入国际对接信息。

(三)澳大利亚资格框架国际对接委员会

澳大利亚资格框架国际对接委员会(AQF International Alignment Committee)

---

① Australian Qualifications Framework Council. Australian Qualifications Framework[R]. Adelaide:AQFC,2013:108.

的性质是代表委员会,主要负责将澳大利亚资格框架与签署协议的国家或区域的资格框架进行技术对接,具体职责包括:采用商定与透明的流程,在澳大利亚资格框架委员会的指导下开展对接;通过全面的沟通策略,使利益相关者参与对接流程,以确保最终报告在咨询与传播阶段的广泛性与公开性;协调对接项目团队或顾问。

澳大利亚资格框架国际对接委员会的成员包括以下机构的代表:澳大利亚资格框架委员会;负责教育、培训与就业的联邦政府部门;相关教育与培训领域的专家(包括资格开发机构、教育与培训提供者);社会伙伴(包括雇主代表机构、工会、行业代表机构以及职业认证机构);澳大利亚教育国际下属的国家海外技能认证办公室(National Office of Overseas Skills Recognition,NOOSR)以及相关政府机构;质量监管机构;国际专家与国内专家。[①]

第六节 本章小结

澳大利亚职业教育国际化政策发轫于 20 世纪 90 年代中期。1996 年,《国家框架》初步提出了澳大利亚职业教育国际化未来的大致走向。1997 年《卡恩斯报告》则进一步确立了职业教育国际化的五个关键维度。围绕这五个关键维度,澳大利亚联邦政府颁布了各类政策法规来推进本国职业教育的国际化。

第一,在 1995 年的《国家战略规划 1995—1997》中,澳大利亚 TAFE 国际提出通过建立伙伴关系与拓展海外市场等途径加强职业院校与世界的联系。

第二,在推动教职员工发展的国际化方面,1997 年的《卡恩斯报告》将全球导向、国别知识、跨文化能力、自我超越、管理能力等五种国际能力作为职业教育教职员工发展国际化的抓手,并分别对国家、州与地区、院校机构等层面提出了若干行动建议。

第三,为了促进学生的国际流动,澳大利亚联邦议会及政府以立法与设立奖学金的形式,致力于扩大留学生招生规模以及鼓励本土学生出境交流。在扩大留学生招生规模方面,2000 年联邦议会通过的《海外学生教育服务法案》,以学费保护服务为特色保障留学生的权益不受侵犯。而作为该法案不断修正与

---

① Australian Qualifications Framework Council. Australian Qualifications Framework[R]. Adelaide:AQFC,2013:109.

完善的结果，《国家准则》建立了11条标准以规范留学生招生机构。此外，联邦政府还专门为职业教育留学生设立了奋进职业教育与培训奖学金。在鼓励本土学生出境交流方面，澳大利亚以设立奋进流动助学金的方式为本土学生出境交流提供资助。

第四，澳大利亚注重以保障本土与跨境职业教育办学质量的方式来达到国际职业教育最佳实践。澳大利亚国家培训局于2001年7月建立的"澳大利亚高质量培训框架"对注册培训机构、注册机构以及课程认证机构必须达到的标准进行严格规定，从而保障了职业院校与评估机构的质量。2011年7月《国家职业教育与培训监管者法案》的颁布使"职业教育与培训质量框架"成为"澳大利亚高质量培训框架"的延续。在保障本土职业教育办学质量方面，澳大利亚技能质量管理局从机构、人力、财力、数据以及资格等方面细化了之前职业院校的质量标准。在保障跨境职业教育办学质量方面，教育、科学与培训部于2005年发布的《跨国教育与培训国家质量战略》提出三种职业教育质量框架的参考模式，三种模式都旨在加强国家对于跨境职业教育质量的控制。

第五，澳大利亚积极推进本国资格框架与国外相关资格框架的对接，目的是使本国职业教育课程得到国际认可，体现了课程国际化的理念。第一代澳大利亚资格框架在细则中明确规定了与国外相关资格框架对接的目的、原则与流程，为接下来的对接实施奠定了制度基础。

第四章
澳大利亚职业教育国际化政策的具体实施

职业教育国际化政策一旦制定完成,并以法律或其他合法形式公之于众后,就进入了实施阶段。根据理论分析框架以及第三章政策的核心内容,本章主要从案例分析的视角管窥职业教育国际化政策在国家/部门层面以及院校机构层面的具体实施。需要说明的是,本章并未涉及职业教育国际化的第一个维度,主要原因如下:从政策文本看,加强职业院校与世界的联系仅在澳大利亚的第一份职业教育国际化政策——《国家战略规划1995—1997》中得到了体现,部分政策目标难免存在理想化色彩与不可持续性,如政策中提及的建立伙伴关系与拓展海外市场均是针对1995—1997年的规划目标。从政策实施的角度看,随着1998年培训包制度以及2001年高质量培训框架的建立,能力本位培训与质量保障成了21世纪澳大利亚职业教育的主旋律,许多合作伙伴或是职能发生转变,或是由其他部门所取代,职业院校也不再专门通过建立伙伴关系与拓展海外市场以加强与世界的联系。随着时间的推移与政策的变迁,职业教育国际化的第一个维度俨然融入了其他维度中,职业院校更多地通过参与出境交流项目以及承接跨境职业教育质量保障项目等方式以加强自身与世界的联系。因此,本章不再对这一政策维度的实施进行专门论述。

第一节 教职员工发展国际化的实施

《卡恩斯报告》将教职员工发展的国际化视为掌握全球导向、国别知识、跨文化能力、自我超越以及管理能力等一系列国际能力的过程。无论是出境工作的教职员工,还是面向留学生授课的本土教师,都需要具备这五种国际能力。本节主要从两方面论述教职员工发展国际化在院校机构层面的实施:一是职业院校对出境教职员工进行跨文化培训,二是在生成性教学中本土教师的国际能力发展。

一、对出境教职员工进行跨文化培训

澳大利亚职业教育研究中心最新发布的《职业教育与培训术语手册》对跨文化培训(Cross-Cultural Training)的官方定义是:为即将出境的教职员工进行交际能力、行为能力与情感态度的培训,使他们顺利地与不同文化背景的群体开展交流。[①]　目前,澳大利亚国家层面还未对跨文化培训的内容与形式做出统一规定。通常情况下,跨文化培训由各州与地区的 TAFE 学院负责,培训群体主要面向即将出境工作的职业教育教师与管理人员。

(一)跨文化培训的理论依据

荷兰著名心理学家吉尔特·霍夫斯泰德(Geert Hofstede)提出的"文化维度理论"(Cultural Dimensions Theory)是研究跨文化差异的一种有效工具,一直被用来描述一个国家的文化对社会成员的影响。1968 年与 1972 年,霍夫斯泰德曾先后两次对来自 40 个国家的 11.6 万名 IBM 工作人员进行问卷调查,在调查的基础上提出了现今被广泛接受的衡量各国文化差异的五个维度,分别是:权力距离(Power Distance)、个人主义(Individualism)、男性主义(Masculinity)、不确定性规避(Uncertainty Avoidance)以及考虑到亚洲文化特性在后期补充提出的长期取向(Long Term Orientation)。[②]　此外,为了形象地描述某个文化维度的强弱,霍夫斯泰德还为上述五个文化维度设置了 0—100 的评分。

霍夫斯泰德对五个文化维度的定义如下:①权力距离指一个组织中的集权程度以及下属在多大程度上可以接受权力分配的不平等。评分越高,表明集权程度越高,下级乐于听从上级的指示。②个人主义指社会中个人与集体的关系。评分越高,说明社会中人与人之间的关系越松散,个体相对来说关注自身利益;而评分越低则证明社会成员普遍争取的是集体利益而非个人利益。③男性主义指一个社会中代表男性的品质(如竞争性、独断性)居于主导地位,还是代表女性的品质(如相互照顾、关爱他人)更占上风。评分越高表明社会成员倾向于竞争、进取,对成功的定义是某个领域的胜者与强者;评分越低说明社会成员更趋向于相互照顾并乐于考虑他人感受,对成功的定义是享受高质量的生活

---

① National Centre for Vocational Education Research. Glossary of VET[Z]. Adelaide:NCVER,2017:40.

② HOFSTEDE G. Interkulturelle Zusammenarbeit:Kulturen,Organisationen,Management[M].Wiesbaden:Gabler Verlag,1993:29,42.

与从事自己喜欢的职业。④不确定性规避指社会成员在面对未知事件与非常规情境时,采取控制与避免的程度。评分越高代表社会成员倾向于建立正式的规则,不能容忍偏激观点与行为,相信绝对知识与专家评定,评分越低则表明社会成员对于反常行为与意见比较宽容,且社会中的规章制度具有较大的模糊性。⑤长期取向指社会成员对延迟其物质、情感、社会需求的满足所能接受的程度。评分越高,说明社会成员比较关注未来,重视勤奋、节俭;评分越低,则表明社会成员倾向于尊重传统,履行社会责任。①

由于澳大利亚跨境职业教育的实际情况,霍夫斯泰德的文化维度理论成了对出境教职员工进行跨文化培训的重要依据。据统计,2006—2010 年,中国一直是澳大利亚跨境职业教育学生数量最多的国家,且远远领先于其他国家,如表 4.1 所示。

表 4.1　2006—2010 年澳大利亚跨境职业教育学生数量前五名的国家

国家	2006 年	百分比/%	2007 年	百分比/%	2008 年	百分比/%	2009 年	百分比/%	2010 年	百分比/%
中国	22012	71.3	35475	80.7	42999	77.7	48971	75.6	45882	73.6
科威特	910	2.9	277	2.9	1629	2.9	2231	3.4	2667	4.3
斐济	1754	5.7	1964	4.5	1801	3.3	2209	3.4	2490	4.0
越南	1147	3.7	1320	3.0	2929	5.3	2625	4.1	2203	3.5
阿联酋	798	2.6	477	1.1	505	0.9	1218	1.9	1320	2.1

资料来源:Victorian TAFE International. Preparing Staff to Work Offshore[R]. Melbourne:VTI, 2012:5.

从学生数量趋势看,大量教职员工还会被派往中国进行职业教育教学与管理工作。对于澳大利亚而言,培养了解并适应中国文化的教职员工,不仅能够扩大中国职业教育市场,还可以树立良好的国际形象。因此,霍夫斯泰德对中澳两国文化维度的评分结果(如图 4.1 所示)就可以作为 TAFE 学院对即将出境的教职员工进行跨文化培训的参考。

---

①　霍夫斯泰德.文化与组织:心理软件的力量[M].李原,孙健敏,译.北京:中国人民大学出版社,2010:48,81,125,174,222.

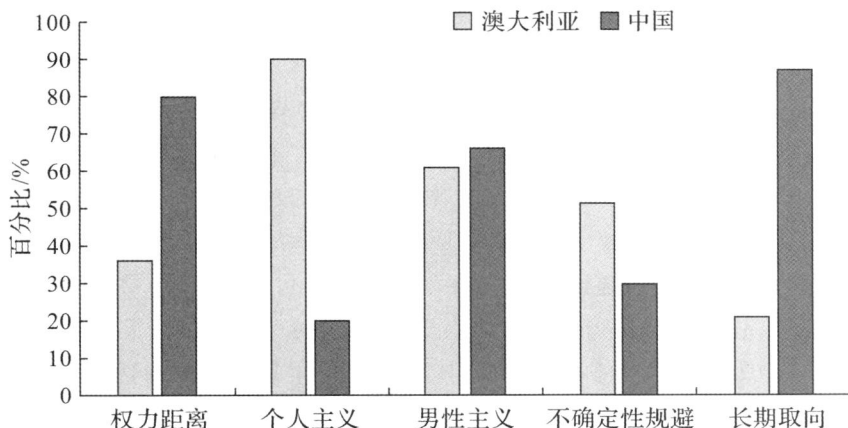

图 4.1　霍夫斯泰德对中澳文化维度的评分

资料来源：Hofstede Insights. Hofstede's Comparison of China and Australia[EB/OL]. [2018-3-13]. https://www.hofstede-insights.com/country-comparison/australia,china/.

从霍夫斯泰德的评分结果看，在澳大利亚文化中，权力距离的评分较低，澳大利亚人不太容易接受权力的不平等，而在个人主义、男性主义以及不确定性规避等方面的评分较高。这与中国文化形成了鲜明对比，中国文化能够容忍权力差距，更重视集体努力，可以应对不确定性因素，而且长期取向的评分远远高于澳大利亚。两国在男性主义上的评分较为接近，这意味着中澳两国都是由竞争、成就等因素驱动的，衡量成功的标准是"赢家"或"在某个领域做到最好"。这种价值体系建立于学校教育阶段，贯穿一生。霍夫斯泰德还说明了文化维度与学习风格的联系。例如，在多数亚洲国家，小组学习与体验式学习是次要的考虑因素，重点在于教师对知识的传授以及学生对教师的尊重。

（二）对出境教职员工的跨文化培训——以维多利亚 TAFE 国际成员机构为例

维多利亚 TAFE 国际（Victorian TAFE International，VTI）成立于 1998 年，属于地方性教育团体，其目的在于加强成员机构对职业教育国际化的意识与理解，并向维多利亚 TAFE 协会（Victorian TAFE Association，VTA）提供关于国际职业教育的高质量建议。其成员机构为包括 TAFE 学院与双部门大学在内的 16 所公立职业院校，几乎囊括了所有参与跨境职业教育办学的机构。[①] 之所以选择 VTI 的成员机构作为个案分析，是因为相对其他州与地区而

---

① Victorian TAFE International. Preparing Staff to Work Offshore[R]. Melbourne：VTI，2012：1.

言,维多利亚州职业院校受州政府的管制程度较小,自主性更强,各机构能够独立进行境外办学,且澳大利亚 70％的跨境职业教育课程都由 VTI 的成员机构提供。因此,选择 VTI 的成员机构开展的针对出境教职员工的跨文化培训具有普遍性与代表性。为了解成员机构对出境教职员工的跨文化培训情况,VTI 于2012 年 5 月就跨文化培训的对象、内容、有效性以及改进建议等方面对成员机构开展了在线调查,有 14 所参与跨境职业教育办学的成员机构接受了调查。

1. 出境教职员工的选拔标准

调查首先确定了 14 所成员机构对出境教职员工的选拔标准,如表 4.2 所示,所有受访机构都将学科专业知识与个人特质作为最重要的选拔标准,有 9所受访机构比较看重教职员工是否具备境外工作与生活的经历。调查结果还显示,有 8 所受访机构对出境教职员工的选拔工作不是由国际处负责,而是由具体的教学部门负责。[①] 部分成员机构教学部门中的管理人员认为,个人特质对出境教职员工的重要性丝毫不亚于学科专业知识。从《卡恩斯报告》提出的五种国际能力看,这些个人特质主要包含在自我超越与跨文化能力中。

表 4.2　出境教职员工的选拔标准

出境教职员工的选拔标准	标准的采用情况
学科专业知识	所有受访机构都采用的选拔标准
个人特质(如灵活性、沟通能力、适应性、文化意识、开放性、歧义容忍度)	所有受访机构都至少以一种或多种特质作为选拔标准
境外工作经历	64％(9/14)的受访机构会采用的选拔标准

资料来源:Victorian TAFE International. Preparing Staff to Work Offshore[R]. Melbourne:VTI,2012:15.

与普通教职员工相比,无论之前是否接受过任何关于跨文化或国别知识的培训,具备某些个人特质的教职员工更适合出境从事教学或管理工作。因此,是否具备个人特质就成了成员机构选拔出境教职员工的先决条件。虽然开放性、灵活性、歧义容忍度以及共情等特质不属于教学技能,但这些个人特质却是构成教学技能的基础。卡尔勒斯(Carless)认为,在另一种文化情境中,教学的有效性在很大程度上取决于教师的人际关系敏感度(Interpersonal Sensitivities)。[②] 厄尔利(Earley)与莫萨科夫斯基(Mosakowski)在《文化智力》(Cultural Intelligence)

---

① Victorian TAFE International. Preparing Staff to Work Offshore[R]. Melbourne:VTI,2012:14.

② DAVID R C. Good Practices in Team Teaching in Japan,South Korea and Hong Kong[J]. System,2006,34(3):350.

一文中提出,文化智力的某些方面是与生俱来的,任何警觉、动机与平静的人都在某种程度上具备文化智力水平。① 图 4.2 显示了作为理想人选的出境教职员工具备的特质与技能。

图 4.2　作为理想人选的出境教职员工具备的特质与技能

资料来源:Victorian TAFE International. Preparing Staff to Work Offshore[R]. Melbourne: VTI,2012:21.

2. 出境教职员工跨文化培训的对象

根据调查结果,有 5 所受访机构对全体教职员工开展了跨文化培训,3 所受访机构仅对教师开展了跨文化培训,不存在只针对管理人员的跨文化培训。此外,有 6 所受访机构未对即将出境的教职员工进行系统的、正式的跨文化培训,而是采用简报、研讨会以及导师指导等未涉及文化差异的非正式培训形式。② 表 4.3 为跨文化培训的范围。

表 4.3　跨文化培训范围

跨文化培训范围	比例	机构数
全体教职员工	35.7%	5
仅针对教师	21.4%	3
仅针对管理人员	0%	0
未开展	42.9%	6

资料来源:Victorian TAFE International. Preparing Staff to Work Offshore[R]. Melbourne:VTI,2012:15.

---

① EARLEY C,MOSAKOWSKI E. Cultural Intelligence[J]. Harvard Business Review,2004(10):140.
② Victorian TAFE International. Preparing Staff to Work Offshore[R]. Melbourne:VTI,2012:15.

3. 出境教职员工跨文化培训的内容

从时间上看,只有 1 所受访机构为全体教职员工开展了为期 1 天的跨文化正式培训。在其他开展跨文化培训的 4 所受访机构中,培训时间通常为 2—3 小时,培训均由机构内部的专家人员负责。[1] 此外,无论今后是否出境工作,几乎全部受访机构都会为新入职的教职员工提供文化意识培训。对于大多数受访机构而言,培训内容包括危机事件讨论、案例研究以及行为规范。受访机构通常不会在培训中邀请演讲嘉宾,也不会采用视频或角色扮演等方式,如表 4.4 所示。

表 4.4　跨文化培训的内容

培训形式	打算使用该培训形式对应机构比例(机构数)	实际使用频率
案例研究	57%(8)	经常或偶尔使用
危机事件讨论	57%(8)	经常或偶尔使用
角色扮演	64%(9)	从未使用
与文化理解相关的理论学习	57%(8)	从未或很少使用
制定行为规范检查表	78%(11)	经常或偶尔使用
邀请演讲嘉宾	64%(10)	从未或很少使用
教练式辅导	50%(7)	从未或很少使用
视频培训	86%(12)	从未或很少使用
文本培训	64%(10)	从未或很少使用

资料来源：Victorian TAFE International. Preparing Staff to Work Offshore[R]. Melbourne：VTI, 2012:16.

4. 出境教职员工跨文化培训的有效性

调查结果显示,有 9 所(64%)受访机构认为跨文化培训是有效的。从多年出境工作的情况看,教职员工在境外的负面事件极少,许多教职员工都表达出希望再次出境工作的积极意愿。此外,东道国职业教育机构中的相关人员与学生也对澳大利亚教职员工在境外的工作表现给予了良好的评价。其余 5 所受访机构未对培训的有效性做出正面回答,由于这 5 所受访机构开展的跨文化培训课程在本质上是非正式的,所以通常没有对学习与培训本身进行评估。[2] 在

---

[1]　Victorian TAFE International. Preparing Staff to Work Offshore[R]. Melbourne：VTI, 2012:16.

[2]　Victorian TAFE International. Preparing Staff to Work Offshore[R]. Melbourne：VTI, 2012:17.

出境工作期间,受访机构会与教职员工之间保持频繁联系,9 所受访机构均要求教职员工在回国后的两周内提交任务报告与教学反思,并根据教职员工提供的反馈信息开会讨论,在讨论会结束后对跨文化培训进行改进或修正,内容通常涉及教学、生活、医疗或住宿等事项。

5.对出境教职员工跨文化培训的建议

在对跨文化培训的建议方面,有 6 所(43%)受访机构表示,跨文化培训应该朝着更为结构化与形式化的方向发展,因为结构化的培训能够对教职员工提出的跨文化问题给予个性化解答,在培训时间上也不会显得仓促。还有 2 所受访机构表明,跨文化培训对于境外工作后回国或有经验的教职员工而言已经足够,但对"新手教职员工"而言则完全不够。其余几所受访机构认为,无论今后是否要出境工作,跨文化培训对所有教职员工而言都是一项有益的职业提升活动,整个学院都应该参与到研讨会或相关活动的策划中,以支持教职员工的跨文化发展。如果预算允许,还可以组织一些经验交流会,邀请回国之后的教职员工交流出境工作的心得体会,使境外工作的宝贵经验与知识得到更为广泛的传播。[①]

二、在生成性教学中培养本土教师的国际能力

早在 1997 年,《卡恩斯报告》就提出了由五种国际能力构成的教职员工国际能力发展循环,并对每一种能力适用的对象给予了说明。从《卡恩斯报告》的文本内容看:"面向留学生的开展教学的教师需要了解留学生学习风格的差异,并具备包括全球导向、国别知识、跨文化能力以及自我超越在内的国际能力。"[②]本研究认为,这一系列国际能力是澳大利亚本土教师在与留学生互动的生成性教学过程中,结合自身的教学反思所培养的。本节意在探寻教师如何在针对留学生的生成性教学中使自身具备政策中提及的四种国际能力。为了形象地阐述每一种国际能力的形成过程,本节引用了若干访谈材料。这些材料均来源于澳大利亚迪肯大学的职业教育国际化研究专家——李氏陈。她在 2012 年 10月对 50 名澳大利亚本土的职业教育教师开展了半结构访谈。这 50 名教师来

---

① Victorian TAFE International. Preparing Staff to Work Offshore[R]. Melbourne:VTI, 2012:17-18.

② KEARNS P. Learning Across Frontiers:Report on the Internationalisation of Staff Development in Vocational Education and Training[R]. Melbourne:ANTA, 1997:33.

自新南威尔士州、昆士兰州以及维多利亚州的部分公立 TAFE 学院与私立培训机构,负责烹饪、美发、酒店管理、社区福利、法律、金融、会计、营销传播、汽车、建筑、木工等专业的留学生教学。[①]

(一)生成性教学中的国际能力发展

生成性教学(Emergent Instruction)的哲学基础源于生成性思维(Generative Thinking)。生成性思维是现代哲学的基本精神与思维方式,具有重过程非本质,重关系非实体,重创造反预定,重差异反同一,重非理性反工具理性,重具体反抽象主义等特征。[②] 作为生成性思维视域下的一种教学形态,生成性教学发轫于 20 世纪 80 年代,以洛利斯·马拉古兹(Loris Malaguzzi)在意大利瑞吉欧·艾米里亚(Reggio Emilia)地区推行的生成性幼儿教学实践为标志,后经小威廉·E. 多尔(William E. Doll)的发展与完善,形成了以互动与对话为特征的教学过程。综合前人对生成性教学的系统研究,其含义可理解为:教师以真诚的态度在课堂上与学生就相关教学内容进行平等对话,并根据学生的课堂行为表现与感受对自身的教学行为与思路做出机智性调整,以使教学对话深入持久地进行下去的教学过程。[③]

随着大量留学生赴澳接受职业教育与培训,职业教育教学也需要变得更具适应性与针对性,以往适用于澳大利亚本土学生的传统教学显然已无法满足留学生日益多元化的学习需求,这就对教师的国际能力提出了挑战。同属于教职员工发展的国际化,与出境教职员工的跨文化培训有所不同,澳大利亚本土教师在很多情况下是通过课堂教学与课后反思的形式,以总结出不同留学生群体的特点,并针对性地开展因材施教。正是通过这种生成性教学过程,教师逐渐具备了国际能力,从而实现了自身发展的国际化。

(二)生成性教学中本土教师的国际能力发展——以职业院校教师为例

根据《卡恩斯报告》,负责面向留学生教学工作的本土教师要具备全球导向、国别知识、跨文化能力以及自我超越等四种国际能力。李氏陈对澳大利亚三个州职业院校教师的半结构访谈,形象地揭示具体教学情境中教师国际能力的发展。

① LY T T. Teaching International Students in Vocational Education:New Pedagogical Approaches[M]. Melbourne:ACER Press,2013:2.

② 李文阁.生成性思维:现代哲学的思维方式[J].中国社会科学,2000(6):49-50.

③ 罗祖兵.生成性教学的基本理念及其实践诉求[J].高等教育研究,2006(8):49.

1. 全球导向的发展

全球导向的含义是：教师具备不断更新观念的能力，以全球视野对待职业教育教学工作。从教学层面看，全球导向体现为教师明确地告知留学生所学的专业在全球化背景下所具有的各种潜力以及通过掌握特定领域的职业技能成为全球公民的可能性。其目的是使留学生对所学课程产生兴趣，并让他们从更高的角度看待自己将要从事的职业，以下访谈内容是全球导向在生成性教学中的体现：

许多留学生在课上或课后都会问我，在获得了职业资格证书后，就业应该选择去悉尼、墨尔本还是布里斯班，我总是告诉他们，当你掌握了一种专业技能后，就无需将眼光局限在澳大利亚，你可以在世界各地谋生，例如，越南、新加坡、英国、美国、甚至非洲国家。因此，要放眼全球，没有人可以将你的技能"偷"走。每个人都需要理发，只要拿起剪刀和梳子，无论走到哪里，你都可以养活自己。①
————来自维多利亚州私立培训机构的美发专业教师

由于美发本身就是一个国际化的行业，这位教师认为美发行业的职业技能是世界通用的，并在教学过程中有意识地引导留学生将所学课程视为一种能够使他们成为全球公民的通用技能。从访谈内容看，这名教师努力地使留学生意识到：在全球化的大背景下，通过职业教育课程的学习能够掌握一门具有终身实用价值的技术，使他们能够在不同的国家工作与生活。有研究表明，许多选择美发或厨师课程的留学生，在教师的建议下已经将职业资格视为一种"全球通行证"（Global Passport）。② 部分学者也认为，21 世纪的学生是全球公民，他们未来的职业机会与就业前景在范围上已经超出了国界。③ 在上述访谈中，教师利用专业知识，通过与留学生的对话，将一种全球视野的就业观传达给学生。其目的是促使留学生对之前狭隘的就业观进行重新审视，使他们了解掌握美发技能所具有的全球流动潜力，并转变留学生对当前职业课程学习的动机以及他们对即将从事的职业的认知方式，这无疑是全球导向能力在教学中的体现。

---

① LY T T. Teaching International Students in Vocational Education：New Pedagogical Approaches[M]. Melbourne：ACER Press，2013：54.

② TRAN L & NYLAND C. International Vocational Education and Training：The Migration and Learning Mix[J]. Australian Journal of Adult Learning，2011，51(1)：8-31.

③ Meeri Hellstén. Researching International Pedagogy and the Forming of New Academic Identities[M]//Researching International Pedagogies. Dordrecht：Springer，2008：83-98.

2. 国别知识的发展

国别知识在范围上包括境外国家在历史、宗教、文化、经济、教育以及商业活动等方面的重要知识。在教学中,国别知识体现为教师对留学生所在国家社会背景的理解与掌握程度。以下实例说明了不同职业教育课程的教师如何提高他们对留学生社会背景的理解,并将这些国别知识融入具体课堂教学实践中。

我渴望了解印度、韩国、中国以及菲律宾等国的时事政治,在课后我会学习不同留学生群体国家的社会制度,并将每节课上所要教授的新知识与留学生已有的知识或经验联系起来。韩国留学生在课堂中乐于听到教师这样说:"由于受到英国司法制度的影响,澳大利亚法院的工作方式是⋯⋯这与韩国的情况有所不同,韩国法院的工作方式是⋯⋯"留学生通常会对熟知他们国家法律法规与政治制度的教师产生好感。[①]

——来自新南威尔士州 TAFE 学院的法律专业教师

在教授某一种特定能力之前,我会充分熟悉其他国家的酒店管理实践,然后在课堂上对留学生说:"在澳大利亚,你们应该这样做,如果回国工作,要根据你们自己国家的情况进行调整,例如⋯⋯"因此,任何职业都没有最合适的方法,关键要告诉学生同样的方法在不同国家是如何应用的。所以在教学实践中,仅仅尊重与承认留学生的多样性是不够的,在课后要付出大量时间熟悉不同国家的职业实践。[①]

——来自维多利亚州私立培训机构的酒店管理专业教师

上述例子表明,教师将国别知识融入教学过程中是极有价值的。首先,这有助于调动留学生参与课堂活动的积极性,因为一旦留学生发现教学内容与他们先前的经验或知识之间有直接联系,就能激发他们学习的内在动力。其次,掌握不同国家的一般性知识与具体实例的教师,能够使留学生在新的环境中再一次验证他们对本国职业实践的文化体验与理解。也就是说,教师在授课中融入国别知识能促进留学生对先前所学到的知识进行再消化。再次,不同国家知识的融合不仅能够为教师开展比较分析与建立批判性思维打下基础,还可以使留学生与本土学生就不同国家背景下的职业实践开展共同讨论。

---

① LY T T. Teaching International Students in Vocational Education:New Pedagogical Approaches[M]. Melbourne:ACER Press,2013:21.

3. 跨文化能力的发展

一般意义上的跨文化能力是指教师努力将跨文化交流的技能、知识与态度融入课堂教学的各个环节。[①] 与之相类似,《卡恩斯报告》要求教师理解不同国家的文化差异,并在沟通、教学以及培训等具体情境中具备跨文化理解的能力。以下访谈内容主要体现了跨文化能力在教师生成性教学中的发展:

> 作为一名烘焙教师,了解各国文化差异十分重要,尤其在特殊饮食习惯方面。如果你在课前抱有一种封闭性心理,就容易以"一刀切"的方式对待所有留学生,如此容易产生问题。但如果你以一种开放的心态走进课堂,并说,"请谈谈你们的国家,并告诉我你们的宗教信仰。"我想你也许能够更好进行跨文化教学。[②]
>
> ——来自维多利亚州 TAFE 学院的烘焙专业教师

> 你能从留学生那里学到不同的教学方式,因为他们来自五湖四海。沟通方式非常重要,因为部分学生容易被冒犯或者无法理解你的幽默。我非常清楚,唯一的方法就是与他们进行沟通交流。有的学生较为保守,有的学生则非常外向。部分欧洲学生会以亲密的方式表露感情,我常常会给他们以拥抱,而其他学生则不喜欢这样的亲密关系。因此,你需要意识到不同国家留学生的沟通方式也是各国文化的显性表征。[③]
>
> ——来自维多利亚州私立培训机构的烹饪专业教师

文化差异会直接影响留学生的学习过程,上述教师在教学中都避免用相同的方式去看待留学生,证明他们意识到不同学生群体之间的文化差异,并且有进一步了解文化差异的意愿。根据美国心理学家弥尔顿·班尼特(Milton J. Bennett)开发的六阶段跨文化敏感模型(Developmental Model of Intercultural Sensitivity),上述教师在跨文化敏感性发展阶段中,处于"调适阶段"(Adaptation),即对文化差异呈正向积极的接受态势。处于该阶段的人能够产生共情,接纳其他文化的视角或转换原来的参照框架,愿意改变行为和态度去适应不同的文化

---

① DEJAEGHERE J G，ZHANG Y. Development of Intercultural Competence among US American Teachers：Professional Development Factors that Enhance Competence[J]. Intercultural Education，2008，19(3)：255-268.

② LY T T. Teaching International Students in Vocational Education：New Pedagogical Approaches[M]. Melbourne：ACER Press，2013：29.

③ LY T T. Teaching International Students in Vocational Education：New Pedagogical Approaches[M]. Melbourne：ACER Press，2013：29-30.

规范。[1] 根据访谈内容,教师通过以下方式在生成性教学中培养了自身的跨文化能力:欣赏文化差异与文化敏感性;明确向留学生表示愿意从不同的文化中学习,并与学生讨论学习其他文化对个人职业发展带来的利益;谨慎使用幽默或肢体语言。

4. 自我超越的发展

《卡恩斯报告》对自我超越的定义较为宽泛,主要是指教师在教授留学生的过程中应具备的若干素质,例如,灵活性、适应性以及在面对不确定性压力时有效管理与控制情绪的能力。在澳大利亚职业教育的现实情境中,自我超越更多指教师如何处理好留学生软性需求与培训包硬性约束之间的张力,灵活地调整教学内容与课程结构,不仅要帮助留学生达到培训包中所规定的能力,还要使他们掌握部分本专业的基础学科知识,为继续深造铺平道路。以下访谈实例体现了教师自我超越在生成性教学中的发展。

在教学中,我会适当地对培训包进行优化与调整,除了使留学生达到培训包所规定的能力之外,还会教授一些培训包规定之外的学科理论知识,为今后希望继续留澳深造的留学生打好基础。[2]

——来自维多利亚州 TAFE 学院的金融专业教师

实际上,会计高级文凭在第二学年开设的大部分课程已经在为学生的升学衔接做准备了,这些课程能够使学生掌握进入本科阶段学习所必要的技能与知识。因此,第二学年开设的课程除了能力本位课程之外,还包括混合性质的知识本位课程。但在接受五年一度的培训包审计时,如此做可能会面临不合规的问题。如果留学生希望继续深造,那么我强烈建议他们选择不同的课程开展学习。因为,留学生在进入本科阶段后将面临的是知识本位课程,而不完全是职业教育阶段的能力本位课程。[2]

——来自维多利亚州 TAFE 学院的会计专业教师

我会在教学中涉及更多的基础性知识,但这其实是违反培训包规定的。例如,制定营销计划是营销传播培训包中的一个能力单元,我必须按照培训包的规定对学生是否达到了这种能力进行评估。但在课堂教学中,我会讲授培训包中未规定的营销原理等基础性知识,并在学期末组织营销原理的考试。如此,

---

[1] BENNETT M J. Towards Ethnorelativism: A Developmental Model of Intercultural Sensitivity [A]. Education for the Intercultural Experience[M]. Yarmouth: Intercultural Press, 1993:21.

[2] LY T T. Teaching International Students in Vocational Education: New Pedagogical Approaches[M]. Melbourne: ACER Press, 2013:63.

在留学生学习本科课程时,就不会对营销原理感到陌生。在将来接受培训包审计时,我也能确保留学生具备制定营销项目的能力。[①]

————来自新南威尔士州 TAFE 学院的营销传播专业教师

从访谈中可以看出,对于留学生继续深造的期望,上述教师给予了充分的理解,没有一成不变地遵循培训包的规定,而是以适当地增加或调整职业课程的方式,更好地满足了留学生的需求,体现出自我超越中的灵活性与适应性等特质。这种特质的表现形式为:教师能够深刻地意识到部分留学生会将职业教育作为通往高等教育的桥梁,并在课堂教学中有效地平衡知识本位课程与能力本位培训的权重,目的是确保留学生不仅具备工作岗位所需的能力,还能够掌握本专业的概念与原理。因此,自我超越还体现为一种以学习者为中心的教学理念以及敢于打破常规的创造力。

第二节 促进学生国际流动的实施

从政策内容看,澳大利亚颁布《海外学生教育服务法案》、设立各类奖学金与助学金的目的是扩大职业教育留学生招生规模,同时,鼓励本土职业教育学生出境交流。本节以案例分析的形式,阐述促进学生国际流动的政策在院校机构层面的具体实施。

一、对国际教育中介进行有效管理

2010 年,澳大利亚共招收来自 100 多个国家的 62 万名国际学生。其中,有 34% 的国际学生选择接受职业教育与培训,其中,超过 40% 的国际学生是通过中介机构招收或引进的。以昆士兰州为例,在公立职业院校所招收的国际学生中,有 50% 是由国际教育中介提供的。[②] 因此,对国际教育中介进行有效管理能够提高澳大利亚职业教育在国际教育市场中的份额。然而,国际教育中介行业在澳大利亚并不受法律监管,国际教育中介本身不需要成为任何特定机构的成员,也无须满足特定的要求,其质量的参差不齐会间接影响澳大利亚职业教

① LY T T. Teaching International Students in Vocational Education:New Pedagogical Approaches[M]. Melbourne:ACER Press,2013:63-64.

② TAFE Queensland International. Queensland VET Sector International Education Agent Management[R]. Brisbane:DETE,2011:7.

育的国际声誉。因此,对提供者(在本节中,教育提供者即指 TAFE 学院和私立培训机构)与国际教育中介之间的合作进行严格规范一直是《国家准则》重点强调的。《国家准则》在标准 4 中明确规定:注册培训机构应采取一切适当、合理的措施,使用符合行业规范、口碑较好的国际教育中介,拒绝使用不诚信或信誉度较低的国际教育中介。[①] 其实质是通过严格的立法,使教育提供者承担起管理国际教育中介的责任。

(一)国际教育中介概述

在澳大利亚,国际教育中介也称国际教育代理(International Education Agent),通常被视为沟通学生、家长、提供者等国际教育利益相关者的桥梁机构。国际教育中介遍布全球,它们为语言学校、职业院校以及高等教育机构等多种类型的教育机构提供服务。国际教育中介提供的具体服务因教育提供者与学生的需求而异,但核心服务一般包括以下几个方面,如表 4.5 所示。

表 4.5　国际教育中介的核心服务

针对学生的服务	针对教育提供者的服务
提供关于留学选择、课程与衔接等信息	为提供者招收合适的学生
提供留学国家的相关信息	处理学生申请
提供教育咨询,为学生挑选最合适的课程	提供翻译服务
帮助学生向教育提供者提交留学申请	提供关于课程需求变化的市场情报
处理签证申请	营销与推广
在留学期间为学生提供全方位支持	参与学生管理事宜

资料来源:TAFE Queensland International. Queensland VET Sector International Education Agent Management[R]. Brisbane:DETE,2011:9.

国际教育中介的类型一般可分为入境学生中介(Inbound Student Agents)与合作伙伴中介(Partnership Agents)。入境学生中介专注于配合澳大利亚的教育提供者招收国际学生,合作伙伴中介一般以澳大利亚本土或境外国家为基地,也可能在多个国家设有分支机构,为世界各国的客户提供服务。大多

---

① Office of Parliamentary Counsel. Education Services for Oversea Students Act 2000[Z]. Canberra:OPC,2000:82.

数人境学生中介都根据招收的国际学生赚取人头费,而合作伙伴中介则致力于为各国教育提供者或行业之间的项目建立合作伙伴关系,根据每个项目收取佣金。

国际教育中介行业的竞争异常激烈,每个教育提供者都会根据自身的需求来选择是否使用国际教育中介。通常情况下教育提供者与国际教育机构合作的原因包括:中介可以提供与目标国高度相关的营销与推广等建议;在境外市场设有办事处的中介可以提供关于海外学生的第一手资料,从而减少教育提供者频繁出差的需求,降低整体业务开发成本并提高盈利能力;中介对目标国的语言与文化有着深入的了解,还可以提供进入高成本、高难度、高风险市场的渠道;中介提供的一站式服务,能够提升国际学生对赴澳留学的总体满意度。相反,教育提供者不与国际教育机构合作的原因可能包括以下几点:由于中介在澳大利亚不受监管,在选择优质中介的问题上,提供者须全权负责;提供者需要花时间与经历对国际学生支付给中介的行业标准佣金进行全面评估;作为教育提供者的业务发展部门,中介的权力相对较大,提供者对其活动进行全程管理与控制有困难;部分非法或存在不道德行为的中介可能影响提供者的声誉,导致提供者需要进行大规模尽职调查。

(二)对国际教育中介的管理——以昆士兰州 TAFE 学院为例

在澳大利亚各州与地区职业院校对国际教育中介的管理实践中,昆士兰州无疑走在了前列。昆士兰州教育、培训与就业部主管的 TAFE 昆士兰国际(TAFE Queensland International)在案头研究与访谈调查的基础上,总结了昆士兰州 TAFE 学院对中介管理的经验,并于 2011 年 12 月,将其汇编成为《国际教育中介管理最佳实践指南》(International Education Agent Management Best Practice Guide),以供澳大利亚其他各州与地区的职业院校参考。本节以昆士兰州职业院校对中介机构的管理实践为案例,意在探寻在国家政策的规约下,职业院校如何通过管理与规范国际教育中介以扩大留学生招生规模。总结昆士兰州 TAFE 学院对中介管理的实践,有效的国际教育中介管理总共分为五个流程,分别是:识别中介、指定中介、持续管理、审查中介、退出策略,部分流程又分为若干模块,如图 4.3 所示。

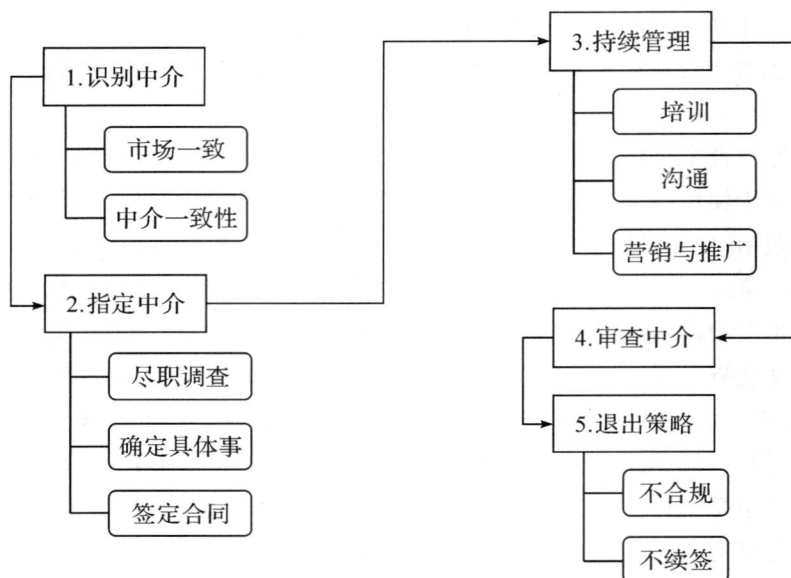

图 4.3　对国际教育中介管理的流程图

资料来源：TAFE Queensland International. Queensland VET Sector International Education Agent Management[R]. Brisbane：DETE，2011：19.

1. 识别中介

国际教育中介类型众多，在全球运营的企业性质的国际教育中介就有数百家。通常情况下，中介会主动寻找那些大型的、知名的职业院校。而规模较小的职业院校则需要依靠自身力量积极寻找中介。无论职业院校规模大小，识别中介及其在不同市场中的作用，是每所职业院校在选择中介时优先考虑的事项。具体而言，识别中介主要包括以下两点：市场一致性（中介与所服务市场的客户需求或目标相一致）和中介一致性（中介与所服务提供者的需求或目标相一致）。

（1）市场一致性

不同国家的职业教育市场各具特色，市场一致性（Market Alignment）主要指：中介应针对不同国家的市场提供相应的服务。提供者一般根据学生的需求与中介提供的服务开展市场调查，调查范围涉及签证处理、中介与政府之间的关系以及对中介的监管等问题。在进行市场调查时，提供者需要考虑以下几个问题：第一，使用中介是否能作为一种有效的市场策略以满足提供者的组织目标？第二，一国的市场属于全国市场还是区域市场？ 例如，中国、印度与俄罗斯等大国都存在利基（Niche）①区域市场，每种利基区域市场都有相对应的中介。此外，和那些由许多区域市场所组成的国家相比，斯堪的纳维亚半岛市场虽然覆盖了多个国家，但国与国之间的差异却不大。因此，对于这种市场，只需与一家具有代表性的中介进行密切合作即可。第三，澳大利亚职业教育在不同国家中的市场份额是否会影响中介与提供者的关系？例如，在澳大利亚职业教育占有绝对优势的市场中（如中国、马来西亚等国家），可能存在许多专门服务于澳大利亚职业院校的国际教育中介；与之相反，俄罗斯的国际教育中介会为多个不同国家的职业院校服务，因此，提供者需要更多地维护与中介的关系以获得相对竞争优势。第四，是否存在影响中介管理的特殊因素？例如，一国的清廉指数可能会直接影响中介处理学生签证申请的进度或者提供者管理中介的能力。第五，目标国市场的政府对中介是否有监管要求？最后，需要了解中介提供服务的具体策略，例如，越来越多的中介采取"持续关照策略"（Ongoing-Care Strategy）为国际学生提供一站式服务，即在国际学生获取职业教育资格之前、之中、之后都会提供相应的支持、建议与服务。

　　如果职业院校确实需要与国际教育中介合作，并将国际教育中介视为招收国际学生的关键策略，针对上述问题的调查就能够帮助提供者了解中介在特定市场中所起的作用，并协助提供者进行目标市场定位。此外，目标市场的法律、财务、机构与文化等因素都是职业院校在选择中介时应考虑的问题。其中，了解目标市场的学制非常重要，不同区域或国家的学期起止时间各不相同，如表4.6所示。

表 4.6　不同区域或国家的学期起止时间表

市场	第一学期	第二学期	第三学期	第四学期	学年结束
澳大利亚	2 月	4 月	7 月	10 月	12 月
北美与中美洲	9 月	12 月	2 月	4 月	7 月
欧洲大陆	8 月	10 月	1 月	4 月	6 月
日本	4 月	9 月	1 月	——	3 月
南美洲	2 月	4 月	7 月	10 月	12 月

资料来源：TAFE Queensland International. Queensland VET Sector International Education Agent Management［R］. Brisbane：DETE, 2011:21.

---

①　利基市场，又称小众市场，指那些被市场中的统治者或有绝对优势的企业忽略的某些细分市场。

（2）中介一致性

中介一致性（Agent Alignment）主要包括中介的地理位置以及质量与数量等问题。首先，在地理位置上，许多中介在澳大利亚本土设有办事处，可以为国际学生提供持续服务，并与职业院校建立更为紧密的关系。大多数本土中介都在其目标市场设有子公司，以提供者的名义在境外招收学生。本土中介的优势在于对提供者具有高度的可访问性。相对而言，位于境外的中介更容易获得市场信息，并与潜在的合作伙伴建立联系。因此，职业院校需要密切关注《ESOS法案》有无立法修改。例如，曾经有一项提议指出：位于澳大利亚本土的中介需要承担更多责任，如果本土中介被发现擅自将一所职业院校的学生进行转移，则提供者有权禁止支付佣金。

其次，对中介的质量与数量进行平衡也是职业院校需要考虑的问题。行业内对中介进行选择的方法通常有两种：第一，选择与提供者建立高质量关系的少数中介，这些中介数量虽少，但通常会将大量国际学生推荐给提供者；第二，在市场上选择大量中介，每个中介会将少数国际学生推荐给提供者。在采用第二种方法时，有效地管理大量中介或与每个中介建立稳固的可持续关系要比第一种方法困难得多。一所规模较小的职业院校在最初可能会选择大量中介，随着这些提供者与关键中介之间建立了牢固的关系，就逐渐减少合作中介的数量。这是一种客观的发展趋势，由于提供者在国际市场中不断发展，在建立了自己的品牌之后，可以更有效地与中介进行谈判并建立高质量的关系。

2. 指定中介

在识别中介之后，提供者已完成对目标市场的详细评估，并已确定所需的中介类型。接下来，提供者必须以道德和专业为准绳，指定特定的中介作为代理机构。从营销的角度看，中介是客户对职业院校的第一印象，糟糕的第一印象可能会间接损害提供者的市场声誉。此外，《国家准则》规定，提供者有义务只与诚信的中介合作。为此，许多提供者都制定了"中介行为准则"（Agent Code of Conduct），以此作为一种公开的手段来阐明其对中介的要求。指定中介一般包括尽职调查、确定具体事项以及签订合同等三个步骤。

（1）尽职调查

尽职调查（Due Diligence）的主要目的是确保提供者指定的中介具有良好的信誉度。在指定中介之前，提供者就应对中介开展全方位的谨慎调查，其原因有以下两点：第一，根据《国家准则》中的标准4，提供者不得与具有不诚信与不道德行为的中介达成协议；第二，确保中介的职业行为不仅能够维护提供者的声誉，还能保证澳大利亚国际职业教育的质量。

　　大多数尽职调查的形式是由中介填写申请表，之后交由仲裁人审议。一份完整的尽职调查由两部分组成，一是中介自身提交的内部信息，二是政府机构、仲裁人、中介协会以及行业网络对中介调查后的外部信息。由于国际教育中介的主要类型为公司，尽职调查的主要内容包括：公司简介；公司的所有者与管理人员（应特别注意与公司员工是否涉及破产、法律诉讼或资产变现等风险事项）；是否有任何分支机构或附属公司注册在案；公司的财务诚信以及公司的运营时间。仲裁人至少为两名，且最好来自澳大利亚本土。

　　（2）确定具体事项

　　在通过了对中介的尽职调查之后，提供者还需要确定具体事项，包括：服务提供（中介的责任）；酬金支付（中介如何获得报酬）；激励模式（对超目标中介进行奖励的方式）。

　　首先，中介在推广、营销与招生中承担的责任是职业院校优先确定的具体事项。提供者需要了解中介在特定市场中提供的服务，并相应地调整服务的等级。一般而言，新指定的中介仅向市场提供初级服务，随着合作关系的稳固，提供者可以提升中介的服务等级。而更高等级的服务意味着提供者需要承担更多对中介的管理责任，表 4.7 显示了中介提供的服务及其相应等级。

表 4.7　不同等级的中介服务

服务	初级	中级	高级
推广	无	与提供者进行联合推广	进行区域推广活动
营销	无	翻译营销材料； 提供者参与中介营销计划	由中介安排的独家营销计划
市场调查	基本市场信息	新的市场趋势与需求	对潜在客户进行市场跟踪
客户服务	学生咨询； 协助签证申请； 出发前引导	对移民与签证申请的建议； 英语语言测试	代表提供者颁发 录取通知书与注册确认书
校友	无	校友活动以及后续活动	维护国家校友数据库
业务拓展	无	为提供者的合作伙伴 提供介绍与咨询服务	代表提供者进行合作与谈判
偏远地区服务	无	在偏远地区进行推广活动	在偏远地区设立办事处及子中介

　　资料来源：TAFE Queensland International. Queensland VET Sector International Education Agent Management[R]. Brisbane：DETE，2011：28.

　　其次，中介一般通过提供者支付佣金的方式获取报酬。一旦学生支付学费并开始学习，中介就可按一定的学费比例获得报酬。根据昆士兰州职业院校的情况,职业教育正式资格的平均佣金率为学费的15%。部分职业院校为了获得竞争优势,甚至将佣金率提升至40%。① 支付佣金的优点在于,如果中介未招收任何国际学生,则提供者无须支付任何佣金。由于中介为多个不同的提供者工作,支付佣金的缺点也是明显的,例如,如果中介为提供者 A 的竞争对手 B 招收了大量学生,中介就不必费同样的精力为 A 招收同样多的学生。

最后,为了以更具策略性的方式管理中介,提供者会建立激励模式,对绩效优异的中介进行奖励。许多职业院校都会建立一套独特的激励模式与其他对手竞争。总体而言,激励模式包括财务激励与非财务激励等多种模式。第一种模式为学费优惠(Discounting)。学费优惠是指提供者承诺减免所有由中介招收的国际学生的学费,部分职业院校利用这种激励模式争取国际生源,但存在一定的风险性,大量招收非目标市场中的学生可能会严重损害提供者的地位,还可能导致生源质量的下降。第二种模式为浮动佣金率(Variable Commission Rates)。浮动佣金率主要是通过提供者设立不固定的额外佣金比例,作为中介更有效地履行职责的激励因素。例如,中介在完成国际教育中介培训课程(Education Agent Training Course,EATC)之后,能够获得基本佣金的1%—5%的额外佣金。毫无疑问,浮动佣金率是鼓励中介更好地为提供者服务的有效工具。但是,这种模式的有效性通常取决于中介、提供者的规模以及中介为提供者招收的学生人数。对于那些规模较小的职业院校而言,这种激励模式的效果可能不明显,因为小规模职业院校仅通过某一特定的中介来招收学生,无法确保稳定的招生数量。第三种模式为提升学识(Scholarships)。提升学识主要指以证书、文凭、短期课程或国际教育中介培训课程的形式向绩效优异的中介顾问提供进修培训。这种激励模式能够提升中介人员的知识与技能,对于稳定提供者与中介之间的关系特别有效。第四种模式为熟悉性访问(Familiarisation Visits)。熟悉性访问是指提供者可以邀请中介对自身进行实地访问,安排相关人员会面,并支付往返费用。这种模式可以增加中介对提供者各方面的了解程度,使两者的专业联系更为紧密。第五种模式为额外的营销支持(Additional Marketing Support)。这种激励模式通过在目标市场组织联合推广,为营销活动提供额外的财务支持或物质支持。

职业院校通常会选择一种或多种模式作为激励中介的方式,使激励效果最

---

① TAFE Queensland International. Queensland VET Sector International Education Agent Management[R]. Brisbane:DETE,2011:29.

大化。此外,许多规模较大的 TAFE 学院与颁发职业教育资格的大学通常会对中介进行段位划分,并根据段位对中介进行奖励,如表 4.8 所示。

表 4.8　中介段位

段位	描述	招生人数	收入目标
青铜	新指定的中介	<20	—
白银	指定中介招收的学生数量达到最低目标	>20	—
黄金	目标市场中的关键中介,并利用子中介招收了大量学生	>40	—
铂金	包含上述,且为提供者的合作伙伴开展了业务拓展活动	>50	50 万澳元

资料来源:TAFE Queensland International. Queensland VET Sector International Education Agent Management[R]. Brisbane:DETE,2011:30.

段位划分主要依据中介的绩效以及与提供者之间的合作关系,通常需要以提供者的组织目标为基础,并考虑宏观市场层面的多样性。中介段位主要分为四个等级,新指定的中介一般为青铜段位。中介在持续达到并超越关键绩效指标(Key Performance Indicators,KPI)后,可以获得相应的认可与奖励,并晋升至下一段位,每个段位的激励或奖励如表 4.9 所示。

表 4.9　对中介的激励或奖励

中介与提供者之间的关系	青铜	白银	黄金	铂金
协议期限	1 年	2 年	3 年	3 年
对中介的绩效评估间隔	半年	1 年	1 年	1 年
月度报告			√	√
激励/奖励				
佣金率——文凭资格	15%	15%	15%	15%
佣金率——其他(如游学等项目)	—	—	10%	10%
基于提供者收入的佣金率	—	—	—	收入的 1.5%
安排中介参观提供者的机构	√	√	√	√
为中介颁发合作伙伴证书	√	√	√	√
与中介定期进行沟通	√	√	√	√
在网站上列出中介名单	√	√	√	√
为中介提供在线培训支持	√	√	√	√
提升中介人员的学识		√	√	√
支付中介参观机构的费用			√	√
增加中介的推广预算			√	√
支付中介的营销费用			√	√
为中介提供面授培训支持			√	√
为中介进行现场宣传				√

资料来源:TAFE Queensland International. Queensland VET Sector International Education Agent Management[R]. Brisbane:DETE,2011:31.

（3）签订合同

《国家准则》中的标准 4.1 规定,国际教育中介机构必须与注册培训机构签订书面协议,才可以正式代表提供者招生。因此,签订合同是指定中介的必要环节,也是最后一步。与中介签订的合同一般包括以下四个部分:①提供的服务;②关键绩效指标;③薪酬与奖励;④基本细则。其中,关键绩效指标一般包括:通过中介申请留学的学生数量;申请学生转换为注册学生的百分比;处理学生申请的时间;为提供者介绍的合作伙伴数量。如前所述,关键绩效指标取决于中介与市场,不切实际的关键绩效指标将无法提高中介的工作效率,并且无法持续合作关系。此外,段位划分与激励模式可以鼓励中介不断超越规定的关键绩效指标。

3. 持续管理

合同规定了中介与提供者双方的责任与义务。然而,签订合同并不能保证双方合作的成功,提供者需要通过培训、沟通、营销与推广等持续管理方式,与中介建立起稳固的伙伴关系,以顺利达成招生目标。

（1）培训

为了保证中介全面了解提供者的相关信息,以便在境外国家为学生提供全方位咨询服务,提供者通常会对中介开展入门培训,培训形式包括编制中介手册、熟悉性访问以及召开研讨会。其中,中介手册是中介了解提供者培训资源的详细资料,它包含留学建议、提交申请以及佣金发票等必要信息。一般由提供者亲自派发给中介,并为中介及其相关人员举办研讨会,逐步对手册进行完善。此外,对于澳大利亚本土中介而言,提供者通常会邀请中介到机构实地参观,面对面地与中介人员沟通交流。在合作的后期阶段,提供者会采用熟悉性访问的形式邀请海外中介赴澳访问提供者所在机构。

（2）沟通

除培训之外,制定沟通计划可确保所指定的中介随时了解提供者的活动情况。沟通计划包括建立针对相关信息进行交流的策略与渠道。一家中介并不只为一个提供者服务,一般没有时间筛选大量信息,因此,信息的质量远比数量重要。高质量的沟通策略能够让中介机构在短时间内迅速了解机构、活动、人员流动情况以及营销活动等信息,包括与中介人员建立个人关系或者使中介人员直接成为提供者的教职员工。沟通策略的实施需要通过一个或多个渠道,一般包括面对面沟通以及社交网站沟通。

（3）营销与推广

开展联合营销与推广活动有助于建立提供者与中介之间的互信关系，同时彼此协助完成招生目标。营销与推广主要包括以下形式：首先，提供者邀请中介共同在国际教育展览会上为国际学生提供服务。这种形式的优点在于：当国际学生向提供者进行咨询时，中介可以获得有关提供者的额外信息；展会结束后，中介可以继续跟进在展会期间提出留学申请的学生。其次，当提供者身处目标市场时，中介可以在境外办事处组织特殊的机构访谈。如此，即使提供者离开后，中介也可以为国际学生持续提供支持。这种有组织的访谈环节向市场与潜在客户传达出提供者与中介是相互支持的信号。再次，由中介担任毕业典礼、校友活动、海外研讨会以及家长晚宴等客户活动的组织者。最后，中介可以组织翻译宣传册与招生简章。

4. 审查

合同的到期与续约是审查中介与提供者关系的理想方式，审查时间取决于合同期限的长短。通常情况下，新中介每半年就需接受一次审查，有续签记录的中介每年接受一次审查，而关键中介则可以每两年接受一次审查。审查由职业院校发起，职业院校会根据关键绩效指标，分别对中介与自身的绩效进行评估，以确定双方是否有继续合作的必要。审查的流程始于合同到期前的一个月内，由提供者通知中介审查的相关事宜。之后，提供者开始收集审查所需的定量数据与定性数据，其中，定量数据主要来源于中介的内部文件，包括中介合同、中介日志、中介年度沟通计划、中介提交的招生统计数据等。定性数据则来自提供者对国际学生、家长、招生人员、营销人员以及中介等利益相关者在内的访谈信息。在所有数据收集完毕之后，提供者通过中介绩效评估模板对所收集的数据进行分析，进而完成绩效评估。

图 4.4 为完整的中介审查流程。值得注意的是，如果中介未达到提供者的期望与目标，提供者首先应该客观地看待自身在合作中应承担的责任。例如，提供者是否竭尽所能，全力支持中介？是否对中介提出的问题及时回复？是否将必要的推广与营销材料发给中介？合同期间，提供者是否与中介开展了良好的沟通？

```
┌─────────────────────┐
│   合同到期前一个月    │──────────┐
└─────────────────────┘          │
         │                        ▼
┌─────────────────────┐    ┌──────────────────────────────────┐
│  将审查事宜通知中介   │───▶│          开始收集数据              │
└─────────────────────┘    │                                  │
                           │  定量数据          定性数据        │
                           │  中介内部文件      利益相关者反馈    │
                           └──────────────────────────────────┘
                                      │              │
                                      ▼              ▼
                                ┌──────────────┐
                                │   数据分析    │◀───────
                                └──────────────┘
                                      │
                                      ▼
                                ┌──────────────┐
                    ┌───────────│  进行绩效评估  │───────────┐
                    │           └──────────────┘           │
                    │                  │                    │
                    ▼                  ▼                    ▼
        ┌──────────────────┐ ┌──────────────────┐ ┌──────────────────┐
        │ 中介达到所有标准   │ │ 中介未达到标准,    │ │ 提供者给予了支持,  │
        │                  │ │ 但提供者未给予支持  │ │ 但中介仍未达到标准  │
        │  提供者同意续签    │ │                  │ │                  │
        │                  │ │ 双方就合同条款     │ │ 提供者不同意续签    │
        │                  │ │ 进行重新协商       │ │                  │
        └──────────────────┘ └──────────────────┘ └──────────────────┘
                    │                  │                    │
                    ▼                  │                    ▼
                ╭──────────╮           │            ┌──────────────┐
                │ 发送续签  │◀──────────┘            │  发送不续签    │
                │  合同    │                        │  通知书       │
                ╰──────────╯                        └──────────────┘
```

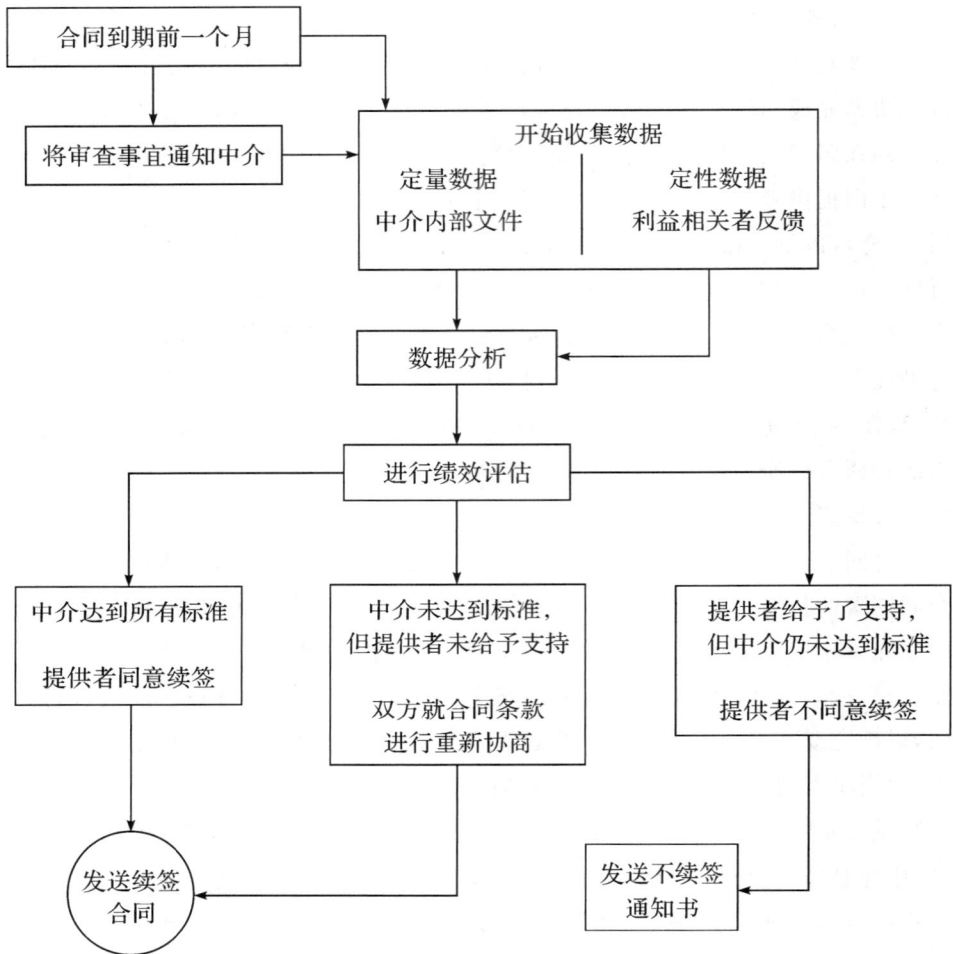

图 4.4 中介审查流程

资料来源：TAFE Queensland International. Queensland VET Sector International Education Agent Management[R]. Brisbane：DETE，2011：43.

5. 退出策略

对于任何伙伴关系而言，退出策略都要在双方合作前制定完成，涉及在终止协议后，提供者应采取的行动。一般而言，提供者与中介终止协议可能出于两种情况：不合规（中介未符合法律规定；中介或提供者任何一方违约）或不续签（中介不希望续签合同；由于市场优先或其他合作关系，提供者不想与中介续签合同）。

（1）不合规（Non-Compliance）

针对中介未符合《ESOS 法案》《国家准则》或合同等规定的后果应在中介协议（Agent Agreement）中明确说明。中介协议应记录以下内容：终止协议的时间表；终止协议的沟通渠道；对通过中介提供的学生与服务的影响；协议在何种情况下将被终止。在与中介终止协议时，提供者还需要考虑采取的行动以及一系列连锁反应。例如，根据《国家准则》，提供者有法定义务向联邦教育与培训部报告中介的违法情况。根据《ESOS 法案》的规定，所有澳大利亚提供者都需要确保国际教育中介符合道德标准。此外，如果终止协议是由于不合规所导致的，提供者要考虑如何应对媒体的质询，以及不合规行为对国家声誉造成了多大的损害，可以采取哪些策略来挽回声誉。无论在何种情况下，提供者都必须保证国际学生不会因为与中介合伙关系的解除而处于不利地位。

（2）不续签（Non-Renewal）

如果提供者与中介的合作关系由于其他原因而终止（例如国家战略方向的调整），退出策略则需要在一定时间后才能生效。与不合规的情况一样，不续签的退出策略包括：将退出意图以书面形式通知另一方，说明退出原因以及合理的退出时间，并给予利益相关者、尤其是潜在客户适当的建议。如果不存在不合规的情况，则不需要将解除合作关系告知政府部门或当地领事馆。此外，保证利益相关者不会因合伙关系解散而处于不利的地位。

二、为本土学生建立出境交流项目

尽管越来越多的人意识到出境交流可以拓宽澳大利亚本土职业教育学生的全球视野，并巩固与其他国家的双边关系，但事实上，澳大利亚鼓励本土职业教育学生出境交流的政策力度不如扩大招收留学生。对于联邦政府层面设立的两个助学金子项目而言，1500 澳元的项目促进补贴难以充分调动职业院校参与学生出境交流项目的积极性。因此，为了提高职业院校的参与度，并打造一批示范性职业教育出境交流项目，澳大利亚联邦教育与培训部下属的澳大利亚教育国际于 2007 年 9 月向全澳的公立与私立注册培训机构征集职业教育出境交流项目方案。由澳大利亚教育国际、澳大利亚 TAFE 理事会以及澳大利亚私立教育与培训委员会组成的指导委员会（Steering Committee）对所征集的方案进行评估，每个通过评估的机构可获得 10000 澳元的出境交流项目资助。本节以获得澳大利亚教育国际资助的项目为例，阐述其建立出境交流项目的利益、阶段与流程。

(一)建立出境交流项目的利益

2008 年 4 月,时任澳大利亚联邦教育部长的朱利娅·吉拉德(Julia Gillard)在致澳大利亚教育国际行业论坛(AEI Industry Forum)的开幕辞中说:"澳大利亚本土学生通过出境交流可以接触到其他国家的文化与教育体系,这种交流能够深化与改善澳大利亚的教育制度,我期待看到未来澳大利亚出境交流的学生人数有实质性的增长。"①这代表联邦政府从 2008 年开始重视出境交流的学生数量。

尽管澳大利亚职业院校参与出境交流的程度并不高,但许多研究都表明,学生、提供者、企业等利益相关者都能从出境交流中受益。美国学生海外学习交流组织(IES Abroad)主席玛丽·德怀尔(Mary Dwyer)认为:"出国留学能够改变人的一生,并为个人在学术、职业、跨文化以及社交等多方面提供持久的正面影响,生活中很少有其他体验能够产生如此积极与持续的影响。"②首先,出境交流的首要目的是使澳大利亚本土学生具备一定的国际视野,在提高学生的自信心、成熟度以及独立性的同时,更好地理解他国的文化与价值观,并获得有助于今后职业发展的技能。其次,随着跨国企业数量的增加,澳大利亚需要具备高水平技能与跨文化意识的员工以有效应对国际问题。布洛克(Brook)等人在2007 年发布的一份报告中指出:"许多雇主都青睐寻求那些在发展中国家有两年及以上学习或工作经历的高技能员工。"③澳大利亚国际教育协会(International Education Association of Australia, IEAA)在《澳大利亚雇主对海外经历的看法》这一报告中进一步支持了上述观点。报告指出:70%的雇主表示,在招聘新员工时,具有境外相关行业学习经验的应聘者更具优势。④ 此外,许多行业代表认为,出境交流可以帮助澳大利亚劳动力市场填补某些领域的技能短缺,拥有出境交流经历的劳动力更倾向于从不充分就业地区转移到对技能需求较大的地区。这些劳动力凭借着全球技能与知识能够帮助澳大利亚

---

① GILLARD J. Opening Speech to AEI Industry Forum 2008[EB/OL]. [2018-03-22]. http://aei. dest. gov. au/AEI/Events/Default. htm.

② Department of Education and Training. The Benefits of Study Abroad[EB/OL]. [2018-03-22]. https://www. iesabroad. org/study-abroad/news/benefits-study-abroad # sthash. fJPb3h6y. dpbs.

③ BROOK J, MISSINGHAM B, HOCKING R and FIFER D. The Right Person for the Job: International Volunteering and the Australian Employment Market[R]. Melbourne: Australian Volunteers International,2007:1.

④ International Education Association of Australia. The Attitudes and Perceptions of Australian Employers Towards an Overseas Study Experience[R]. Melbourne:IEAA, 2006:11.

解决技能短缺问题,并使澳大利亚的劳动力市场与全球劳动力市场保持同步,提升澳大利亚的国际竞争力。最后,学生出境交流能够全面提高职业院校对国际机遇的把握能力,为机构建立双边与多边合作伙伴关系。通过总结出境学生交流的经验,机构可以更好地进行自我定位,为培养具有全球意识的本土毕业生开发全面而可持续的国际化教育项目,也能为教师提供专业发展的路径。

(二)建立出境交流试点项目——以澳大利亚教育国际资助项目为例

2007 年底,经过广泛的筛选与评估,四个项目从澳大利亚各州与地区的众多方案中脱颖而出,被列为出境交流试点项目,并获得了 10000 澳元的资助,如表 4.10 所示。四个试点项目在流程上涉及建立出境交流项目的不同阶段,涵盖了亚欧国家的职业院校,为澳大利亚未来建立出境交流项目规范提供良好示范。

表 4.10　获得资助的职业院校及其项目

项目编号	职业院校(所属州)	具体项目	目标市场
1	教育出口服务(新南威尔士州)	为联盟成员寻求出境交流项目合作伙伴	泰国、日本等
2	阳光海岸 TAFE 学院(昆士兰州)	水资源管理与水产养殖专业出境交流项目	亚太地区
3	西澳州教育与培训部国际处 西海岸 TAFE 学院(西澳州)	护理专业学生出境交流项目	孟加拉国
4	悉尼 TAFE 学院(新南威尔士州)	建筑技术专业交换生项目	丹麦

资料来源:CATHCART C. Progressing Outbound Mobility in the VET Sector[R]. Brisbane:DETA International,2008:6.

1. 出境交流试点项目简介

1 号项目是由位于悉尼的私人企业——教育出口服务(Education Export Services,EES)牵头成立的出境交流联盟,联盟成员均由来自新南威尔士州的职业院校组成,包括:澳大利亚自然疗法学院(Australasian College of Natural Therapies)、APM 培训学院(APM Training Institute)、MEGT 学院(MEGT Institute)、CATC 设计学院(CATC College Of Design)以及澳大利亚音乐学院(Australian Institute of Music)。联盟成员希望为澳大利亚本土学生提供在境外院校学习或境外企业实习的实践机会,为期 3 个月。出境交流的目标市场为泰国、印尼、越南、日本与斯洛伐克等国。1 号项目旨在帮助联盟成员寻找合适的出境交流合作伙伴。在项目实际运行过程中,教育出口服务的项目经理最先将泰国与日本定为澳大利亚自然疗法学院出境交流项目的目标市场。

2号项目由昆士兰州阳光海岸 TAFE 学院（Sunshine Coast Institute of TAFE，SCIT）负责，目的是在亚太地区为学院水资源管理与水产养殖（Water Management and Aquaculture）专业寻找合适的合作伙伴，并为该专业学生出境交流项目制定具体规划与流程。该项目的实施可以在未来为阳光海岸 TAFE 学院其他职业教育专业建立出境交流项目提供借鉴。

3号项目由西澳州教育与培训部国际处（Education and Training International，ETI）和西海岸 TAFE 学院（West Coast TAFE）共同负责。西澳州教育与培训部国际处一直在探索为西澳州职业院校的护理专业学生提供境外学习的机会，该机构在孟加拉国开展了一些前置性工作，并与澳大利亚高级委员会（Australian High Commission，AHC）、世界卫生组织（World Health Organisation，WHO）以及联合国驻孟加拉国首都达卡（Dhaka）的相关代表联系密切。该项目建立在上述良好关系的基础上，为西海岸 TAFE 学院护理专业的学生在孟加拉国的实习提供机会。

4号项目是新南威尔士州悉尼 TAFE 学院（Sydney Institute，TAFE NSW）与丹麦维图斯·白令大学学院（Vitus Bering University College）之间的交换生项目。2008 年度第一学期，悉尼 TAFE 学院派出两名本土建筑技术专业的学生到丹麦维图斯·白令大学学院交流学习，并接收了两名该专业的丹麦学生到悉尼 TAFE 学院学习。为了跟踪双方学生的交流情况，两所学院互派一名教师开展为期两周的交换，使教育提供者能够面对面与学生共同探讨交流。该项目旨在改善两国毕业生的就业前景，为澳大利亚本土学生与教师提供丰富的文化与学习体验，培养建筑专业学生与教师的全球视野，丰富该专业吸引全球学生的渠道，并建立机构层面的国际伙伴关系。

2. 出境交流试点项目的阶段与流程

四个出境交流试点项目的建立均是按照全球第三大个案研究公司——益普索集团（Ipsos）制定的《澳大利亚与欧盟建立学术合作关系与学生交流：良好实践指南》为基准的。该指南为本土学生出境交流项目的规划提供了良好实践，其中若干方法被出境交流试点项目的管理者用于对试点项目进行管理。表4.11概述了试点项目管理者在借鉴该指南的基础上，通过内部磋商，最终制定的适用于职业教育出境交流项目的阶段与流程。

表 4.11　出境交流试点项目的阶段与流程

阶段		流程
第 1 阶段 组织准备	可行性分析	获得内部支持(包括高层管理承诺)
		解决资金与人员配备问题
		项目时间进度表
第 2 阶段 出境交流项目的开发	建立伙伴关系	确定项目主题
		选择合适的项目合作伙伴
		组建项目团队
		合作伙伴之间的沟通
		寻求行业支持
第 3 阶段 出境交流项目的确定	规划与确定	明确该阶段必须达到的要求
		课程开发
		学分转换
		网站建设
第 4 阶段 出境交流项目的推广	推广与招生	招生阶段
		制定申请标准
		管理学生期望
第 5 阶段 出境交流项目的管理	为交流做准备	对学生与教师进行风险评估
		向接收院校进行申请
		出发前信息汇总
	学生支持服务	提高学生体验
		精神关怀与生活支持
	项目评估	评估项目效益
	项目管理与报告	明确项目协调员的职责
第 6 阶段 出境交流项目的维持	可持续发展	预算与筹资活动
		建立与维系关系

资料来源:CATHCART C. Progressing Outbound Mobility in the VET Sector[R]. Brisbane:DETA International,2008:19.

第三节　保障跨境职业教育质量的实施

　　如第三章所述,2005 年 4 月颁布的《跨国教育与培训国家质量战略》提出:要确保澳大利亚跨境职业教育合作办学质量等同于本土职业教育办学质量(对等性原则)。换句话说,政策文本主要强调在通过职业教育进行出口创汇的同时,不降低境外办学质量。

一、设立国家项目保障跨境职业教育办学质量

为保证该原则在职业教育领域的有效实施,教育、科学与培训部于 2005 年底拨出专项资金,重点资助了 15 个由国家职业教育与培训研究中心统一管理的跨境职业教育质量保障项目(简称 NCVER 项目),项目的承担者主要来自维多利亚州、新南威尔士州、昆士兰州、西澳州以及南澳大利亚等地区的一些具有良好口碑的 TAFE 学院,也包括个别私立培训机构。这些职业院校此前都开展过跨境合作办学,具有一定的跨境合作办学经验。

项目的初衷是打造一批跨境职业教育质量保障的良好实践,在总结项目经验的基础上,为更多职业院校在保障跨境职业教育办学质量方面提供参考。15 个项目均于 2006 年底完成,其中,6 个项目涉及广泛的质量保障问题,其余项目则侧重于质量保障的特定方面。例如,选择海外合作伙伴决策的可行性分析;质量审计人员的培训;培训包在境外的实施;跨境教学质量保障指南的开发;海外职业英语支持模式以及海外教师的专业技能发展等等。每个项目在结束后都形成了一份详细的项目报告,并辅之以相关材料,包括各种职业院校在开展跨境职业教育办学过程中可能用到的流程、模板、指南、调查、框架以及审计工具等资源。本节主要以维多利亚州的启思蒙 TAFE 学院、北墨尔本 TAFE 学院以及新南威尔士州的西部 TAFE 学院各自承接的项目为案例,以审视国家/部门层面的质量战略如何在院校层面得以实施。选择这三所 TAFE 学院的原因是这三个项目基本上囊括了跨境职业教育质量保障办学的全过程,且具有可推广性。

二、制定跨境职业教育教学质量保障指南——以启思蒙 TAFE 学院为例

在众多的 NCVER 项目中,制定跨境职业教育教学质量保障指南是进行有效的跨境职业教育教学的基础,通过个别职业院校的境外实践,能够对澳大利亚本土的职业教育教学质量保障框架进行全面审视,使其他职业院校在开展跨境合作办学时,可以根据本土的质量标准保障境外职业教育教学的质量。

(一)项目背景

2002 年,维多利亚州的启思蒙 TAFE 学院(Chisholm Institute of TAFE)

同中国电力企业联合会(China Electricity Council,CEC)签署合作办学项目协议,并同中国电力企业联合会的 13 所合作伙伴学院联合授予海外学生英语强化课程证书以及电力工程与会计专业的高级文凭。这个合作办学项目被称为"CEC 项目",该项目的目标是:①与中方的 13 所高职院校的英语系合作,共同为学生开展 1 年制英语语言教育,提高职业教育学生的英语水平,以满足澳大利亚职业教育资格的规定;②与中方联合授予 2 年制电力工程与会计的高级文凭。CEC 项目第一批毕业学生于 2005 年 6 月完成了英语与高级文凭课程。[①]通过 CEC 项目,澳方与中方建立了良好的合作伙伴关系,因此,启思蒙 TAFE 学院在 2005 年主动承担 NCVER 项目,并将项目重点聚焦于制定教学质量保障的流程与模板,为澳大利亚其他注册培训机构在开展跨境合作办学时,编制一部可供参考的教学质量保障指南。跨境教学质量保障指南的标准以启思蒙 TAFE 学院内部的质量管理体系(Quality Management System,QMS)规定的流程为基准,并在此基础上,评估中方合作伙伴院校内部的质量保障流程与澳大利亚院校内部质量保障流程的一致程度。启思蒙 TAFE 学院选择了当时由中国电力企业联合会主管的郑州电力高等专科学校(Zheng Zhou Electrical Power College,ZEPC)作为项目合作单位(以下涉及两所院校时,仅以中方与澳方代替)。

郑州电力高等专科学校是一所由电力行业举办、以电力职业教育为主体的普通高职院校。启思蒙 TAFE 学院选择该学校作为项目合作单位的原因如下:①该学校被同行职业院校视为电力行业高等职业院校的典范,并且是澳大利亚最早在境外开设文凭课程的合作院校之一;②在之前的合作项目中,郑州电力高等专科学校已经在院校内部开展了卓有成效的项目管理实践,其高级管理人员在项目实施中发挥了关键作用,选择该学院作为澳方的合作伙伴,保证了项目的可持续性。虽然中方内部没有正式的质量管理体系,也没有得到国际标准化组织(ISO)的认证,但其主管单位河南省电力公司会定期对学校进行监管与审计,并提供大部分办学经费。

---

① BURCHELL B, ZILWA R D, LOUEY C. Offshore Teaching and Learning Quality Assurance Guide for Delivery of Australian Accredited VET Courses[R]. Melbourne:Chisholm Institute of TAFE, 2006:8.

(二)中澳双方学院内部教学质量流程的对比

1. 中澳双方建立焦点小组

在将中方学校确认为项目合作单位后,启思蒙 TAFE 学院质量管理人员以及负责管理当时中国电力委员会项目的其他相关人员共同成立了一个焦点小组(Focus Group),由以下成员组成:国际项目经理、质量保障顾问、商业服务经理、电力与计算机技术项目协调员、教育发展服务部经理、国际项目协调员、国际项目口译员。在 NCVER 项目经费确定后,郑州电力高等专科学校也成立了由校长、副校长、国际事务处主任以及英语系系主任等成员组成的中方焦点小组。建立焦点小组的目的是便于中澳双方参与讨论与证据(Evidence)收集。[①]

2. 澳方设计标杆管理工具

标杆管理(Benchmarking)也称为基准管理,由美国施乐公司(Xerox)于1979 年首创,是现代西方发达国家企业管理活动中支持企业持续改进并获得竞争优势的重要管理方式之一。杰弗瑞·阿尔斯特(Jeffrey Alstete)在《高等教育标杆管理:调整最佳实践以提高质量》一书中认为:"标杆管理是一种流程,旨在为负责流程的关键人员提供一个衡量内部活动质量与成本的外部标准。"[②]

澳方在本次项目中所采取的标杆管理工具并不完全符合传统意义上的标杆管理流程,而是试图将自身质量管理体系中所包含的教学流程与郑州电力高等专科学校的教学流程进行对比。因为澳方认为郑州电力高等专科学校是目前 CEC 项目合作院校中的最佳实践。

在具体操作过程中,启思蒙 TAFE 学院建立了矩阵样本(Sample of Matrix),其中列出了启思蒙 TAFE 学院的质量流程及其各种配套模板(表格)的样本,由相关人员将其翻译成中文后分发给由中方校长指定的焦点小组成员。在澳方人员访问中方院校之前,中方人员对合作项目可能出现的问题进行思考。在访问期间,双方的焦点小组就每个流程如何实施等事项进行讨论,并

---

① BURCHELL B, ZILWA R D, LOUEY C. Offshore Teaching and Learning Quality Assurance Guide for Delivery of Australian Accredited VET Courses[R]. Melbourne: Chisholm Institute of TAFE, 2006:10.

② ALSTETE, JEFFREY W. Benchmarking in Higher Education: Adapting Best Practices to Improve Quality[M]. Washington DC: George Washington University, 1995:2.

补充证据。最终确定的标杆管理工具采用简单矩阵列出质量管理体系中的流程(大部分流程来自启思蒙 TAFE 学院的质量管理体系),并提供流程实施的证据,矩阵样本留白部分允许中方人员补充自身所需的证据或流程,如表 4.12 所示。

表 4.12　澳方设计的流程矩阵样本

QMS 409 (学生申请与选拔)	证据	评论	中方补充证据
描述学生申请与 选拔的流程	提供课程相关信息		
	申请与选拔政策		
	申请表格		
	选拔标准		
	通知学生是否录取		
	未录取学生的申诉		
	记录学生申请与选拔信息		
	面试		

资料来源:BURCHELL B, ZILWA R D, LOUEY C. Offshore Teaching and Learning Quality Assurance Guide for Delivery of Australian Accredited VET Courses[R]. Melbourne: Chisholm Institute of TAFE, 2006:12.

3. 中方收集数据并补充证据

在进行标杆管理之前,澳方要求中方焦点小组协调员与校长以及其他小组成员进行协商,指定相关人员解决流程矩阵中出现的问题。中方指定的人员包括:教务处处长、学生处处长、人事处处长、经济贸易系主任、电力工程系主任、动力工程系副主任、教务处副处长、电力工程系教师等。随后,启思蒙 TAFE 学院指派了 2 名项目组专职人员,并于 2005 年 11 月 21 日至 25 日期间访问郑州电力高等专科学校,与中方指定人员进行了多次讨论会议。[①] 会议先由澳方部门经理与中方相关人员开展初步讨论,时间一般为三小时,视讨论主题灵活调整。澳方项目组听取中方对所列流程实施方式的不同见解后,中方的指定人员提供流程的客观证据。这些客观证据包括学生申请与报名表格、人员与学生简介、学生出勤率与考核记录、课程描述与学期教学计划、课程规划、课程评估问卷以及撤销与中断学习申请表等文件。在没有客观证据的情况下,指定人员提供关于流程的事宜与主观描述,通过与相关部门的教职员工讨论得到进一步证实。

---

① 　BURCHELL B, ZILWA R D, LOUEY C. Offshore Teaching and Learning Quality Assurance Guide for Delivery of Australian Accredited VET Courses[R]. Melbourne: Chisholm Institute of TAFE, 2006:14.

4. 中澳双方教学流程的对比

由于郑州电力高等专科学校受河南省电力公司与河南省教育厅两个机构的监管,学校内部的各个部门必须严格遵守两个监管机构制定的实施流程与绩效标准。表 4.13 简要总结了中澳双方教学流程之间的匹配程度与调整内容。

表 4.13　以标杆管理对比中澳双方的教学流程

澳方的流程模块	中方相应流程的制定者	流程匹配程度	澳方建议
QMS 409 学生申请与选拔	省教育厅	非常接近	在教学指南中统一表格
QMS 323 学生注册	学生处	非常接近	在教学指南中统一表格
QMS 322 学生行为准则	学校	比澳方更细致	全程支持中方流程
QMS 408 先前学习认定	无	不适用	遵守 AQTF 相关流程
QMS 410 学生引导	教学部门	密切相关	在教学指南中统一表格
QMS 805 教学能力	人事处	密切相关	在教学指南中统一表格
QMS 815 专业发展	教务处	有实质性差异	在遵守 AQTF 的前提下加以解决
QMS 318 考勤	教务处	密切相关	在教学指南中统一表格
QMS 325 课堂教学	教务处	密切相关	在教学指南中统一表格
QMS 311 证书获取	教务处与学生处	密切相关	全程支持中方流程
QMS 405 课程评估	根据省教育厅的要求,由教务处制定	有显著性差异	需要在教学指南中开发相应的流程与模板
QMS 397 关照义务	教学部门、学生处与党总支	比澳方更全面	全程支持中方流程
QMS 307 课程退选	无	不适用	在教学指南中解决
QMS 401 帮助学困生	教学部门	相类似	全程支持中方流程
QMS 920 职业健康与安全	无	不适用	在遵守 AQTF 的前提下加以解决
QMS 310 考试	教务处	相类似	全程支持中方流程
QMS 814 人员行为规范	教学部门与党总支	相类似	全程支持中方流程

资料来源:BURCHELL B, ZILWA R D, LOUEY C. Offshore Teaching and Learning Quality Assurance Guide for Delivery of Australian Accredited VET Courses[R]. Melbourne: Chisholm Institute of TAFE, 2006:14.

注:QMS 即质量管理体系,AQTF 即澳大利亚高质量培训框架。

5. 对标杆管理的分析以及指南的制定

从标杆管理的对比中可以看出,在启思蒙 TAFE 学院质量管理体系的 17 个流程中,中方有 12 个流程与澳方高度匹配,其中 2 个流程比澳方更为细致、全面。这表明,中方质量框架已具备一定的可行性,能够为澳方在中国开展教学与管理提供重要支撑。另一方面,在先前学习认定、专业发展、课程评估、课程退选以及职业健康与安全等方面,中澳双方的流程之间存在较大差异,尤其在 AQTF 强制规定的先前学习认定以及职业健康与安全等方面,中方并未制定相关流程。对此,澳方给出的改进建议主要有两点:①在遵守 AQTF 的前提下对相关流程进行补充完善;②在教学指南中开发相应的流程与模板。为此,启思蒙 TAFE 学院的焦点小组重新召开会议,讨论标杆管理的结果,模板的设计、制作以及附带的指导手册。讨论的结果为:虽然部分流程存在差异,但中方已有的流程能够满足澳方教学流程中的大多数要求。与会者一致认为,只需制定一部清晰并符合逻辑的指南,将每个流程步骤的联系起来,并对当前认证课程中所使用的流程与模板进行细微修改,就能满足 AQTF 的规定。考虑到该指南的使用者是澳大利亚注册培训机构及其海外合作伙伴,焦点小组决定在指南的制定上遵循通俗易懂的原则,尽量使用流程图代替文字内容,每一阶段的教学流程均与质量要求相关的文档进行了超链接匹配。最终,澳方制定了跨境教学质量保障指南(Offshore Teaching and Learning Quality Assurance Guide),其中包含了六项符合 AQTF 质量规定所必需的流程,包括项目管理,教师选拔,引导与评估,学生选拔与注册,授课、评估与调整,教学评价。

(三)总结与分析

总结中澳双方跨境职业教育教学质量保障指南开发项目,可以得出以下结论。

首先,跨境合作办学机构通常在自身的监管框架内运作,可能包含一系列与本国质量监管框架相一致的流程与模板。通过标杆管理可见:澳方未将本国职业院校内部的质量保障流程全部强加给合作伙伴机构。从澳方最终制定的跨境教学质量保障指南中可以看出,考虑到中国的国情,澳方充分尊重了中方的监管框架,并做出了相应的妥协,在保障核心教学质量的基础上,删减了部分流程。

其次,一国的职业院校必须先与境外院校秉持互信与尊重的理念,并建立起牢固的伙伴关系,才能就更深层次的问题进行双边讨论。由于启思蒙 TAFE 学院与郑州电力高等专科学校在 2002—2005 年中建立了良好的合作伙伴关系,为双方进一步分享有关质量的流程信息奠定了基础,并使客观存在的差距与薄弱环节得以弥补。

最后,在与海外职业院校人员沟通的问题上,聘请具有一定职业教育实践经验的双语专业人员会使得与海外合作伙伴之间的谈判变得更容易。就项目本身而言,中英双语版本的教学质量指南能够帮助澳方职业教育教学质量的理念在中国职业院校得到普及。此外,如果直接在跨境职业教育合作机构制定针对国际项目管理人员的双语培训计划,能够使本国管理人员进一步了解境外国家的制度与文化,为双方的全方位深度合作打下现实基础。

总之,在相互尊重、相互理解以及有着良好合作意愿的情况下,澳方较为顺利地保障了跨境合作办学质量,并将本国的部分质量保障理念迁移至境外合作院校。

三、进行跨境职业教育质量审计——以北墨尔本 TAFE 学院为例

对于澳大利亚大部分注册培训机构而言,想要确定境外合作院校所提供的教育与培训是否达到预期要求,最科学的方法是根据一套标准或基准(无论是内部还是外部)对培训流程与结果的质量进行审计或评估。质量审计(Quality Audit)是确保项目在执行过程中符合组织或项目规定的方针、标准和程序。质量审计的主要目的除了使注册培训机构达到规定标准之外,还要协助推动注册培训机构在所有领域的持续改进,满足学生、社区、行业以及政府等利益相关者的需求是审计流程的核心。有效的质量审计包括两点:首先,需要制定完善的审计准则;其次,必须由受过严格训练的审计人员来执行。

与启思蒙 TAFE 学院关注的重点有所不同,北墨尔本 TAFE 学院(Northern Melbourne Institute of TAFE)承接的项目旨在帮助职业院校通过审计准则的制定以及对内部审计人员的培训,从提升审计质量的角度保障跨境合作办学质量。该项目在设计与开发的过程中参考了"AS/NZS ISO 9001:2001"质量管理体系要求,澳大利亚高质量培训框架中对注册培训机构的标准,以及"AS/NZS ISO 19011:2003"质量或环境管理体系审计准则(Guidelines for Quality or Environmental Management Systems Auditing)要求。该项目的最终目标包括:①根据 AQTF 与 AS/NZS ISO 9001:2001 等标准,为跨境职业教育办学制定审计准则(Audit Guidelines);②根据质量或环境管理体系审计准则 AS/NZS ISO 19011:2003,开发质量审计人员培训项目(Quality Auditor Training Program),要求质量审计人员根据审计准则开展境外质量审计;③通过海外试点(Offshore Trial),检验审计准则与审计人员培训项目能否适用于境外职业院校,以检验促改进。①

---

① BELLIS F,GRECH J C. Auditor Training Program and Offshore Audit Checklist[R]. Melbourne:Northern Melbourne Institute of TAFE, 2006:7.

（一）审计准则制定的原理与方法

1. 审计准则制定的原理——基于过程的质量管理体系模式

北墨尔本 TAFE 学院将 HB 90.7－2000"基于过程的质量管理体系模式"视为制定审计准则的原理。这种模式的基本原理是通过识别与满足客户的要求,将客户的输入(即需要与期望)转化为输出(即教育或培训产品),以提升客户满意度。在基于过程的质量管理体系模式中,从输入到输出的转变过程必须以高效的资源管理(即人力资源、知识产权与基础设施)为前提。如图 4.5所示。

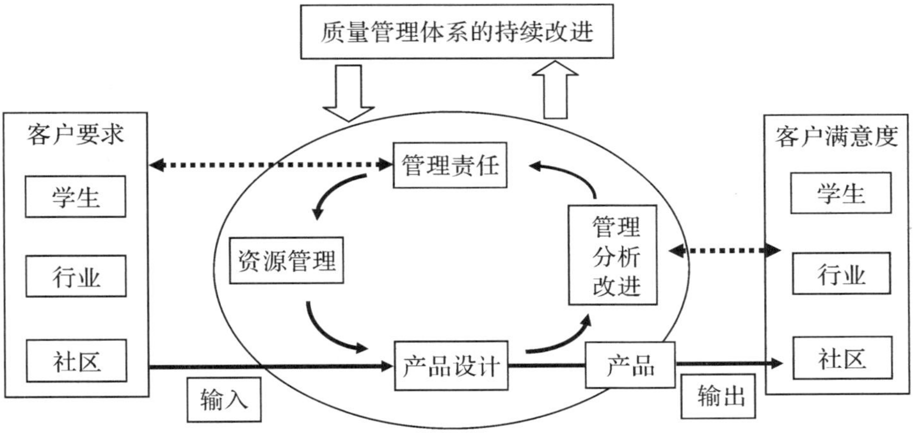

图 4.5　基于过程的质量管理体系模式

资料来源:BELLIS F，GRECH J C. Auditor Training Program and Offshore Audit Checklist [R]. Melbourne：Northern Melbourne Institute of TAFE, 2006:9.

注:实线箭头代表增值过程,虚线箭头代表信息流动。

整个模式从客户的要求到培训产品的设计经历了第一个增值过程,将培训产品输出给客户则是第二个增值过程。之后,机构根据客户的满意度反馈,对培训产品进行分析与改进,并由负有管理责任的高级管理人员通过与客户的双向交流,对已有资源进行管理,以此循环往复,实现质量管理体系的持续改进。

2. 审计准则制定的方法——质量环

正是基于这种原理,北墨尔本 TAFE 学院进一步借鉴了"计划—执行—检查—行动"(PDCA)的方法建构具有自身特色的服务质量环(Service Quality Loop)。所谓的质量环也称为 PDCA 循环或戴明环,实质上是一种质量管理工具,主要采用重复性四步问题解决法以改进业务流程,分为计划(Plan)、执行(Do)、检查(Check)与处理(Act)四个步骤。北墨尔本 TAFE 学院根据 AS/NZS ISO 9001：2000 标准,将以上四个步骤做了一定的修改,为一般意义上的质量环赋予了"服务"的新内涵,四个步骤的作用分别为：①计划,根据客户的要求与机构的政策,确定服务的目标与流程；②执行,流程实施；③检查,根据政策、目标与客户要求对服务流程进行监测,并汇报结果；④处理,采取行动持续改进绩效。此处所指的"服务"与"产品"是同一语。[①]

服务质量环可以对质量的各个过程及其相互作用进行一定程度的控制与监测。此外,服务质量环还使得管理具有以下特点：理解并符合规定的要求；从增值的角度考虑过程；根据过程绩效与有效性获得结果；通过对绩效的客观衡量以持续改进。此外,在 ISO 9000 支持下的质量管理不仅使客户(学生或雇主)在定义产品/服务(项目或课程)的要求方面发挥重要作用,而且还能根据客户的满意度对项目进行总体质量评估。

3.原理与方法的结合——北墨尔本 TAFE 学院的服务质量环

北墨尔本 TAFE 学院开发的基于质量管理体系的服务质量环包含四大关键要素。其中,管理责任包括建立服务质量与客户满意度等政策；分配足够的人力与物力资源以达到质量目标；能够开发、建立、记录、实施并维护质量体系的结构；客户与管理人员之间的有效沟通机制,如图 4.6 所示。

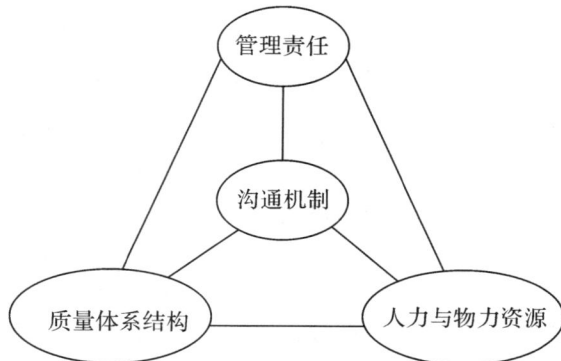

图 4.6　质量管理与质量体系的要素

资料来源：Fay Bellis, John C. Grech. Auditor Training Program and Offshore Audit Checklist[R]. Melbourne：Northern Melbourne Institute of TAFE, 2006：11.

---

① BELLIS F, GRECH J C. Auditor Training Program and Offshore Audit Checklist[R]. Melbourne：Northern Melbourne Institute of TAFE, 2006：9.

在上述四个关键要素中,客户(即学生、行业、政府、社区)不仅影响着教育与培训项目或课程的设计规范与实施,还能通过满意度评价机制,对项目或课程进行评估。而机构所需的各种资源(人力、物力、财力、智力)以及提供的项目类型直接取决于外部的客户需求与内部的机构目标。值得注意的是,内部审计流程中的自我评估是关键所在,它能够确保机构自身的服务质量目标可评可测,并在必要的时候采取适当的行动与持续改进策略。

综上所述,北墨尔本 TAFE 学院较为客观地汲取了"基于过程的质量管理体系模式"中的"服务"要素以及质量环中的"循环"要素。将质量环这种工具运用到质量管理体系模式中,建立了服务质量环。北墨尔本 TAFE 学院的服务质量环分为"五环",即由五个相互关联的部分组成。第一部分:课程规划;第二部分:课程设计;第三部分:课程提供;第四部分:课程评估;第五部分:资金、质量体系与机构管理,如图 4.7 所示。

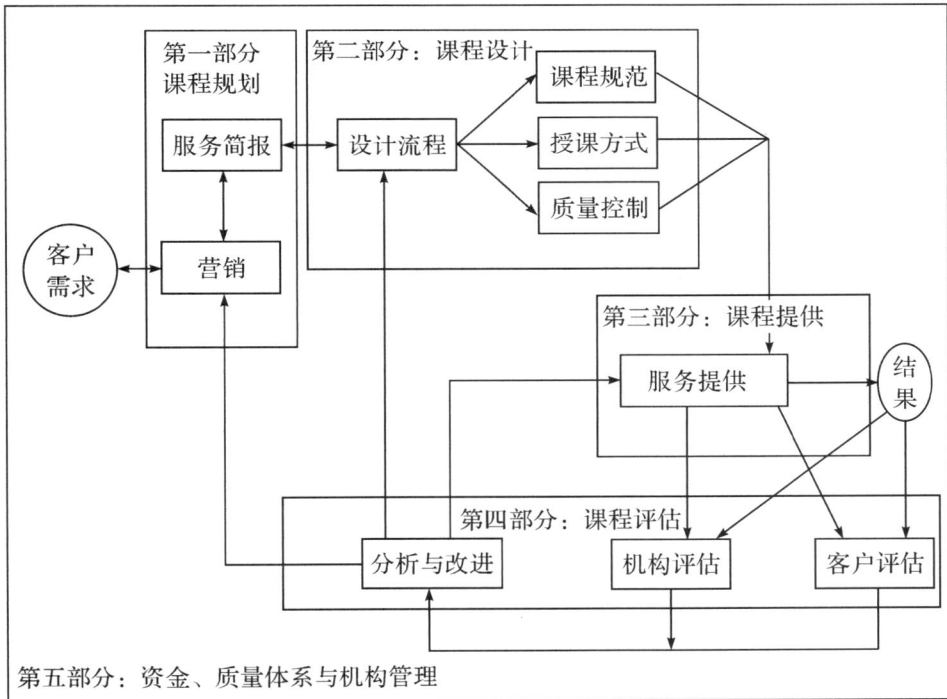

图 4.7　北墨尔本 TAFE 学院的服务质量环

资料来源:BELLIS F, GRECH J C. Auditor Training Program and Offshore Audit Checklist [R]. Melbourne:Northern Melbourne Institute of TAFE,2006:14.

（1）第一部分：课程规划

课程规划（Course Planning）相当于职业院校与客户进行交互的"初始界面"。这一阶段由营销（Marketing）与服务简报（Service Brief）组成。首先，营销是一个双向的过程，机构不仅仅可通过识别客户来确认他们对课程具有哪些要求，还可以利用课程手册、网站等工具向市场提供总体课程信息，其中就包括向潜在客户提供诸如注册事项、先前学习认定的流程以及课程目标等其他信息。此外，营销的另一个关键点是考虑建立高效的注册与收费系统。其次，在确定了具体的课程需求后，应当制做一份服务简报，目的是确保客户需求与机构的目标、资源之间的有效匹配。

（2）第二部分：课程设计

在总体的课程规划完成后，下一步就是根据课程规划阶段确定的具体要求对提供给客户的实际课程进行设计，在机构现有资源的基础上满足客户需求。课程设计（Course Design）阶段包括三个方面：第一个方面是符合课程规范（Course Specification），课程是由具体的能力单元（Units of Competency）所组成的，能力单元必须满足培训包与澳大利亚资格框架的要求；第二个方面是选择授课方式（Delivery Methods），主要考虑应采用传统课堂教学还是在线教学或工作场所教学等授课方式；第三个方面是课程的质量控制（Quality Control），主要是确保所设计的课程要满足 AQTF 与 ISO 标准的所有要求。所有与下一阶段相关的学习与评估资源、课堂、软件包、单元目录、行政与管理支持以及基础设施等人力、物力、财力、智力资源都必须在课程设计阶段分配妥当。

（3）第三部分：课程提供

课程提供（Course Delivery）阶段属于服务质量环的操作部分，上一阶段所设计的课程会像产品或服务那样交付（提供）给客户，这一阶段主要包括服务提供（Service Delivery）与结果（Outcomes）。不同类型的客户会根据自身的立场来审视服务提供所产生的结果。例如，学生可能将获得资格视为一种有效结果，因为凭借资格，他们能够继续深造或者直接就业。此外，在课程学习中产生的乐趣、收获的友谊以及注册的便利性等都是学生衡量结果的方式。企业雇主可能会根据职业院校提供的课程/服务是否为企业培养了具备就业能力、技术技能的雇员来衡量结果。在政府看来，课程提供所产生的结果可以通过三方面来衡量：一是培养一支能够促进经济增长的高技能劳动力队伍；二是为失业人员提供再就业培训的机会；三是通过各种职业培训课程，推动全民终身学习。职业院校可能将结果看作是一种客户需求与自身资源之间在效果与效率上的双重匹配,这种匹配同时满足机构目标与客户目标。

(4)第四部分:课程评估

课程评估(Course Evaluation)是服务质量环的关键阶段,主要包括客户评估(Client Evaluation)、机构评估(Institute Evaluation)以及分析与改进(Analysis and Improvement)等部分。课程评估不仅涵盖课程规划、课程设计以及课程提供等过程的所有方面,还包括对教学的可用性(Availability)、利益相关者的满意度以及课程的可交付成果(Deliverables)等结果进行衡量。评估标准是根据ISO 标准、AQTF 标准、客户需求以及机构目标确定的。客户与机构会同时评估提供的课程是否将客户与机构的需求转化为各方所期望的结果,然后提供反馈信息。根据客户与机构的反馈结果,机构进行实时分析,以确保对以上三个部分进行及时与有效的改进。

(5)第五部分:资金、质量体系与机构管理

资金、质量体系与机构管理(Finance, Quality Systems and Corporate Governance)是整个服务质量环的基础部分,它将影响其他四个部分,实际上起到了整体支撑的作用。首先,服务质量环要有足够的资金来确保机构的正常运作,同时还需要管理层的承诺来保证质量体系的到位。此外,有效的机构管理政策与流程能够确保决策的透明度、反映社区的期望、满足所有的法律与监管规定,并考虑到所有利益相关者的需求。

(二)审计准则的制定

服务质量环为审计准则提供了流程参考;ISO 9001 质量管理体系(AS/NZS 9001:2000)以及澳大利亚高质量培训框架为审计准则提供了标准参照。为此,北墨尔本 TAFE 学院制定了 10 条审计准则,分别是:①课程信息(注册前);②课程信息(注册后);③课程提供(资源要求);④学生学习资源;⑤课程提供;⑥学生评价;⑦学生与教师评估;⑧文件与记录控制;⑨资金;⑩质量体系与机构管理。① 每一条审计准则都从海外客户与注册培训机构的角度着眼,涵盖课程的规划、设计、提供以及评估等阶段,并与服务质量环相对应,如表 4.14 所示。院校机构可根据注册培训机构、海外合作伙伴的具体要求以及具体的审计情况对审计准则进行相应的修改。

---

① 　BELLIS F, GRECH J C. Auditor Training Program and Offshore Audit Checklist[R]. Melbourne: Northern Melbourne Institute of TAFE, 2006:17.

表 4.14 审计准则、服务质量环以及两大标准之间的对应关系

审计准则	服务质量环	ISO 9001 质量管理体系	澳大利亚高质量培训框架
审计准则 1 课程信息（注册前）	第一部分	标准 4.2；5.1；5.2；5.4；5.6；6.1；6.2；6.3；7.1；7.2；7.3；7.4；7.5；7.6；8.2；8.3；8.4；8.5	标准 4.3；5.1；5.2；6.1；6.3；8.2；11.1；11.2；11.3；11.4；12.1；12.2；12.3；12.4；12.5
审计准则 2 课程信息（注册后）	第二部分	标准 4.2；5.1；5.2；5.4；5.5；5.6；6.1；6.2；6.3；6.4；7.1；7.2；7.3；7.4；7.5；7.6；8.2；8.3；8.4；8.5	标准 5.1；5.2；6.1；6.2；6.3；8.1；9.1；9.2；9.3；9.4
审计准则 3 课程提供（资源要求）	第二部分	标准 4.2；5.1；5.2；5.4；5.5；5.6；6.1；6.2；6.3；6.4；7.1；7.2；7.3；7.4；7.5；7.6；8.5	标准 2.1；2.2；4.1；4.2；4.3；5.3；7.1；7.2；7.3；7.4；9.3；9.4
审计准则 4 学生学习资源	第二、三部分	标准 4.2；5.1；5.2；5.4；5.6；6.1；6.2；6.3；6.4；7.1；7.2；7.3；7.4；7.5；7.6；8.2；8.3；8.4；8.5	标准 8.1；9.3；9.4
审计准则 5 课程提供	第三部分	标准 5.1；5.2；5.4；5.5；5.6；6.1；6.3；6.4；7.1；7.2；7.3；7.4；7.5；7.6；8.2；8.3；8.4；8.5	标准 2.1；2.2；7.4；9.1；9.3
审计准则 6 学生评价	第三部分	标准 4.2；5.1；5.2；5.4；5.6；6.1；6.2；6.3；6.4；7.1；7.2；7.3；7.4；7.5；7.6；8.2；8.3；8.4；8.5	标准 2.1；2.2；4.1；4.2；4.3；6.1；6.2；7.3；8.1；8.2；9.1；9.2；9.3；9.4；10.1；10.2；10.3
审计准则 7 学生与教师评估	第四部分	标准 4.2；5.1；5.2；5.4；5.6；6.1；7.2；7.3；7.4；7.5；8.1；8.2；8.3；	标准 1.9；1.10
审计准则 8 文件与记录控制	第五部分	标准 4.2；5.1；5.2；5.6；6.2；7.2；7.3；7.4；7.5；8.4；8.5	标准 4.1；4.2；4.3；11.1；11.2；11.3；11.4
审计准则 9 资金	第五部分	标准 5.1	标准 3.1；3.2；3.3；3.4；3.5
审计准则 10 质量体系与机构管理	第五部分	标准 1.1；1.2；4.1；4.2；5.1；5.2；5.3；5.4；5.5；5.6；8.2	标准 1.1；1.2；1.3；1.4；1.5；1.6；1.7；1.8；2.1；2.2；2.3

资料来源：BELLIS F, GRECH J C. Auditor Training Program and Offshore Audit Checklist [R]. Melbourne：Northern Melbourne Institute of TAFE, 2006：18.

需要说明的一点是,审计准则本身并不构成具体的审计标准,它只是一种将审计标准划分到不同阶段流程的依据。实际上,审计准则是对 ISO 9001 质量管理体系以及澳大利亚高质量培训框架等两大标准的一次"大洗牌"。可以看出,两大标准中的每一条子标准可能对应多条审计准则。以澳大利亚高质量培训框架中的"标准 2.1"为例,与之相对应的审计准则有第 3、5、6、10 条,也就是说,当审计人员对课程提供(资源要求)、学生评价以及质量体系与机构管理等多个部分进行审计时,都应参照该标准中的 2.1 条。除了 10 条准则之外,审计准则还包括在真实或模拟的场景中对审计人员如何使用与实施准则开展培训。审计人员在接受培训后能够根据审计准则来制定海外机构的审计检查表,解决诸如合同安排、先前审计以及利益相关者需求等问题。

(三)审计人员培训项目的开发

如前所述,有效的质量审计除了制定完善的审计准则之外,还包括对审计人员开展严格的培训。审计人员培训项目的开发遵循两大原则,首先是确定受训人员的技能基础,然后根据受训人员与注册培训机构的具体要求,为他们定制培训项目。审计人员的培训一般由两名经验丰富的教育专家负责,其中一名专家需要在职业院校合作办学的结对方面拥有丰富的海外经验;另一名专家需要有丰富的审计经验。合适的培训项目大纲一般根据受训人员的先前经验、知识与技能等方面制定。

1. 审计人员的培训内容

对审计人员的培训内容主要涉及审计流程与审计标准两方面。其中,审计流程的培训内容包括:审计原理;审计项目的目标与审计的范围;审计条款;审计原则,包括道德行为、公平声明、职业谨慎、独立性以及采用的循证方法;审计项目的管理;对审计人员知识与技能的评估;审计项目的责任与资源;审计流程与具体实施,如组建与选择审计团队、确定审计范围、与被审计方初步接触、审计文件以及对开幕式与闭幕式等现场审计活动的准备;审计记录与准备在审计期间使用的相关文件;报告审计结果或发布纠正行动要求;对审计流程与政策的监测;审计跟进。审计标准培训内容包括:AS/NZS ISO 9001 质量管理体系;澳大利亚高质量培训框架;跨文化交流问题。

2. 审计人员的培训流程

在培训流程方面,一般先由培训提供者与受训人员进行沟通与交流,随后在专业审计人员的指导与监督下开展正式审计,待受训人员有足够的经验与信

心独立进行审计,方可结束。对审计人员的评估应符合 AS/NZS ISO 19011:
2003 的要求,以确保审计人员掌握境外审计所需的知识与技能。评估包括审计
人员日志维护、与有经验的审计人员共同进行审计以及对审计报告开展同行审
计。北墨尔本 TAFE 学院对质量审计人员的注册由国际美澳联合人员培训与
注册机构(Registrar Accreditation Board and Quality Society of Australasia,
RABQSA International)负责,重在培养审计人员的综合能力。此外,审计人员
要定期进行持续专业发展与撰写审计日志以更新技能。以下是北墨尔本
TAFE 学院实施的为期五天的审计人员培训流程。

第一天:介绍审计的流程、语言与方法;熟悉审计情境。

第二天:学习 AS/NZS ISO 9001:2000 标准与 AQTF 标准,并讨论两者的
异同点。

第三天:对服务质量环进行讨论与分析;探讨审计准则及其与服务质量环
的关系;介绍如何制定审计检查表。

第四天:跨文化交流;实施审计准则并为海外培训机构制定审计检查表;撰
写审计报告以及在正式审计中需要的其他文件。

第五天:模拟发布报告并提出建议;讨论培训项目中涉及的重要事宜,并比
较审计方法,找出改进的机会;回顾与提问。[①]

(四)项目成果的海外试点

作为整个 NCVER 项目的一部分,北墨尔本 TAFE 学院的教师在接受审计
人员培训项目之后,根据已制定的审计准则对跨境职业教育办学项目进行质量
审计,以作为项目成果的海外试点。2006 年 2 月至 5 月,新近接受培训的审计
人员对北墨尔本 TAFE 学院在中国的两所跨境合作办学院校进行了现场审计。
审计人员、翻译人员、培训人员以及接受审计的中方院校对境外审计提出了许
多反馈意见,用于改进审计准则与培训项目,具体总结如下。

首先,秉持合作共赢的审计理念,审计方要确保被审计方了解境外质量审计
的必要性,并熟知审计的方法与流程。被审计方的反馈意见表明,中方院校在审
计过程中对澳方跨境质量审计的深度与细节有了新的认识,对澳方所采用的审计
方法表示赞同,认为审计结果对提升中澳职业教育合作办学质量具有指导意义。

---

① BELLIS F, GRECH J C. Auditor Training Program and Offshore Audit Checklist[R]. Melbourne:
Northern Melbourne Institute of TAFE,2006:21.

其次,高质量审计的关键之一在于充分的准备工作。通常情况下,组织境外审计难免较为匆忙,所以应在出发前进行适当的规划。所有参与审计的教职员工都应充分了解境外审计的内容以及如何收集客观证据,并熟知澳大利亚培训包或认证课程的具体要求以及如何在境外对这些要求进行灵活调整。审计团队至少配备两名专业审计人员,可聘请经验丰富的技术专家,必要时还需配有翻译。

最后,审计的主要目标是促改进,而不是找差距。境外与本土培训机构的运作方式通常会有所不同,存在审计流程表面上有差距、但本质仍然符合相关标准的情况。审计人员的作用是确定合作办学在何种程度上达到了标准,要防止任何先入之见对审计的不利影响。因此,审计人员需要以跨文化的包容心态正确处理合作办学双方在标准、政策与流程上存在的差异。

四、开发跨境职业教育英语支持模式——以西部 TAFE 学院为例

前两个项目关注的是澳大利亚跨境职业教育合作办学的教学质量与审计质量,而新南威尔士州的西部 TAFE 学院(TAFE NSW Western Institute of TAFE)承接的项目旨在确保英语水平不会影响非英语母语的境外学生开展职业课程的学习。该项目从为境外学生提供语言支持的角度,保障境外职业教育学生的学习质量。

(一)项目背景

随着澳大利亚境外办学规模的扩大,加之 2005 年《国家质量战略》提出的"对等性原则",许多注册培训机构意识到高质量的境外办学的落脚点是使境外学生获得与本土学生同样的职业能力。这对于维护澳大利亚职业教育的声誉度以及提升海外客户的满意度至关重要。在跨境职业教育过程中,非英语母语(Language other than English Background,LOEB)的学生可能处于不利地位。因此,西部 TAFE 学院重点对境外职业教育的培训与评估方法进行重新设计,并选拔一批具有文化包容性的教师。在任何情况下,开展职业教育的最终目的都是使学生具备工作岗位所要求的职业能力。因此,即便境外学生的英语水平不理想,也不会妨碍他们获得职业技能。为此,西部 TAFE 学院希望开发一种语言支持模式,鼓励非英语母语的境外学生能够将职业英语作为第二语言(Vocational English as a Second Language,VESL)。换句话说,西部 TAFE 学院开发跨境职业教育英语支持模式的目的是在境外职业教育授课中将学科本位的英语改造成为职业本位英语,这样既能充分照顾到境外学生英语水平参差不齐的情况,又能满足企业的用人需求。

(二)职业英语支持模式的准备阶段

在准备阶段,西部 TAFE 学院就如何设计职业英语支持模式分别对教师与学生进行了调查。首先是对西部 TAFE 学院跨境职业教育合作办学项目的授课教师进行访谈。从反馈意见看,教师在课前、课中以及课后普遍忽视了学生已有的英语水平。为此,西部 TAFE 学院决定对跨境职业教育过程中的每个阶段给予语言支持。

随后,西部 TAFE 学院于 2005 年 11 月调查了 45 名来自巴布亚新几内亚的学生。这些学生在接受酒店管理三级证书项目培训后,成了巴布亚新几内亚一家酒店的员工。从调查结果看,在进行酒店管理项目培训之前,已有 15 名学生参与了形式广泛的课前活动。这 15 名学生均表示,在英语培训中,没有遇到困难,培训体验感良好。此外,他们还与来自其他国家的管理人员一起工作,积累了许多职业英语知识。其余 30 名厨师专业的学生未参加任何课前活动,由于职业限制,他们与客户没有太多接触。这些学生有些不情愿地表示,职业英语的某些重难点对酒店管理课程的学习有所影响,虽然最后也能通过考试拿到证书,但在学习过程中必须付出更多努力。从不同学生的反馈意见中可以看出,同一行业的不同岗位对英语的要求也有所不同。因此,西部 TAFE 学院需要在培训中确保技能的等效性与可移植性。

此外,几乎所有访谈对象对学习体验都给予了正面评价,没有任何负面评价。针对这种文化特质对培训与评估的影响,西部 TAFE 学院试图通过几种不同的方式反复验证学生的反馈,以确保信息的真实性。换句话说,对学生进行课后评估的目的是确保学习使学生的行为发生了永久性的改变,而不是一种在课后就会消失的临时性改变。西部 TAFE 学院总结调查中出现的问题,得出以下结论:①职业英语支持模式应该具有通用性,同时满足学生与教师以及利益相关者(领导与雇主)的需求,并适用于所有注册培训机构。②职业英语支持模式必须将工作岗位所需的各种能力都包括在内,例如语言(听、说、读、写)能力与计算能力。支持模式聚焦作为第二语言的职业英语,包括带有职业意向(职前)的培训项目或在工作岗位中(职中)的培训项目。③教师选拔是职业英语支持模式的关键,要为有意向开展跨境职业教育的教师制定准则、自选标准以及检查表。①

---

① JONES P, et al. Vocational Language Support Model[R]. Broken Hills: Western Institute of TAFE,2006:10.

(三)职业英语支持模式的开发阶段

西部 TAFE 学院根据访谈与调查结果,开发了三阶段职业英语支持模式,每个阶段由若干流程组成,如图 4.8 所示。

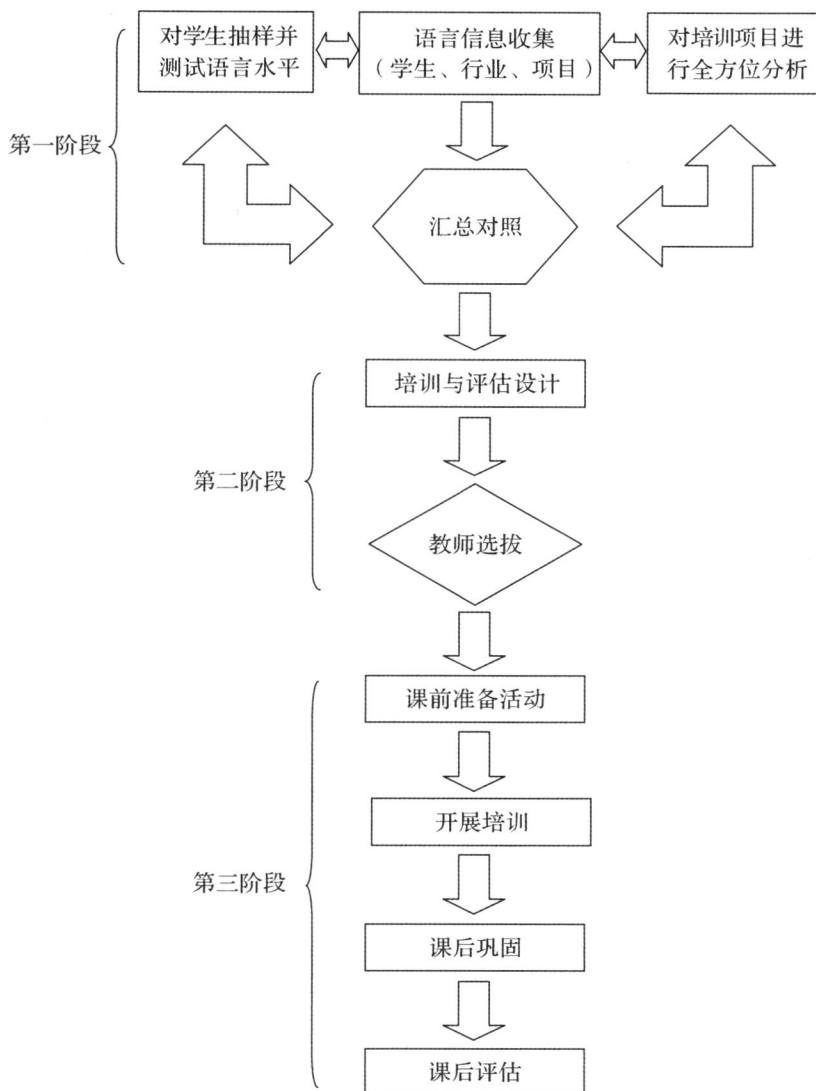

图 4.8 跨国职业英语支持模式流程图

资料来源:JONES P,et al. Vocational Language Support Model[R]. Broken Hills:Western Institute of TAFE,2006:12.

1. 第一阶段

首先,对学生抽样并测试其语言水平。在采用整群随机抽样方法,对学生进行初步筛选后,参照国家上报系统(National Reporting System,NRS)[①]与国际第二语言能力评估(International Second Language Proficiency Rating,ISL-PR)的要求,对学生课前的读写水平、母语水平以及英语水平进行测试。该流程是为了在正式培训开始之前,将整群随机抽样结果嵌入培训项目中。其次,对培训项目进行全方位分析。该流程涵盖对培训项目中关于沟通的目的、方式、复杂性以及语言要求等要素的全方位分析。再次,语言信息收集是培训项目设计以及培训与评估的前提。需要重点收集关于学生语言水平的数据与信息、培训项目对语言的要求以及培训所在行业的特定语言。在信息收集时,需明确培训的主要目的不是单纯地提升学生的英语水平,而是将职业英语作为第二语言,培养学生获得工作岗位所需的能力。最后,汇总与嵌入是第一阶段最为关键的流程,是将学生已有的语言能力、行业内的特定语言以及培训对语言能力的要求等三方面信息进行汇总,并嵌入到最终的培训项目中。嵌入的本质是确定学生现有的语言能力与具体工作岗位对语言要求之间的差距,对培训项目中的英语难度进行调整,防止在培训中过于强调学生的英语水平,而忽视职业技能与素养的培训,最终将英语水平对学生职业学习的不利影响降到最低。

2. 第二阶段

第二阶段包括两个流程,首先是培训与评估设计。该流程将之前在培训项目中确定的沟通的目的、方式、复杂性以及语言要求等要素纳入到行业所需的职业能力中。为了与培训项目保持一致,项目根据国家上报系统中确定的七个方面进行:流程沟通(为执行工作任务所处理的流程信息);技术沟通(专业技术);个人沟通(学生的需求与目标);合作沟通(团队协作);系统沟通(完成组织内部要求的工作);公共沟通(与组织外部人员一起工作);学习沟通(新技能习得)。该流程的目标是制定策略,使学生不仅能够获得培训包所规定的岗位能力,还能够掌握基本的沟通能力。其次,对教师的选拔主要分为两部分,第一部分是"对外英语教学"培训。然而,许多有意向参与跨境职业教育的教师没有受过对外英语教学等专业领域的培训。因此,西部 TAFE 学院建议将相关培训作为教师选拔培训的一部分,讨论如何将职业英语纳入培训包或课程内容中。第

---

① 国家上报系统是一种基于成人读写水平结果的国家信息管理系统,由联邦政府资助。

二部分是"文化能力"培训,跨境职业教育需要避免种族偏好,促进相互尊重,而文化能力的基础是对不同社会与文化观念的尊重、承认与包容。文化能力培训项目需要考虑以下几点:①使教师理解文化差异及其对学生态度与行为的影响;②在与不同文化群体交流时注重敏感性、理解性、非主观臆断性与尊重性;③灵活巧妙地应对不同文化背景中发生的一切。

3. 第三阶段

第三阶段包括以下几个方面:首先是课前准备活动,对前一阶段结果进行分析,确定学生是否需要进行准备性活动来弥补技能差距,或者为学生更好地理解课程内容搭建支架。其次是开展培训,作为培训项目成功的关键,信息收集阶段获得的所有信息都需要嵌入到培训策略中,以便为学生提供发展职业技能的机会,并培养学生的沟通技能与创新思维。该流程要为整个职业英语支持模式提供建议或策略。再次是课后巩固,这属于质量保障范畴,其目的是以各类活动的形式,确保学生通过培训实际具备了工作岗位所需的能力,并保证培训结果在真正意义上使学生的行为发生了永久性改变。最后是开发课后评估,作为下一轮培训实施的基础。

第四节　与国外相关资格框架对接的实施

为了积极响应本国资格框架与国外相关资格框架对接的倡议,2015 年,澳大利亚与欧盟双方组成了联合技术工作组(Joint AQF-EQF Technical Working Group)。双方在充分分析了澳大利亚资格框架与欧洲资格框架对接的可行性后,实施了框架对接。本节以欧洲资格框架为例,阐述澳大利亚在国家/部门层面推进本国资格框架与国外资格框架对接的具体实施。

澳大利亚资格框架与欧洲资格框架的对接属于国家资格框架与区域资格框架对接的范畴。其目的是根据互利共赢的原则,分析两种框架在双方运行环境中的技术与概念特征,并以此确定两种框架的可比性、相似性与差异性,最终在澳大利亚与欧盟之间形成一个"互信区"(Zone of Mutual Trust)。通过对接,不仅能够使澳大利亚进一步理解欧盟各成员国长期遵循的欧洲资格框架,也可以促进欧盟成员国更为深入地了解澳大利亚资格框架中的资格及其相对应的学习成果。在扩大与深化对双方资格框架功能理解的基础上,进一步提高双方框架的透明度,以增加未来澳大利亚与欧盟合作的机会。除建立互信之外,对接的另一目的是通过对资格的深入比较,促进资格的国际认可度,为学习者与劳动力在欧盟成员国与澳大利亚之间的国际流动提供支持。通过对两种不同类型资格框架的比较分析,可以深化对双方复杂的质量保障机制的认识与理解。此外,对接的意义还在与促进双边合作关系的发展,并为今后世界各国开展有关国外相关资格框架之间的对接工作提供宝贵的参考信息。

一、成立联合技术工作组

联合技术工作组由澳大利亚联邦政府教育与培训部的代表、欧洲资格框架咨询小组(EQF Advisory Group)的成员以及欧盟委员会与欧洲职业培训发展中心的代表组成。联合技术工作组主要负责对资格框架对接的相关重要信息进行沟通交流,主要任务包括:对资格的不同支持系统有更为清晰的认识;了解资格框架在澳大利亚与欧洲的实施情况;分析两种框架及其等级的可比性;对机遇、挑战、利益与风险等方面进行公开深入的分析讨论;制定一套共同的技术标准作为对接的基础;在关键阶段向 EQF 咨询小组汇报;对最终报告提出建议。

由法国、奥地利、英国等三国组成的 EQF 咨询小组、欧洲职业培训发展中心以及欧盟委员会等组织的成员于 2015 年 3 月 2 日至 4 日访问了澳大利亚,以加深对澳大利亚教育与资格制度的理解,确定两种框架对接的前提条件。[①]此外,EQF 咨询小组还听取了澳大利亚高等教育质量标准署(The Tertiary Education Quality and Standards Agency,TEQSA)的专题报告,同时访问了澳大利亚的双部门大学,并向澳方提供了欧洲资格框架实施的最新信息。

二、确定对接前提

在对接之前,联合技术工作组认为,有必要对两种资格框架中的关键要素进行深入讨论,以分析对接的可行性。在 2015 年 3 月访问澳大利亚期间,联合技术工作组确定了三项对接前提:①明确两种资格框架的责任主体;②比较两种资格框架中的关键概念;③厘清两种资格框架的质量保障机制。

---

① Department of Education and Training,European Commission. Comparative Analysis of the Australian Qualifications Framework and the European Qualifications Framework for Lifelong Learning:Joint Technical Report[R]. Canberra:DET,2016:8-9.

(一)明确两种资格框架的责任主体

联合技术工作组在对接之前首先要确保两种资格框架的责任主体职责明确、公开透明。作为澳大利亚资格框架的责任主体,澳大利亚联邦教育与培训部同各州与地区的政府以及教育部门合作,共同负责澳大利亚资格框架的开发与维护。欧洲资格框架则是由欧盟委员会(European Commission)主持的欧洲资格框架咨询小组(EQF Advisory Group)负责。它包括所有欧盟成员国的代表、欧洲理事会(European Council)、欧盟社会伙伴、欧洲职业培训发展中心、欧洲培训基金会以及其他重要的利益相关者,如公共就业服务机构、学生团体以及终身学习团体。此外,所有成员国都建立了欧洲资格框架—国家协调点(EQF-NCP),负责参照欧洲资格框架,对各自的国家资格框架进行协调与推进。

(二)比较两种资格框架的关键概念

为了对接的顺利实施,在明确责任主体后,两种资格框架在资格获取的过程与结果方面都必须是透明且相关的,从而使得每个框架内的等级能够相互比较。在确定两种框架等级之间的可比性时,联合技术工作组认为,欧洲资格框架在概念与功能上具有一定特殊性,是作为一种公共的参考框架而建立的,可视为欧盟各成员国资格认证的坐标,它由 8 个等级组成,但本身并不包含任何资格。

两种资格框架中的等级均通过对学习成果(Learning Outcomes)的描述来定义。学习成果是对学习者在学习过程结束后知道什么、理解什么以及能做什么的证明,能够反映学习者在完成框架中的某个资格后产生的变化,资格框架中的等级与资格都以学习成果为准。不仅如此,学习成果还确保了资格在不同教育与培训部门之间的透明性。

尽管两种资格框架在性质上有所区别,但均以学习成果为基础,都是根据对"知识""技能""知识与技能的应用"或"能力"的描述作为划分各自资格框架等级的依据。澳大利亚资格框架中的资格等级是按照对"知识""技能""知识与技能的应用"的描述来划分。而欧洲资格框架则是根据对"知识""技能""能力"的描述来划分资格等级。澳大利亚资格框架中使用的"知识与技能的应用"以及欧洲资格框架中使用的"能力"均关注学习者如何在现实情境中运用所学的知识与技能。表 4.15 为两种资格框架中的关键概念比较。

表 4.15　两种资格框架中关键概念的比较

澳大利亚资格框架中的关键概念	欧洲资格框架中的关键概念	比较情况
资格是指对完整学习成果的认证,是当学习者达到澳大利亚资格框架所描述的学习成果标准时获得的正式证书	资格是指当学习者达到规定的学习成果标准后,所获得的由主管部门进行评估与验证之后的正式结果	定义相同
学习成果是指个人所获得的知识、技能以及知识与技能应用的集合	学习成果是学习者在学习过程中知道、理解以及能做某事的证明,通常根据知识、技能与能力来定义	定义相同
知识是指学习者知道与理解的,可以用深度、广度、类型与复杂性来描述: 深度可以是一般的或专门的知识; 广度包含从单一学科到多学科的知识; 类型可以从具体到抽象,从分段到累积; 复杂性是深度、广度与类型的结合	知识是指学习者通过学习对信息进行同化的结果,包括与工作或学习领域相关的事实、原则、理论与实践,特指理论或事实	定义相同
技能是指学习者能够做的,可以用类型与复杂性来描述,包括认知技能、技术技能、沟通技能、创造性技能、人际交往技能以及通用技能。其中,认知与创造性技能包括直觉、逻辑与批判性思维;技术技能涉及方法、材料、工具、仪器的使用;沟通技能涉及书面、表达、读写与计算技能	技能是指学习者运用知识与专业技术完成任务与解决问题的能力,通常以认知(直觉、逻辑思维、创新思维)与实践(动手能力与方法、材料、工具、仪器的使用)等两方面描述	定义相同
知识与技能的应用是指学习者在特定情境中,通过运用知识与技能完成任务的能力。情境的范围从可预测到不可预测、从已知到未知;任务包括常规与非常规	能力是指学习者在工作与学习情境中运用知识与技能的能力,特指责任感与自主性	定义相同

资料来源:Department of Education and Training, European Commission. Comparative Analysis of the Australian Qualifications Framework and the European Qualifications Framework for Lifelong Learning:Joint Technical Report[R]. Canberra:DET,2016:17.

从表 4.15 中可以看出,澳大利亚资格框架在对等级的描述上比欧洲资格框架更为细致。虽然两种资格框架中在等级描述上无法做到一一对应,但两种资格框架中的所有关键概念的定义均是可比的。其中,"知识"与"技能"所表达的意图非常相似,而"知识与技能的应用"与"能力"也有着相近的定义,都是指在特定情境中运用知识与技能的能力。

为了使两种资格框架的等级之间具有可比性,在对信息权重进行平衡的基础上,联合技术工作组在比较分析两种资格框架中的等级时运用了"最佳适配"(Best-Fit)原则,这基于双方利益相关者的集体决策。从双方对关键概念的比较看,两种资格框架虽然在等级的描述语言上存在些许差异。但即使措辞不同,所表达的意义仍是相同的。例如,澳大利亚资格框架中的 1 级资格指"常规性知识",与欧洲资格框架中的 1 级资格所指的"一般知识"具有相同的意义。

　　总体而言,两种资格框架中的等级具有良好的对应性。两种资格框架的 1—4 级完全对应,欧洲资格框架的 6 级、7 级与 8 级分别对应澳大利亚资格框架的 7 级、9 级与 10 级。由于澳大利亚资格框架共有 10 级,而欧洲资格框架只有 8 级,在某些情况下,根据"最佳适配"原则,欧洲资格框架中的单个等级需要与澳大利亚资格框架中的多个等级相对应。例如,欧洲资格框架的 6 级与澳大利亚资格框架的 7 级和 8 级相对应,其中,澳大利亚资格框架的 8 级位于欧洲资格框架 6 级的较高层次。同理,澳大利亚资格框架的 6 级位于欧洲资格框架 5 级的较高层次。联合技术工作组在初步比较的基础上,将两种资格框架之间的等级进行了对应,如表 4.16 所示。

表 4.16　两种资格框架间的等级对应关系

等级	澳大利亚资格框架	等级	欧洲资格框架
10 级	博士学位	8 级	第三周期学位(博士) 高级专业资格(如爱沙尼亚的特许工程师)
9 级	硕士学位	7 级	第二周期学位(硕士) 高级专业资格(如捷克的化学工程师)
8 级	荣誉学士学位 研究生证书 研究生文凭	6 级	第一周期学位(学士,如爱尔兰的荣誉学士学位) 高级专业资格(如丹麦的高级技工)
7 级	学士学位		
6 级	副学士学位 高级文凭	5 级	短周期高等教育(SCHE)资格 高级专业资格
5 级	文凭		
4 级	四级证书	4 级	高中教育证书;职业教育与培训资格
3 级	三级证书	3 级	中等教育证书;职业教育与培训资格
2 级	二级证书	2 级	初中教育证书;基础职业教育与培训资格
1 级	一级证书	1 级	初等教育证书;基础职业教育与培训资格

　　资料来源:Department of Education and Training, European Commission. Comparative Analysis of the Australian Qualifications Framework and the European Qualifications Framework for Lifelong Learning:Joint Technical Report[R]. Canberra:DET,2016:19.

(三)厘清两种资格框架的质量保障机制

　　作为对接的重要前提,厘清两种资格框架的质量保障机制是澳大利亚与欧盟双方相互信任与合作的前提条件。从职业教育领域看,两种资格框架中的职业教育资格(VET Qualifications)都以质量保障理念为前提。

首先,澳大利亚以行业为导向的资格开发不仅保障了职业教育资格的质量,还确保了学习者与雇主对职业教育资格的信任。与高等教育资格有所不同,任何一种职业教育资格的开发都是为了满足劳动力市场中具体岗位对职业能力的要求。换言之,与岗位能力联系的紧密性是衡量职业教育资格质量高低的基点。澳大利亚职业教育资格的开发均以行业需求为导向,而不是以学科知识为导向。根据《注册培训机构标准》的规定,注册培训机构所颁发的资格均由行业或企业组织参与开发,以确保职业教育资格满足当前与未来的行业需求。行业开发的职业教育资格连同能力单元、技能组(Skill Sets)共同构成了培训包,而澳大利亚资格框架中的所有职业教育资格的开发都必须严格遵守《培训包标准》(Standards for Training Packages)。

其次,欧洲资格框架在建立之初就将质量保障视为基本原则,于 2009 年 6 月 18 日建立的欧洲职业教育与培训质量保障参考框架(European Quality Assurance Reference Framework for Vocational Education and Training,EQAVET)是支持欧洲职业资格框架在各成员国实施的政策工具。作为欧洲职业教育与培训质量保障的元框架(Meta-Framework),参考框架通过内部评估与外部评估相结合的方式保障职业教育资格的质量。各成员国的职业院校通常根据本国的特殊需求,从参考框架中选择相应的工具与要素,通过"规划、实施、评估、审查"四阶段的质量保障循环对本国职业教育资格质量进行实时监测与持续改进。自2009 年实施以来,参考框架成了欧盟各成员国改进职业教育资格质量的有效途径。

三、实施对接

在确立了对接前提之后,联合技术工作组着手对两种资格框架实施了对接。联合技术工作组以表格的形式,将两种资格框架中对学习成果的"知识""技能"以及"应用"或"能力"等子要素方面的描述进行横向并置,经过全面的比较分析后,确定了两种资格框架中各等级及其学习成果子要素之间的对接契合度。对接契合度从高到低依次为:"良好匹配"(Good Match)、"可比"(Comparable)与"不可比"(Incomparable)。本节主要关注澳大利亚资格框架中涉及职业教育的 1 级至 6 级与欧洲资格框架对接的结果。为方便行文,在以下表格中,"AQF"即代表澳大利亚资格框架,"EQF"即代表欧洲资格框架。表 4.17—表4.22 分别为澳大利亚资格框架中的 1 级至 6 级与欧洲资格框架对接的结果。

（一）AQF 1 级与 EQF 1 级的对接

如表 4.17 所示，两种资格框架中 1 级的总体契合度为"良好匹配"，学习成果的对接契合度也均为"良好匹配"。虽然在描述部分子要素的措辞方面存在细微差异，但两种资格框架中的 1 级资格显然是相对应的。

表 4.17　AQF 1 级与 EQF 1 级的对接结果

AQF 1 级	EQF 1 级	对接契合度
概要 具备初级岗位工作、社区参与或继续学习所需的知识与技能，本级资格是典型的衔接性资格 本级职业教育资格示例： 动物研究 1 级证书 地方政府 1 级证书	**概要** 本级对应的资格类型在部分成员机构相当于初等教育证书 本级职业教育资格示例： 马耳他的职业教育 1 级资格 德国的职业培训准备资格	良好匹配
知识 掌握日常生活、继续学习、准备工作所需的基础知识	**知识** 掌握基本常识	良好匹配 AQF 中的日常生活基础知识与 EQF 中的基本常识相对等
技能 具有基本的认知、技术与沟通技能，可以： 1. 进行常规活动 2. 解决简单问题	**技能** 具有完成简单任务所需的基本技能	良好匹配 两种资格框架对技能的描述相类似。AQF 中的常规活动、简单问题与 EQF 的简单任务对等
能力 能够在高度结构化与稳定的情境中以及有限的参数①范围内，自主运用知识与技能	**能力** 能够在结构化的情境中和他人监督下，开展工作或学习	良好匹配 知识与技能应用的情境相类似。AQF 中的有限的参数与 EQF 中的他人监督相对等

资料来源：Department of Education and Training，European Commission. Comparative Analysis of the Australian Qualifications Framework and the European Qualifications Framework for Lifelong Learning：Joint Technical Report[R]. Canberra：DET，2016：54—55.

（二）AQF 2 级与 EQF2 级的对接

2 级的对接结果如表 4.18 所示，与 1 级对接情况相同，两种资格框架的总

---

①　在澳大利亚资格框架的语境中，参数的定义为"学习或工作情境的边界"。

体契合度为"良好匹配",在学习成果子要素的对接契合度也均为"良好匹配"。
两种资格框架中的 2 级资格相对等,学习成果中的措辞与表达的意图也相
类似。

表 4.18　AQF 2 级与 EQF 2 级的对接结果

AQF 2 级	EQF 2 级	对接契合度
概要 具备在规定情境中工作或继续学习所需的知识与技能 本级职业教育资格示例: 汽车销售 2 级证书 旅游 2 级证书	**概要** 本级相当于大多数成员机构的初中教育资格 本级职业教育资格示例: 马耳他的职业教育 2 级资格 英格兰、威尔士与北爱尔兰的职业资格 1 级资格	**良好匹配**
知识 掌握某个工作与学习领域所需的基本的事实性、技术性与程序性知识	**知识** 掌握某个工作或学习领域所需的基本的事实性知识	**良好匹配** 两种资格框架对知识的描述相类似
技能 具有基本的认知、技术与沟通技能,并能运用适当的方法、工具、材料与现成信息: 1.从事规定活动 2.为有限范围内的可预测问题提供解决方案	**技能** 具有运用相关信息完成任务以及利用简单规则与工具解决常规问题所需的基本的认知与实践技能	**良好匹配** 两种资格框架对技能的描述相类似。AQF 中的规定活动、有限范围、可预测问题相当于 EQF 中的常规问题
知识与技能的应用 具备自主性与一定的判断力,能够在结构化与稳定的情境中以及有限的参数内,运用知识与技能	**能力** 能够在他人监督下,并具备一定自主性地开展工作或学习	**良好匹配** 知识与技能应用的情境相类似。AQF 中的有限的参数以及结构化与稳定的情境相当于 EQF 中的具有一定自主性

资料来源:Department of Education and Training，European Commission. Comparative Analysis of the Australian Qualifications Framework and the European Qualifications Framework for Lifelong Learning：Joint Technical Report[R]. Canberra：DET，2016：56.

(三)AQF 3 级与 EQF 3 级的对接

3 级的对接结果如表 4.19 所示,与前两种对接结果有所不同的是,尽管两种资格框架的总体契合度为"良好匹配",但 AQF 学习成果中的技能涉及"利用专门的方法"与"解决不可预测的问题",显然比 EQF 的技能要求要更高一些。

表 4.19　AQF 3 级与 EQF 3 级的对接结果

AQF 3 级	EQF 3 级	对接契合度
概要 具备工作或继续学习所需的理论性与实践性的知识与技能 本级职业教育资格示例： 混凝土 3 级证书 粉刷与装饰 3 级证书	**概要** 获得本级资格可以进入劳动力市场或继续学习 本级职业教育资格示例： 丹麦的熟练工人证书 德国的两年制职业教育项目 爱尔兰的 3 级证书 意大利的专业操作人员证书 卢森堡的职业资质文凭 荷兰的中等职业教育证书	**良好匹配**
知识 掌握特定工作与学习领域所需的事实性、技术性与程序性的知识	**知识** 掌握某个工作或学习领域的事实、原则、过程等方面的知识与一般概念	**良好匹配** 两种资格框架对知识的描述相似，都需要事实性、技术性与程序性的知识。AQF 的特定领域相当于 EQF 的工作或学习领域
技能 具有一系列的认知、技术与沟通技能，并能选择与应用专门的方法、工具、材料与信息： 1.完成常规活动 2.为可预测与不可预测的问题提供解决方案	**技能** 具有选择与应用基本方法、工具、材料与信息完成任务与解决问题所需的一系列认知与实践技能	**AQF 更高** AQF 在技能方面要高于 EQF。AQF 的常规活动与可预测的问题相当于 EQF 的基本方法，但在应用基本方法、工具、材料与信息上，AQF 的专门方法与不可预测的问题体现出的技能水平显然高于 EQF
知识与技能的应用 具备自主性、判断力与一定的责任感，能够在已知与稳定的情境中以及确定的参数内，运用知识与技能	**能力** 能够对所完成的工作或学习任务负责，并在解决问题的情境中调整自身的行为	**良好匹配** 尽管在知识与技能的应用情境方面，EQF 比 AQF 要求低，但 EQF 的调整自身行为相当于与 AQF 的自主性与判断力

资料来源：Department of Education and Training, European Commission. Comparative Analysis of the Australian Qualifications Framework and the European Qualifications Framework for Lifelong Learning：Joint Technical Report[R]. Canberra：DET，2016：57—58.

(四)AQF 4 级与 EQF 4 级的对接

4 级的对接结果如表 4.20 所示，总体而言，尽管在"知识"与"技能"方面的对接契合度只有"可比"，但联合技术工作组一致认为两种资格框架中的 4 级能够进行良好匹配，在知识与技能的应用方面所表达的意图上也相类似。

表 4.20 AQF 4 级与 EQF 4 级的对接结果

AQF 4 级	EQF 4 级	对接契合度
概要 具备专业、熟练的工作或继续学习所需的理论性与实践性的知识与技能 本级职业教育资格示例： 工程 4 级证书 铁路基础设施 4 级证书	**概要** 与 EQF4 级相关的国家等级通常用于高中教育证书与职业教育资格的分类	**良好匹配**
知识 掌握特定或广泛的工作与学习领域广泛的事实性、技术性、理论性知识	**知识** 掌握某个工作或学习领域广泛的事实性与理论性知识	**可比** 两种资格框架具有可比性。细微的区别在于，AQF 与 EQF 对本级知识的界定范围不同，此外，AQF 比 EQF 多了技术性知识
技能 具有广泛的认知、技术与沟通技能，并选择与应用一系列方法、工具、材料与信息： 1.完成常规与非常规活动 2.为大量可预测与不可预测的问题提供解决方案	**技能** 具有一整套认知与实践技能，能针对工作或学习领域的具体问题产生解决方案	**可比** 两种资格框架对技能的描述在一定程度上相类似。AQF 的解决可预测与不可预测的问题相当于 EQF 的解决具体问题。同样，AQF 的提供解决方案与 EQF 的产生解决方案并不矛盾。但 AQF 在完成常规与非常规活动以及技术与沟通技能等方面更为规范
知识与技能的应用 具备自主性、判断力与一定的责任感，能够在已知与变化的情境中以及确定的参数内，运用知识与技能	**能力** 能够在常规的工作或学习情境中，根据准则进行自我管理，并监督他人开展的常规性工作，担负工作或学习活动的评估与改进责任	**良好匹配** 知识与技能的应用情境相类似。AQF 对自主性与判断力的定义等同于 EQF 的自我管理。AQF 的确定的参数与 EQF 的准则相匹配

资料来源：Department of Education and Training, European Commission. Comparative Analysis of the Australian Qualifications Framework and the European Qualifications Framework for Lifelong Learning: Joint Technical Report[R]. Canberra: DET, 2016:59—60.

（五）AQF 5 级与 EQF 5 级的对接

5 级的对接结果如表 4.21 所示，总体而言，由于 EQF 学习成果中的技能涉及"提供创造性的解决方案"，这明显比 AQF 的技能要求更高一些。在采用最佳适配原则后，两种资格框架对知识以及知识与技能的应用等方面的描述相匹配。因此，联合技术工作组一致认为两种资格框架中 5 级的对接契合度仅为"可比"。

表 4.21　AQF 5 级与 EQF 5 级的对接结果

AQF 5 级	EQF 5 级	对接契合度
概要 具备熟练/辅助工作或继续学习所需的专业知识与技能 本级职业教育资格示例： 信息技术文凭 兽医护理文凭	**概要** 本级适用于各种资格类型，大多数属于职业教育资格，也是进入高等教育所需的高级专业资格	**可比**
知识 掌握特定或广泛工作与学习领域所需的技术性与理论性知识	**知识** 掌握某个工作或学习领域的全面性、专业性、事实性与理论性知识，并了解知识的边界	**良好匹配** EQF 对全面性、专业性知识的要求相当于 AQF 在特定领域中的技术性与理论性知识
技能 具有广泛的认知、技术与沟通技能，并能选择和应用方法与技术： 1.通过分析信息来完成活动 2.为复杂问题提供解决方案 3.将信息与技能传递给他人	**技能** 具有全面的认知与实践技能，以制定出针对抽象问题的创造性解决方案	**EQF 更高** AQF 的技能范围更广，包括向他人传递解决方案、技能与信息。AQF 的复杂问题相当于 EQF 的制定抽象问题的解决方案。但 EQF 的提供创造性解决方案明显比 AQF 更高
知识与技能的应用 具备自主性、判断力与明确的责任感，能够在已知或变化的情境中以及广泛而确定的参数内，运用知识与技能	**能力** 能够在可能发生不可预测变化的工作或学习情境中担负管理与监督责任，并评价与改进自身与他人的表现	**良好匹配** 知识与技能应用的情境相类似。AQF 对自主性与判断力的定义同 EQF 的自我管理相对等。AQF 文凭资格中对他人的责任相当于 EQF 的管理与监督

资料来源：Department of Education and Training，European Commission. Comparative Analysis of the Australian Qualifications Framework and the European Qualifications Framework for Lifelong Learning：Joint Technical Report[R]. Canberra：DET，2016：61－62.

(六)AQF 6 级与 EQF 5 级的对接

如表 4.22 所示，与前几种情况不同的是，两种资格框架在对接等级上就存在显著差异，AQF 的 6 级只相当于 EQF 的 5 级，并且两种资格框架只有在技能维度的对接契合度为"良好匹配"，在"知识"以及"知识与技能/能力的应用"等方面的对接契合度均为"可比"。因此，联合技术工作组最终决定，AQF 的 6 级与 EQF 的 5 级之间的对接契合度仅为"可比"。

表 4.22 AQF 6 级与 EQF 5 级的对接结果

AQF 6 级	EQF 5 级	对接契合度
概要 具备辅助/高技能的工作或继续学习所需的广泛的专业知识与技能 本级职业教育资格示例： 农业高级文凭 商业副学士学位	**概要** 本级适用于各种资格类型，大多数属于职业教育资格，也是进入高等教育所需的高级专业资格	**可比**
知识 掌握特定或广泛工作与学习领域所需的广泛的理论性与技术性知识	**知识** 掌握某个工作或学习领域的全面性、专业性、事实性与理论性知识，并了解知识的边界	**可比** 尽管 EQF 的全面性知识与AQF 的广泛知识不同，但两者对知识要求是可比的
技能 具有广泛的认知、技术与沟通技能，并能选择与应用方法、技术： 1.通过分析信息来完成活动 2.针对不可预测的、复杂的问题进行解释，并提供解决方案 3.将信息与技能传递给他人	**技能** 具有全面的认知与实践技能，以制定出针对抽象问题的创造性解决方案	**良好匹配** AQF 的针对不可预测的、复杂的问题提供解决方案与 EQF的制定出针对抽象问题的创造性解决方案相匹配
知识与技能的应用 具备自主性、判断力与明确的责任感，能够在不断变化的情境中以及广泛的参数内提供专家建议，运用知识与技能	**能力** 在可能发生不可预测变化的工作或学习情境中担负管理与监督责任，并评价与改进自身与他人的表现	**可比** 知识与技能应用的情境相类似。AQF 对自主性与判断力的定义相当于 EQF 的自我管理。EQF 的管理与监督以及对自身与他人的表现的要求与AQF 高级文凭资格所描述的广泛参数内的团队责任感具备可比性

资料来源：Department of Education and Training, European Commission. Comparative Analysis of the Australian Qualifications Framework and the European Qualifications Framework for Lifelong Learning: Joint Technical Report[R]. Canberra: DET, 2016:63－64.

综上所述，从对接的实施情况来看，两种资格框架中 1—4 级的总体对接契合度为"良好匹配"。根据"最佳适配"原则，澳大利亚资格框架中的 5 级与 6 级均对应欧洲资格框架的 5 级，且"可比"。唯一差异之处在于对学习成果中的技能要求上，澳大利亚资格框架的 3 级要高于欧洲资格框架的 3 级，而欧洲资格框架的 5 级要高于澳大利亚资格框架的 5 级。从对接契合度中可以看出,联合技术工作组在对接的实施中秉持的是求同存异、相互包容的原则。

四、总结对接经验

建立与国外相关资格框架之间的联系是各国教育政策中新近出现的一个复杂的技术性实践领域,只有少数几个国家或区域拥有相关经验。对于澳大利亚资格框架而言,与国外相关资格框架的对接是澳大利亚职业教育国际化政策实施的一个重要维度。此次对接从"知识""技能"以及"知识与技能的应用"等关键要素层面确定了澳大利亚资格框架与欧洲资格框架的可比性、相似性与差异性,是国家资格框架与区域资格框架对接的良好实践。

尽管在关键要素的概念与情境等方面存在些许差异,但两种资格框架之间还是具有许多可比的相似之处。此次对接的顺利实施建立在澳大利亚与欧盟稳固的双边关系基础之上,从而能对资格框架进行深层次比较。两种资格框架的对接结果同时证明了作为国家资格框架的澳大利亚资格框架所具有的国际稳定性,以及作为区域资格框架的欧洲资格框架所具备的跨区域耐用性。

两种资格框架对接的顺利开展是以若干关键因素为前提的。首先,双方都秉持兼容并包与互惠互利的理念,能够使用一致的参照系对两个资格框架进行比较。双方事先均明确了各自资格框架的责任主体,通过讨论之后,确定了对接的利益与风险。因此,对接不仅有助于双方深入了解彼此政府在促进学生与教师的认可与流动方面的作用,还为双方资格框架实施以来开展的重大改革提供了信息交流的平台。

其次,两种资格框架的建立均以学习成果为基础,并且都有完善的质量保障体系支持,使对接进一步加深了双方对彼此在本土与国际层面上的治理、监管与质量保障的理解。

再次,《里斯本认可公约》(Lisbon Recognition Convention)为此次对接实践提供了制度基础。《里斯本认可公约》是由欧盟委员会与教科文组织制定的一项多边法律文书,它通过引入与改进资格认定政策与流程,使包括欧盟成员国、美国、澳大利亚、加拿大以及俄罗斯在内的 50 多个国家能够通过采取公平的实践策略对文凭资格进行互认。

最后,澳大利亚与欧盟双方都具有实施对接的坚定意志。资格框架的对接不是一项简单的、基于文本的比较,它需要建立在双方持久的相互理解以及深入复杂的技术性分析的基础上。只有通过这种实践活动,政府制定的政策才能得到更充分的诠释,进而验证两种资格框架对接过程与结果的积极影响。区域资格框架在性质与目的上不同于国家资格框架,因此,对于欧盟层面而言,在未来进行技术对接项目时,需要对欧洲资格框架的性质、目的和管理以及欧洲国家资格框架之间的关系进行更为细致的说明与解释,以便更好地诠释对接框架中等级之间的可比性。

此次对接实践使澳大利亚与欧盟的决策者对双方的政策制定有了更为深入的理解,提高了双方政策的透明度,并在人与人之间、组织与组织之间建立了一个"互信区"。在职业教育国际化的实践中,互信区代表澳大利亚与欧盟之间在未来能够有更多机会开展国际合作,并间接促进了双方学生与劳动力的国际流动。澳大利亚与欧盟国家在教育与培训领域中面临着包括跨国教育、行业资格认证等等方面的共同挑战,双方通过资格框架、质量保障与资格认证等三个领域进一步加强了政策沟通。在经济全球化背景下,资格框架处于持续不断的变化中,双方的对接证明了两种资格框架具有对接的价值,为今后其他相关领域的国际合作提供了宝贵的经验。

第五节　本章小结

本章主要以案例分析的形式,阐述澳大利亚职业教育国际化政策在国家/部门以及院校机构层面的具体实施。

首先,教职员工发展国际化的实施分为两种形式,分别是对出境教职员工进行跨文化培训以及在生成性教学中培养本土教师的国际能力。一方面,跨文化培训主要由各州与地区的 TAFE 学院负责,其中,维多利亚 TAFE 国际成员机构开展的跨文化培训较为系统且具有代表性,本章论述了其成员机构选拔出境教职员工的标准以及开展跨文化培训的对象、内容、有效性以及建议。另一方面,澳大利亚本土教师在生成性教学过程中,通过与国际学生的沟通并结合教学反思,使自身的国际能力得到了发展。通过引用外国学者的访谈调查,形象地阐述了全球导向、国别知识、跨文化能力以及自我超越等四种国际能力在国际学生教学中的体现。

其次,促进学生国际流动的实施分为对国际教育中介进行有效管理以及为本土学生建立出境交流项目。一方面,由于近一半的职业教育留学生都是通过国际教育中介引入的,因此,对国际教育中介进行有效管理成了职业教育机构扩大留学生招生规模的手段。本章以昆士兰州 TAFE 学院对中介机构的管理实践为案例,探讨了在《国家准则》的规约下,职业院校层面如何通过管理与规范国际教育中介以扩大留学生招生规模。另一方面,为了提高职业院校的参与度,打造一批示范性职业教育出境交流项目,澳大利亚教育国际向全澳职业院校机构征集职业教育出境交流项目方案,本章以澳大利亚教育国际资助的四个出境交流项目为例,介绍了出境交流试点项目的内容以及项目建立的六个阶段及其流程。

再次,跨境职业教育的质量保障主要通过实施国家项目,其初衷是打造一批跨境职业教育质量保障的良好实践,在总结项目经验的基础上,为更多的注册培训机构在提升跨境职业教育办学质量方面提供参考。本章以三所 TAFE 学院承接的国家项目为案例,通过制定跨境职业教育教学质量保障指南、进行跨境职业教育质量审计以及开发跨境职业教育英语支持模式等具体实践,分别阐述了院校机构层面对跨境职业教育的教学质量、审计质量以及学习质量等方面的保障。

最后,在与国外相关资格框架对接的实施方面,本章以欧洲资格框架为案例,分析了澳大利亚与欧盟双方从成立联合技术工作组、确定对接前提到实施对接等一系列过程,总结了双方对接的经验。在澳大利亚的语境中,资格是一种职业教育课程的载体,通过澳大利亚资格框架与欧洲资格框架的对接,澳大利亚从真正意义上实现了课程国际化,并为其他国家开展资格框架的对接以及相关领域的国际合作提供了可资借鉴的经验。

第五章
澳大利亚职业教育国际化政策的综合分析

在对澳大利亚职业教育国际化政策的生成背景、核心内容与具体实施等方面进行全面而详尽的阐述后，本章将从特点、成效以及趋势三方面对澳大利亚职业教育国际化政策进行综合分析。对这些问题的解释与分析，有助于深化对澳大利亚职业教育国际化政策内涵的理解与认识。

第一节　澳大利亚职业教育国际化政策的特点

作为出口导向型经济体，澳大利亚自 20 世纪 90 年代起推动职业教育国际化有其合理性与必要性。一方面，二战后至 80 年代末，澳大利亚政治、经济与文化等现实背景为职业教育国际化的产生提供了土壤。另一方面，联邦政府基于对国内与国际形势的全面分析，从国家政策层面对未来职业教育的国际化发展做了初步规划与部署。进入 21 世纪后，作为职业教育国际化的总体规划者与主要推动者，联邦政府围绕五个关键维度接连制定了一系列促进职业教育国际化的政策。国家/部门与院校机构积极响应，使各项政策得到了有效落实。本节主要从政策理念、政策制定以及政策内容三个方面对澳大利亚职业教育国际化政策特点进行逐项分析。

一、政策理念以持续改进与最佳实践为取向

纵观二十多年来澳大利亚职业教育国际化政策的发展历程，持续改进与最佳实践两大核心理念始终贯穿于政策文本与实践中。这两大源自管理学的理念是辩证统一的关系，持续改进的目的是达到最佳实践，而最佳实践也会成为未来持续改进的起点。

从政策的历史沿革看，1995 年《国家战略规划》提出通过持续改进使 TAFE

成为国际职业教育的最佳实践；1996 年的《国家框架》直接将成为国际最佳实践作为职业教育国际化的五大关键维度之一。21 世纪以来，《海外学生教育服务法案》在实践的检验过程中先后经过了 24 次修正，每一次修正并非对之前的否定，而是随着时间的推移，在实践中进行细化，更好地服务于海外留学生，从而扩大留学生招生规模。这体现出的恰好是 1996 年《国家框架》中所倡导的"以持续改进追求最佳实践"的理念。2001 年实施的澳大利亚高质量培训框架作为外部职业教育办学质量标准，经过 2005 年、2007 年、2010 年的三次修改与扩充，以持续改进的理念不断对职业院校以及监管机构提出最佳实践标准。随后，2005 年的《国家质量框架》提出的三种跨境职业教育质量保障的参考模式，归根到底是为了通过对职业院校的质量审查形成一种持续改进的文化。自此，澳大利亚将全国统一的质量标准作为跨境职业教育办学质量保障的标杆。如第四章所述，部分职业院校还引入了国际通用质量保障体系。例如，启思蒙TAFE 学院引入 ISO 9001 质量管理体系作为科学规范院校内部职业教育质量的标准化文件，将国家政策与海外客户需求统一于教学设计过程，使整个跨境职业教育教学建立在全面质量管理的基础之上。2011 年 1 月，国家质量委员会总结了五年来澳大利亚跨境职业教育办学的实践经验（尤其是 2006 年职业院校承担的 15 个国家项目），并制定了《跨境职业教育与培训最佳实践指南》（Good Practice Guide for Offshore VET Delivery）。这份指南不仅是澳大利亚所有职业院校在跨境职业教育办学过程中持续改进的参考，而且在 2011 年直接促成了澳大利亚技能质量管理局的成立。

此外，在澳大利亚职业教育国际化的政策文本与政策实施中，不难发现管理大师提出的经典理论。例如，1997 年的《卡恩斯报告》就将彼得·圣吉的第一项修炼——"自我超越"作为一项国际能力融入"国际能力发展循环"中，并将其视为教职员工在国际化发展中必备的素质。又如，北墨尔本 TAFE 学院在参考了爱德华·戴明所设计的计划、执行、检查、处理四位一体的"PDCA 循环"的基础上，对其进行了本土化改良，建立了院校内部的"服务质量环"，并依据"服务质量环"制定了用于跨境职业教育合作办学质量的审计准则。

二、政策制定以联邦政府为主体

所谓政策制定的主体，实质上回答了"由谁制定政策"的问题。从 1995 年至 2018 年，澳大利亚联邦议会与联邦政府已制定了 15 项与职业教育国际化直接相关的政策，政策类型涵盖法律法规与政策报告。而官方或民间教育团体也以发布战略规划与立场文件的形式在政策的决策过程中发挥了应有的作用,如表 5.1 所示。

表 5.1　澳大利亚职业教育国际化政策

时间	政策名称	制定或决策机构	机构类型
1995 年	《国家战略规划 1995—1997》	澳大利亚 TAFE 国际	官方教育团体
1995 年	《跨文化辅导:国际学生辅导员指南》		
1996 年	《TAFE 国际化国家框架:TAFE 学院指导方针》		
2003 年	《国际教育:澳大利亚 TAFE 理事会立场文件》	澳大利亚 TAFE 理事会	民间教育团体
2011 年	《TAFE 招收与支持国际学生指南》		
1997 年	《卡恩斯报告》	澳大利亚国家培训局	联邦政府直属机构
2001 年	《澳大利亚高质量培训框架》		
2000 年	《海外学生教育服务法案》	议会法律办公室	联邦议会
2011 年	《国家职业教育与培训监管者法案》		
2003 年	《澳大利亚教育与培训国际化部长声明》	联邦教育、科学与科学部	联邦政府组成部门
2005 年	《跨国教育与培训国家质量战略》		
2007 年	《职业教育与培训国际参与战略框架 2007—2011》		
2015 年	《注册培训机构标准》	联邦教育与培训部	
2017 年	《招收海外学生教育与培训提供者的国家实践准则》		
2016 年	《国际教育国家战略 2025》	联邦外交事务与贸易部	

　　虽然澳大利亚职业教育的管理模式以州与地区政府为主,联邦政府调控为辅。但从具体的职业教育国际化政策看,却鲜见州与地区政府出台的指导性政策。除了联邦政府对职业教育国际化政策的主导之外,介于政府与职业院校之间的各类教育团体发挥了重要的建议、咨询甚至是决策的作用。例如,第一份职业教育国际化政策的出台就是由全国各州与地区 TAFE 系统的行政长官所组成的官方教育团体——澳大利亚 TAFE 国际在召开了两次研讨会与一次全国会议之后制定的。再如,由 58 所公立 TAFE 学院院长组成的民间教育团体——澳大利亚 TAFE 理事会(相当于我国的全国职业高等院校校长联席会议)在 2003 年的《国际教育立场文件》中,表明了民间教育团体支持职业教育国际化的鲜明立场,并提出了若干行动建议。此外,由于特殊原因成立的各种临时委员会也属于教育团体的范畴,临时委员会通常会组织相关领域的专家学者,针对职业教育国际化的某个问题展开调查,在形成详细的调查报告后提交给联邦政府,在通过联邦议会的讨论与审议后具有法律效力。例如,由于 2009 年私立培训机构倒闭事件的不良影响,前新南威尔士州议员布鲁斯·贝尔德(Bruce Baird)在退休后,受时任副总理并兼任教育、就业与劳资关系部部长的

朱莉娅·吉拉德之委托，担任临时调查委员会主任，于 2009 年底对《ESOS 法案》立法工作的各个方面进行全面审查，并于 2010 年 2 月 26 日向副总理递交了一份最终版本的审查报告——《贝尔德报告》。[①] 审查报告提出的"进一步保障国际学生权益"的改进意见推动《海外学生教育服务法案》将风险管理方式引入学费保护服务中，并间接促成了一年后《国家职业教育与培训监管者法案》的出台。可见，上述教育团体实际上都具有一定的决策与管理功能，为政策出台提供了科学客观的参考。

三、政策内容以本土招生与境外办学为核心

丰裕的物质条件、有利的国际地位使澳大利亚在职业教育发展的过程中形成了优质的职业教育资源与世界一流的职业教育体系，加之独特的语言优势，澳大利亚在国际职业教育合作与交流方面一直处于主导地位。从政策内容看，澳大利亚职业教育国际化政策的内容无非是在本土大量招收职业教育留学生，并积极开展跨境职业教育。显然，这是澳大利亚职业教育"走出去"，而非"引进来"的表现，实质上体现的是一种强烈的、带有工具主义性质的职业教育输出，而每一项政策背后的动因都在于服务国家政治外交与创造可观经济收益。首先，20 世纪 80 年代以来，由于国内经济问题，政府降低了对 TAFE 学院的拨款，为了寻求其他资金来源，吸纳外国自费留学生，谋取经济利益就成了澳大利亚开展职业教育输出的最大原动力。其次，90 年代以来，由于许多 APEC 发展中成员面临劳动力技能水平低下的困境，对于像澳大利亚这样的 APEC 发达成员而言，职业教育服务贸易就成了加深与亚洲国家联系的有效手段。2000 年《海外学生教育服务法案》及其相关法规的颁布与修订，代表澳大利亚联邦政府对国际教育市场秩序的重新审视，并以保障留学生权益与规范留学生招生机构的方式，为广大留学生营造了良好的留学环境，其最终目的首先是为了扩大留学生招生规模，利用职业教育出口创收的利润，完善职业教育院校的配套设施，培训更多教职员工，进一步为留学生提供高质量的职业教育服务；其次是通过留学生毕业回国之后的宣传作用，为澳大利亚扩大跨境职业教育办学积累口碑，从而吸引更多海外国家留学生赴澳接受职业教育与培训，同时也为澳大利亚职业教育树立了良好的国际声誉。

---

① HON B B A. Stronger, Simpler, Smarter ESOS: Supporting International Students——Review of the Education Services for Overseas Students(ESOS) Act 2000[R]. Canberra: Commonwealth of Australia, 2010: iii-iv.

第二节　澳大利亚职业教育国际化政策的效果

本节主要从职业教育出口对经济发展的贡献、本土职业教育留学生课程注册数、跨境职业教育课程注册数以及国际学生对职业教育的满意度等四个方面对澳大利亚职业教育国际化政策的效果进行分析。

一、职业教育出口对经济发展的贡献率持续增长

经济利益是澳大利亚职业教育国际化最重要的动因。就近三年的数据看，职业教育出口占各级各类教育出口的比例逐年增长，从 2015 年的 16.82％ 到 2017 年的 17.47％，平均每年的增长率保持在 0.50 个百分点。从总量上看，职业教育出口对澳大利亚经济的贡献仅次于高等教育出口，如表 5.2 所示。

表 5.2　2015—2017 年澳大利亚各类教育出口收入

各级各类教育	2015 年收入/亿澳元	比例/％	2016 年收入/亿澳元	比例/％	2017 年收入/亿澳元	比例/％
高等教育	129.00	70.00	151.00	70.02	191.00	69.50
职业教育与培训	31.00	16.82	37.00	17.16	48.00	17.47
海外学生英语强化课程	10.00	5.43	10.87	5.04	14.00	5.10
中小学教育	7.28	3.96	8.72	4.04	12.00	3.56
非学历教育	6.98	3.79	8.05	3.74	9.81	4.37
总计	184.26	100.00	215.64	100.00	274.81	100.00

资料来源：Department of Education and Training. Export Income to Australia from International Education［EB/OL］.［2018-2-4］. https://internationaleducation. gov. au/research/Research-Snapshots/Documents/Export％20Income％20FY2016％E2％80％9317. pdf.

二、本土职业教育留学生课程注册数总体呈上升趋势

吸引大量留学生赴澳接受职业教育是澳大利亚职业教育国际化中最为活跃的方面。职业教育课程的注册数（VET Program Enrolments）这一指标能够客观反映澳大利亚招收职业教育留学生规模的趋势，澳大利亚对本土职业教育留学生课程注册数的统计始于 2002 年，由澳大利亚教育国际负责。由于澳大利亚资格框架的规定，部分课程（如一级证书与二级证书）的学习量为半年至一

年,因此,对于那些经过半年时间学习获得资格的学生而言,一年中可以注册 2 门课程,以致课程注册数比学生人数多。从 2002 至 2017 年的统计数据看,澳大利亚本土职业教育留学生课程注册数达到近 223 万门,如表 5.3 所示。

表 5.3　2002—2017 年澳大利亚本土职业教育留学生课程注册数

年份	本土职业教育留学生课程注册数	年均增长率
2002 年	53044	—
2003 年	55579	4.3％
2004 年	57348	3.2％
2005 年	66086	13.9％
2006 年	83685	25.7％
2007 年	121422	45.6％
2008 年	175461	46.4％
2009 年	232475	33.3％
2010 年	206581	－12.5％
2011 年	171237	－20.6％
2012 年	145540	－17.7％
2013 年	135151	－7.7％
2014 年	149785	11.0％
2015 年	169700	13.3％
2016 年	187801	10.7％
2017 年	217696	16.0％
总计	2228591	11.0％

资料来源:整理自 International Student VET Enrolment Data,2002—2017.

从上表中可以看出,2002—2009 年中,本土职业教育留学生课程注册数呈现上升趋势,七年的平均年增长率达到了 24.6％。然而,由于 2009 年底以来,个别私立职业教育机构倒闭、留学生安全问题、澳元升值、联邦政府收紧学生签证并修改技术移民清单等一系列事件交织在一起,大大降低了赴澳接受职业教育的留学生人数。这种不利影响自 2010 年起一直持续到 2013 年,连续四年的负增长率为 14.6％。从 2014 年起,本土职业教育留学生课程注册数开始回升,如今达到了仅次于 2009 年的巅峰水平。

据澳大利亚教育国际最新的统计数据显示,2017 年全年,澳大利亚各类教育的留学生总人数已达 624001 人,同比增长 13％;各类教育的课程注册数为 799371 门,其中职业教育与培训课程注册数达 217696 门,占所有教育课程注册数的 27％,同比增长 16％。其中,留学生最多的五个国家分别是中国、印度、尼泊尔、马来西亚以及巴西,排名前五国家的留学生人数就占了留学生总人数的 53％,而且前四名都是亚洲国家。[①] 可见,澳大利亚始终将亚洲国家作为最重要的职业教育出口国。[②]

三、跨境职业教育课程注册数呈先升后降趋势

澳大利亚对跨境职业教育课程注册数的统计始于 2003 年,由澳大利亚职业教育与培训中心负责,从 2003 至 2015 年,澳大利亚在境外开展的职业教育课程注册数为近 57 万门,呈现先升后降的趋势,如表 5.4 所示。

表 5.4 2003—2015 年跨境职业教育课程注册数

年份	跨境职业教育课程注册数	年均增长率
2003 年	18291	—
2004 年	23586	29.3％
2005 年	27842	18.2％
2006 年	30894	11.7％
2007 年	43953	42.5％
2008 年	55332	26.3％
2009 年	64813	17.0％
2010 年	62307	−4.2％
2011 年	58516	−6.5％
2012 年	56969	−2.3％
2013 年	49740	−15.4％
2014 年	44833	−11.8％
2015 年	32605	−38.2％
总计	569681	5.6％

资料来源:整理自 Delivery of VET Offshore by Public Providers,2003—2015.

从表 5.4 中可以看出,2003—2009 年,跨境职业教育课程注册数呈现上升趋势,平均年增长率达到了 24％,同样,2009 年的一系列事件也使澳大利亚跨

---

① Department of Education and Training. International Student Data Monthly Summary［EB/OL］.［2018-03-06］. https://internationaleducation. gov. au/research/International-Student-Data/Documents/MONTHLY％20SUMMARIES/2017/Dec％202017％20MonthlyInfographic. pdf.

② Australian Government. Australia in the Asian Century［R］. Canberra：Australian Government Publishing Service,2012:168.

境职业教育受到了影响,这种影响自 2010 年起一直持续到 2015 年,使跨境职业教育课程注册数下降至 2006 年的水平。2016 年全年,澳大利亚在境外国家开展的职业教育与培训课程的注册总数达到了 39526 门。

如表 5.5 所示,从国别看,中国学生的课程注册数达到了 26482 门,明显超过了其他国家课程注册数的总和,占所有 44 个国家的 67%。紧随其后的国家分别为科威特、阿联酋、斐济和毛里求斯。按开设的课程看,注册数排在前五位的课程领域分别是管理与商业(16656 门)、工程与科技(5403 门)、建筑(2260 门)、社会与文化(1753 门)以及旅游服务(1456 门),分别占所有 13 个课程领域的 42.14%、13.67%、5.72%、4.4%、3.68%。按照提供跨境职业教育课程的区域看,23484 门跨境职业教育课程由维多利亚州提供,占所有州与地区的59.4%。按照职业院校的类型看,共有 TAFE 学院、私立培训机构、大学(前身为TAFE 理工学院)以及企业四类。其中 TAFE 学院是跨境职业教育招生的主力军,课程注册数达到了 33279 门,占所有职业院校的 84%。① 以我国为例,从教育部国际合作与交流司主管的教育涉外监管信息网于发布的最新数据看,澳大利亚目前与中国合作办学机构有 6 所,合作办学项目数量总共有 189 个。

表 5.5　2016 年澳大利亚跨境职业教育课程注册数

国别	注册数	课程领域	注册数	提供课程的州	注册数	课程提供者	注册数
中国	26482	管理与商业	16656	维多利亚州	23484	TAFE 学院	33279
科威特	1915	工程与科技	5403	新南威尔士州	5205	大学	3987
阿联酋	1183	建筑	2260	西澳州	4730	私立培训机构	2104
斐济	1132	社会与文化	1753	昆士兰州	4679	企业	156
毛里求斯	1021	旅游服务	1456	其他州与地区	1428	—	—
其他国家	7793	各国注册数总计	39526	州课程总计	39526	—	—

资料来源:Department of Education and Training. Total VET Program Enrolments 2016[EB/OL].[2018-03-06]. https://internationaleducation. gov. au/research/offshoreeducation-data/pages/transnational-education-data. aspx.

―――――――――――――

① Department of Education and Training. Total VET Program Enrolments 2016[EB/OL].[2018-03-06]. https://internationaleducation. gov. au/research/offshoreeducationdata/pages/transnational-education-data. aspx.

如表 5.6 所示,首先,从合作办学机构的地理位置看,有五所位于华东地区,一所位于中南地区,合作办学机构的类型可分为中方高职院校与澳方 TAFE 学院合作、中方大学与澳方 TAFE 学院合作以及中方高职院校与澳方大学合作。从合作办学机构的属性看,只有福州墨尔本理工职业学院具有独立法人资格。其次,从合作办学项目数量看,排在前五的省份分别为江苏省(41 个)、浙江省(20 个)、广东省(17 个)、安徽省(15 个)以及湖北省(14 个),占全部合作办学省份的 56.3%。

表 5.6 中澳职业教育合作办学机构与项目

23 个省市	合作办学机构(澳方机构所在州)	合作办学项目数量
北京	—	1
上海	上海第二工业大学昆士兰学院(昆士兰州)	10
天津	—	2
重庆	—	8
江苏	江苏工程职业技术学院堪培门学院(维多利亚州)	41
浙江	宁波 TAFE 学院(新南威尔士州)	20
广东	—	17
海南	—	6
福建	福州墨尔本理工职业学院(维多利亚州)	2
山东	青岛大学霍尔姆斯学院(维多利亚州)	5
江西	—	4
四川	—	10
安徽	—	15
河北	—	7
河南	—	6
湖北	武汉纺织大学霍姆斯格兰商学院(维多利亚州)	14
湖南	—	11
陕西	—	4
山西	—	3
吉林	—	1
云南	—	1
贵州	—	1
内蒙古	—	1
总计	6	190

资料来源:中外合作办学监管工作信息平台. 中澳合作办学机构与项目名单[EB/OL].[2018-03-07]. http://www.crs.jsj.edu.cn/index.php/default/approval/orglists.

四、国际学生对职业教育的满意度不断提高

对本土国际学生进行满意度调查能够使澳大利亚政府以及相关教育部门了解当前国际学生对澳大利亚学习与生活的体验。调查数据可以指导澳大利亚教育与培训机构更好地满足国际学生的期望,并利用一切资源来提高国际学生的留学满意度。自 2010 年起,澳大利亚教育与培训部每隔两年会进行一次国际学生调查(International Student Survey,ISS),调查所使用的工具来自英国国际毕业生研究团体(International Graduate Insight Group)于 2005 年开发的"国际学生晴雨表"(International Student Barometer ,ISB)。"国际学生晴雨表"是一种专门为国际学生设计的、包含一系列留学满意度指标的调查工具,能够将本国的国际学生满意度与世界各国主要留学目的地的国际学生满意度进行横向比较,并且随着时间的推移,能够对以往与当前的数据进行纵向对比,促使澳大利亚机构持续改进,不断提高国际学生的学习与生活体验。

澳大利亚教育与培训部已于 2010 年、2012 年、2014 年、2016 年进行了四次调查。由于 2016 年对国际学生的调查只提供了若干关键的满意度指标(仅在表 5.7—表 5.9 中列出),未涉及关键指标下的子分类,因此,本节所提到的一些细致满意度指标的数据来自《2014 年国际学生调查综述报告》。以 2014 年为例,调查对象包括:2013 年至 2014 年中期,持有学生签证并在招收海外学生的机构与课程的联邦注册系统中注册的、来自高等教育、职业教育与培训以及参加海外学生英语强化课程的国际学生。调查采用在线问卷填写的方式,参与问卷调查的国际学生可获得一定的现金奖励。满意度总共分为四类,分别是:对抵达时获得支持的满意度、在澳大利亚生活的满意度、在澳大利亚学习的满意度以及对赴澳留学期间获得支持的满意度。

(一)对抵达时获得支持的满意度

当国际学生抵达一个陌生的国家时,难免会产生一些害怕或恐惧心理。因此,在国际学生抵达时给予必要的支持可以减少他们对未知的恐惧,让国际学生获得安全感,以专注于学习。这类指标测量的是国际学生在抵达澳大利亚时对获得的支持是否满意。2014 年的调查结果表明,职业教育国际学生对澳大利亚抵达支持的满意度为 91%,超过了对其他国家的满意度。其中,在具体支持项目中,对宿舍管理的满意度为 93%,对接待的满意度为 86%,均高于其他国

家的同类水平(分别为 89%与 84%)。[①] 因此,相比国际学生对其他国家的满意度,澳大利亚在这一方面做得相对完善。然而,在参与调查的国际学生中,不知道或不了解机场接机服务以及指引服务的分别达到了 48%与 51%。[②] 正如前几年的调查所显示的,虽然国际学生对所获得的支持服务普遍感到满意,但将近一半的国际学生并不知道支持服务的可用性,这表明,在未来澳大利亚需要将所有的抵达服务明确地告知国际学生。

(二)在澳大利亚生活的满意度

调查表明,国际学生对澳大利亚生活持有积极乐观的态度。如表 5.7 所示,职业教育国际学生对澳大利亚生活的满意度达到了 90%,均高于前两次调查的满意度水平。

表 5.7　各类国际学生在澳大利亚生活的满意度

教育类型	2010 年	2012 年	2014 年	2016 年
高等教育	86%	88%	89%	88%
职业教育与培训	88%	89%	90%	90%
英语强化课程	86%	89%	90%	91%

资料来源:Australian Education International. International Student Survey 2014:Overview Report[R]. Sydney:AEI,2015:ix.

职业教育国际学生对宜居性、校园环境、人身安全以及环保态度等方面的满意度均达到了 90%及以上。然而,对生活费用、住宿费用、财政支持以及兼职等方面的满意度则仅为 60%及以上,与其他国家的水平相当。其中,2014 年的学生资助与兼职两项满意度仅为 69%与 68%,均低于 2012 年的77%与 75%。[③] 如表 5.8 所示,留学期间兼职对于职业教育国际学生而言十分重要。

---

① Australian Education International. International Student Survey 2014:Overview Report[R]. Sydney:AEI,2015:8.

② Australian Education International. International Student Survey 2014:Overview Report[R]. Sydney:AEI,2015:9.

③ Australian Education International. International Student Survey 2014:Overview Report[R]. Sydney:AEI,2015:12.

表 5.8　国际学生对兼职就业机会的看法

兼职就业	职业教育与培训
有偿工作与学业直接相关	37％
有偿工作与学业没有关系	50％
能否兼职是决定留学目的地的重要因素	87％
在完成学业后顺利就业非常重要	83％

资料来源：Australian Education International. International Student Survey 2014：Overview Report［R］. Sydney：AEI，2015：12.

(三)在澳大利亚学习的满意度

调查结果表明,澳大利亚国际学生在各类教育中学习的满意度较高,与其他国家的满意度水平不相上下。其中,职业教育的满意度为 86％,与前一年相比稍有下降,如表 5.9 所示。

表 5.9　各类国际学生在澳大利亚学习的满意度

教育类型	2010 年	2012 年	2014 年	2016 年
高等教育	84％	85％	86％	87％
职业教育与培训	85％	87％	86％	88％
英语强化课程	86％	91％	89％	90％

资料来源：Australian Education International. International Student Survey 2014：Overview Report［R］. Sydney：AEI，2015：ix.

即便如此,职业教育国际学生对教师、课程内容、图书馆、实验室等教学资源的满意度较高,均在 80％至 90％之间。而且,他们认为职业教育教师充分考虑到了非英语母语国际学生的学习需求,灵活调整了教学方式。这表明,一个完善的职业教育体系必须拥有能够帮助学生提高专业水平的软硬件资源。此外,在与来自不同文化背景的人共同学习的感受上,职业教育国际学生给出了 92％的满意度。这说明澳大利亚作为一个多元文化社会,向世界充分展示了职业教育体系中的文化包容性。然而,与前两次调查结果相类似,2014 年职业教育国际学生对工作经验、职业咨询等两个方面的满意度较低,仅为 78％,均低于其他国家 80％的满意度水平。①

①　Australian Education International. International Student Survey 2014：Overview Report［R］. Sydney：AEI，2015：6.

(四)对赴澳留学期间支持服务的满意度

优质的支持服务能够为留学期间的国际学生提供诸多便利,包括医疗与残疾服务、校园餐饮服务以及技术支持服务等。2014 年,职业教育国际学生对支持服务的总体满意度为 87%,与 2012 年调查结果持平,对残障支持、医疗中心、学生咨询、宗教包容等具体领域的服务满意度超过了 90%。这反映了澳大利亚为国际学生提供支持服务的全面性。为进一步加大对国际学生的支持力度,部分支持服务以多语言提供。对于职业教育国际学生而言,最实用的服务包括图书馆服务(98%的受访者观点),其次是学习中心(96%的受访者观点)以及国际学生引导方案(94%的受访者观点),而宗教支持服务被普遍认为是最不实用的(78%的受访者观点)。与其他支持类型相比,职业教育国际学生对职业服务支持的满意度较低,仅为 87%,低于其他国家 89%的满意度,同时也低于 2012 年调查的 90%。[1]

(五)影响国际学生选择澳大利亚作为留学目的地的因素

对于赴澳接受职业教育的国际学生而言,95%的人认为职业资格的声誉最重要,其次为院校声誉(93%)、人身安全(93%)、质量保障(93%)、澳大利亚教育系统的声誉(93%)。[2] 表 5.10 显示了各类教育国际学生在完成学业之后的去向,超过 40%的职业教育国际学生希望留澳继续深造。

表 5.10　赴澳留学生毕业后去向调查

毕业后去向	高等教育	职业教育与培训	英语强化课程
留澳就业	24%	11%	6%
继续深造	24%	41%	47%
回国就业	14%	3%	7%
移民	10%	8%	2%
自由职业	1%	1%	0%
其他	27%	36%	38%

资料来源:Australian Education International. International Student Survey 2014:Overview Report[R]. Sydney:AEI, 2015:18.

注:受访国际学生人数为 48569 名

---

[1]　Australian Education International. International Student Survey 2014:Overview Report[R]. Sydney:AEI, 2015:14-15.

[2]　Australian Education International. International Student Survey 2014:Overview Report[R]. Sydney:AEI, 2015:16.

第三节　澳大利亚职业教育国际化政策的趋势

澳大利亚在职业教育国际化领域积累了许多成功的经验,在未来,澳大利亚的职业教育国际化政策还将呈现出以下趋势。

一、将职业教育国际化视为国际教育战略的组成部分

在未来的国际化道路上,澳大利亚职业教育将不再"单打独斗",而是与高等教育、基础教育以及非学历教育在内的众多教育类型共同汇聚成为推动澳大利亚国际教育发展的合力。2016 年 4 月,澳大利亚旅游与国际教育部(Department for Tourism and International Education)发布了《2025 国际教育战略》(National Strategy for International Education 2025)。[①] 该战略是澳大利亚首个国家层面的国际教育战略,旨在创造一个更具适应性、创新性并且积极融入全球市场的国际教育产业,进而确保澳大利亚在教育、培训与科研等领域保持全球领先地位。为此,创建世界一流的教育体系、建立广泛深入的伙伴关系以及提供全球最佳留学体验成了澳大利亚 2025 年的三大核心目标。[②]

首先,创建世界一流的教育体系需要敏锐的洞察力,以深度挖掘蕴藏在全球教育市场中的潜在机遇。《2025 国际教育战略》强调,未来十年内,澳大利亚国际教育将在现有基础上通过开展市场调研、共享市场信息、定位市场目标、满足市场需求等举措,努力开发新兴地区的教育市场。为此,澳大利亚贸易投资委员会(Australian Trade and Investment Commission,Austrade)于 2016 年发布的《澳大利亚国际教育路线图 2025》(Australian International Education 2025),对《2025 国际教育战略》做了有效补充。该路线图跨度为十年,以两年为一个时间节点,从推广文化产品、紧跟技术变革、聚焦市场目标、吸引全球资本等四个方面,分阶段对 2016—2025 年澳大利亚国际教育市场的开发进行了细致规划,以确保澳大利亚在全球国际教育领域的绝对竞争力。[③]

---

①　Ministry of Tourism and International Education. National Strategy for International Education 2025[R]. Canberra:MTIE,2016:11.

②　吴雪萍,梁帅.澳大利亚国际教育战略分析[J].高等教育研究,2017(11):101-106.

③　Australian Trade and Investment Commission. Australian International Education 2025[R]. Sydney:Austrade,2016:12.

其次,对于澳大利亚而言,政府间合作协议是与海外国家建立广泛深入伙伴关系的重要途径。包括机构认证与监管、市场准入与推广在内的一系列领域的合作,均为澳大利亚国际教育提供了重要支持,也成为双边与多边合作的基础。《2025国际教育战略》提出,政府要通过适当的财政援助、设计培训框架以及促进人员流动等方式加强与新兴经济体的政府间合作。目前,澳大利亚政府已同中国、韩国与日本等国签署了自由贸易协定与谅解备忘录,未来还会与印度、菲律宾、马来西亚、泰国、印度尼西亚、越南等国达成政府间合作协议,以进一步加强与印度-太平洋地区(Indo-Pacific Region)国家的政治与经济联系。

最后,留学体验是影响国际学生选择留学目的地的主要因素,它包括留学成本、支持服务、信息获得、全球流动以及就业选择等。其中,完善的支持服务不仅能够充分发挥国际学生的学习潜力,而且有助于国际学生在完成学业的同时,进一步加深对澳大利亚社会与文化的理解。当前,澳大利亚政府通过提供经济实惠的住宿、便利的公共交通、健全的医疗服务、准确的留学信息以及丰富的就业机会等多种途径来优化国际学生的留学体验。《2025国际教育战略》建议,政府将继续通过精准的市场调研与情报收集,不断完善学生支持服务,以良好的服务提升国际教育的吸引力。

二、通过国家机构的跨境审计保障跨境职业教育质量

由于境外合作办学的复杂性,一国难以制定较为健全的法律法规对境外合作办学的各个方面进行质量监管与保障。因此,正如第四章所述,自2005年《国家质量战略》制定以来,澳大利亚对跨境职业教育的质量保障基本上是由职业院校根据自身对跨境职业教育合作办学的实践总结。2011年出台的《国家职业教育与培训监管者法案》规定,作为国家监管机构,澳大利亚技能质量管理局有权对海外所有注册培训机构开展的合作办学机构或项目进行审计。因此,在未来较长的一段时间内,澳大利亚技能质量管理局将全权负责对跨境职业教育合伙办学的项目或机构进行质量保障。以澳大利亚最大的职业教育合作伙伴——中国为例,2015年7月,澳大利亚技能质量管理局局长与中国教育国际交流协会(CEAIE)副秘书长在"中国-澳大利亚职业教育与培训战略政策对话会议"上正式签署了谅解备忘录,这标志着中澳双方通过建立合作伙伴关系,探索在跨国教育质量保障研究,对来华合作办学的澳大利亚职业院校进行联合评估、能力建设、良好实践经验分享等方面加强合作,共同保障中澳职业教育合作办学质量。

　　在谅解备忘录签订之后,澳大利亚于 2015 年底对新南威尔士州与维多利亚州的四所同中国进行职业教育合作办学的 TAFE 学院进行了试点审计,并于 2015 年 12 月发布了试点审计报告,如表 5.11 所示(报告中对学院名进行了编码)。

表 5.11　进行试点审计的中澳职业教育合作办学项目

学院	资格	提供方式	招生人数
学院 A	调度与物流高级文凭	面授、实习	54
学院 B	高级英语三级证书	面授	15
学院 C	国际贸易四级证书	面授	144
	国际商务文凭	面授	
	会计文凭	面授	
学院 D	国际商务文凭/面授	面授	82
	管理高级文凭	面授	

资料来源:Australian Skills Quality Authority. Regulating Offshore Delivery of VET:ASQA's 2015 Pilot Audit Program[R]. Melbourne:ASQA,2015.

　　2015 年底的试点审计使澳大利亚技能质量管理局全面深入地掌握了境外办学与监管的风险以及境外国家不同的监管方式,并与海外监管机构建立了更紧密的合作关系,为将来的审计活动奠定了基础。同时,试点审计也说明了继续进行跨国审计的必要性。因此,澳大利亚技能质量管理局在《2017—2018 监管战略》中提出,在未来,澳大利亚技能质量管理局将做到:与境外国家的政府与非政府机构合作,回应一系列新兴监管问题;研究其他国家的监管方式,以确保澳大利亚的监管方式与国际最佳实践保持一致;就海外学生对合作办学的体验数据进行分析,以确定本国职业院校的良好实践与潜在风险;就海外学生安全的国家标准与提供者进行沟通。此外,澳大利亚技能质量管理局将继续联合中国教育国际交流协会对中国的合作办学机构开展深度审计。

第六章
澳大利亚职业教育国际化政策的重要启示

  同澳大利亚的情况相似,我国职业教育国际化政策的制定也是以中央政府为主体。与澳大利亚不同的是,我国政策的覆盖面较为宽泛,各项政策的名称中并不直接写明"职业教育国际化",而是在政策文本中涉及推进职业教育国际化的内容。例如,为了打造具有国际竞争力的制造业,《中国制造 2025》将"健全多层次人才培养体系"视为重要的战略保障,并提出"强化职业教育和技能培训,采取多种形式选拔各类专业技术人才到国外学习培训"[①]。为了发挥人才培养在沿线各国政策沟通、设施联通、贸易畅通、资金融通中的支撑作用,《推进共建"一带一路"教育行动》提出"鼓励中国优质职业教育配合高铁、电信运营等行业企业走出去,探索开展多种形式的境外合作办学,合作设立职业院校、培训中心,合作开发教学资源和项目,培养当地急需的各类'一带一路'建设者"。可见,职业教育国际化本身并不是一种最终目的,而是服务于"一带一路""中国制造 2025"等大政方针,以及支持"加快发展现代职业教育""促进新时期教育对外开放""深化产教融合"等教育综合改革的一种手段。澳大利亚职业教育国际化政策的生成背景、核心内容以及具体实施,是贯穿本研究的一条"明线"。根据这条"明线",本研究从提出问题到分析问题再到解决问题,始终没有忽略对我国职业教育国际化发展的思考,这条研究"暗线"一以贯之。通过全面总结澳大利亚职业教育国际化的政策与实践,结合我国职业教育国际化发展的实际现状,本研究认为,我国可从五个方面着力提升职业教育国际化水平。

[①] 国务院.中国制造 2025[EB/OL].(2015-05-19)[2018-03-08].http://www.gov.cn/zhengce/content/2015-05/19/content_9784.htm.

第一节　制定适切的职业教育国际化评价指标体系

评价指标体系是指由表征评价对象各方面特性及其相互联系的多个指标，所构成的具有内在结构的有机整体。职业教育国际化评价指标体系虽然不属于硬性约束政策，但一经设立就相当于一种职业教育国际化"标杆"，全国各省市的高职高专院校都会以此作为今后国际化的努力方向。当前，国家与省级层面共有三套职业教育国际化评价指标体系。

国家层面的第一套评价指标体系为"高等教育国际化指标"，由教育部国际合作与交流司委托中国教育国际交流协会于2015年开发完成，主要用于评价本科院校与高职高专院校的国际化水平。从2016年起，中国教育国际交流协会根据"高等教育国际化指标"对全国本科院校与高职院校开展年度调查。具体指标包括"国际化战略、组织管理、教师、学生、学科与课程、涉外办学、学术交流与合作、人文交流与特色发展"等8项一级指标，19项二级指标，共52个内容观测点（参见附录1）。

国家层面的第二套评价指标体系为"国际影响表"，由全国职业高等院校校长联席会议委托上海市教育科学研究院与麦可思研究院共同开发。2017年的《中国高等职业教育质量年度报告》首次公布了"全国高职院校国际影响力50强"榜单，该榜单就是根据"国际影响表"所开展的排名。"国际影响表"是一种反映高职院校国际合作与发挥影响力的管理评价工具，能够展示院校的国际影响力水平，包括全日制境外留学生人数、非全日制境外人员培训量、在校生服务"走出去"企业境外实习时间、专任教师服务"走出去"企业境外指导时间、在境外组织担任职务的专任教师人数、开发境外认可的行业或专业教学标准数、境外技能大赛获奖数量等7项指标（参见附录2）。[①]

从省级层面看，浙江省走在了全国前列。2011年1月，浙江省教育厅编制了《浙江省高等教育国际化发展规划（2010—2020年）》（参见附录3），浙江成为我国最早对高等教育国际化进行系统规划的省份。[②] 在这份规划中，浙江省教育厅制定了"高等教育国际化规划指标"，并委托浙江大学高等教育研究院根据

---

①　上海市教育科学研究院，麦可思研究院.2017中国高等职业教育质量年度报告[M].北京：高等教育出版社，2017：82.

②　浙江省教育厅.浙江省高等教育国际化发展规划（2010—2020年）[EB/OL].（2012-02-16）[2018-03-08].http://jyt.zj.gov.cn/art/2012/2/16/art_1229266643_2378988.html.

规划指标对全省高职院校进行年度调查。以规划中的 12 项国际化指标为依据,2017 年 6 月,浙江大学高等教育研究所发布了《2016 年浙江省高等教育国际化年度报告》。其中,评价高职高专院校国际化水平的指标主要分为学生国际化、师资队伍国际化、课程国际化以及国际合作四类。学生国际化指标包括外国留学生占在校生总数百分比,外派交流生、交换生占在校生总数百分比;师资队伍国际化指标包括出国访学 3 个月以上教师占专任教师总数百分比,聘用外国文教专家占专任教师总数百分比;课程国际化指标包括全外语和双语课程占当年开课总门数百分比;国际合作指标包括经批准设立的中外合作办学项目数、在境外设立的办学机构数、主办或承办国际学术会议次数、建立国际合作科研平台数、获境外资助科研项目数。①

　　综上所述,我国已初步建立了职业教育国际化评价指标体系,但仍存在不足之处。例如,国家层面的第一套评价指标体系以及省级层面的评价指标体系存在的一个较为显著的缺陷是忽视了普遍性与特殊性的关系,两套评价指标体系均使用普通高等教育国际化的评价指标衡量高等职业教育国际化,同质化问题凸显。职业教育作为一种独特的教育类型,其人才培养的对象、方式与其他教育类型相比,存在着较为显著的差异,这必然会体现在国际化的内涵上。虽然澳大利亚从联邦到各州至今还未建立可操作的职业教育国际化评价指标体系,但其政策重点与实践探索可以为我国完善职业教育国际化评价指标体系提供参考。

　　首先,在学生国际化层面,我国在今后的指标设立中应该重视针对国际学生的满意度调查。我国可充分利用澳大利亚"国际学生晴雨表"调查来华职业教育留学生对我国职业教育服务的满意度,以来华学习满意度、来华生活满意度、支持服务满意度等多个指标衡量我国职业教育在服务上与发达国家的距离,从而更好地完善我国职业教育留学服务。

　　其次,在国际合作层面,衡量中外合作办学质量的关键点是看国外职业院校是否能够为我国培养本土行业与企业所需要的技能型人才,这是我国未来跨境职业教育办学的走向。以"一带一路"倡议为契机,我国可在今后的评价指标体系中设立雇主满意度以衡量我国是否为沿线国家培养了当地急需的职业人才,通过雇主满意度的反馈改进跨境职业教育合作办学质量,切实提升我国职业教育的国际影响力。

---

① 浙江省教育厅.《2016 年浙江省高等教育国际化年度报告》发布[EB/OL].(2017-06-27)[2018-03-08]. http://jyt.zj.gov.cn/art/2017/6/27/art_1532978_27486417.html.

最后,在课程国际化层面,从已有的评价指标体系中可以看出,我国对职业教育课程国际化水平的衡量仍局限于"使用全外语或双语授课的课程门数"。如果按照这一指标去衡量所有英语国家职业教育的课程国际化显然欠妥当。以授课语言作为职业教育课程国际化的指标虽有其合理性,但值得商榷。从历史角度而言,英语成为世界通用语言是因为英美两国在历史上的地位较难被其他国家所取代,所以"语言的国际化"在某种程度上成了"语言的英美化"。但近年来,"汉语热"的出现与流行是外部世界对中国综合国力不断提升的重视与认可,我国也应当从中汲取信心与力量,增强文化自信,不再仅凭是否用英语授课来衡量课程的国际化水平高低。在新时代,课程国际化的内涵还有待在职业教育国际化的实践中进一步丰富。

第二节　完善来华留学教育法律法规建设

作为世界上首个为留学生教育服务立法的国家,澳大利亚在《海外学生教育服务法案》及其相关法规中,以保障留学生权益与规范留学生招生机构等优质服务为核心,着力维护本国教育的国际声誉。一方面,法案中独具特色的学费保护服务与留学生申诉服务充分保障了海外留学生权益,最大限度地解决留学生在澳学习与生活期间遇到的问题。另一方面,法案还从准入条件、诚信要求、规定义务、违约问责等多维度全面规范留学生招生机构。两个方面共同为留学生招生规模不断扩大奠定了良好的制度基础。

在从职业教育大国向职业教育强国迈进的过程中,我国需要以完善来华留学教育法律法规建设提升我国职业教育的国际影响力。2016 年,全国接受全日制境外留学生的高等职业院校共有 172 所,留学生总数超过 7000 人。[①] 随着来华职业教育留学生数量的增多,高职院校在招收留学生方面亟须政策支持。从已有政策看,国家层面对来华留学教育工作做出了初步指示。例如,2016 年 4 月,中共中央办公厅、国务院办公厅在《关于做好新时期教育对外开放工作的若干意见》中明确提出:"构建来华留学社会化、专业化服务体系,打造'留学中国'

---

① 上海市教育科学研究院,麦可思研究院. 2017 中国高等职业教育质量年度报告[M].北京:高等教育出版社,2017:46.

品牌。"[①]2017 年 7 月,由教育部、外交部、公安部联合制定的《学校招收和培养国际学生管理办法》的第 25 条提出:"高等学校应当对国际学生开展中国法律法规、校纪校规、国情校情、中华优秀传统文化和风俗习惯等方面内容的教育,帮助其尽快熟悉和适应学习、生活环境。"[②]然而,在来华留学教育服务方面,我国还欠缺必要的法律规范与政策指引。为了扩大我国高职院校留学生招生规模,提升职业教育的国际吸引力,我国可借鉴澳大利亚的经验,从保障来华留学生的基本权益、规范招收来华留学生的院校机构以及管理国际教育中介等方面着手,以服务理念完善来华留学教育的法规建设。此外,我国还应根据外交政策、移民政策以及教育改革大政方针,在实践过程中适时对法规进行修正与调整,在符合国情的基础上,更好地服务于来华留学生。

第三节　重视职业教育教职员工发展的国际化

从《卡恩斯报告》中不难看出,澳大利亚推进教职员工发展国际化的最终目的是使职业院校的教师与管理人员掌握一系列国际能力,以能力为抓手,提升师资队伍整体的国际化水平。从实践层面看,澳大利亚主要通过职业院校对出境教职员工的跨文化培训以及本土教师开展的生成性教学等两种途径培养教职员工的国际能力。现阶段,我国主要以外籍教师的比例以及本土教师是否具有海外留学或出国访学的经历来衡量职业教育师资队伍的国际化水平。本研究认为,在高职院校引进外籍教师的同时,还应重视提升现有职业教育教师与管理人员的国际能力。借鉴澳大利亚推进教职员工发展国际化的经验,我国可从以下三个方面着力提升职业教育师资队伍的国际化水平。

首先,在出境教职员工发展的国际化方面,我国可聘请在境外教育或行业组织中担任职务的教师,对即将出境参与教学的高职院校新手教师进行培训,有效提升他们的国际化教学能力。此外,配合《全国教育人才发展中长期规划(2010—2020 年)》提出的"校长与骨干教师海外研修培训计划",高职院校可定

①　中共中央办公厅、国务院办公厅.关于做好新时期教育对外开放工作的若干意见[EB/OL].(2016-04-29)[2018-03-08].http://www.gov.cn/xinwen/2016－04/29/content_5069311.htm.

②　中华人民共和国教育部、外交部、公安部.学校招收和培养国际学生管理办法[EB/OL].(2017-03-20)[2018-03-08].http://www.moe.gov.cn/srcsite/A02/s5911/moe_621/201705/t20170516_304735.html.

期组织研讨会或经验分享会,通过每年选派到海外研修培训的党政领导和后备干部,向即将出境工作的管理人员传达国外先进的职业教育管理理念。

其次,随着我国高职院校接受来华留学生数量逐年增加,在留学生教学方面,可以借鉴澳大利亚本土教师开展的生成性教学,高职院校不仅应鼓励本土教师在留学生教学过程中开展教学反思,还可适当进行干预,将全球导向、国别知识、跨文化能力、自我超越等国际能力融入本土高职院校教师的培训进修计划中。此外,教育部职业教育与成人教育司在制定《高等职业学校专业教学标准》以及《高职教师专业标准》的过程中,也可将对教师国际能力的评估融入标准中。

最后,高职院校应主动对接国家"一带一路"与"中国制造2025"等政策对产业布局的要求,完善国内职业教育师资培养体系,全方位、系统化地考量教师与管理人员的国际化水平,构建以自主培养为主,引进外籍教师为辅的国际化师资队伍建设模式,加强对职业院校教师开展外语授课能力、跨文化能力、国别知识等针对性培训。

第四节 建立完善的职业教育质量标准

20年来,澳大利亚通过建立完善的职业教育质量标准以保障本土与跨境职业教育的办学质量。首先,在保障本土职业教育办学质量方面,经过10年时间,于2001年建立的澳大利亚高质量培训框架在经过2005年、2007年、2010年三次持续改进之后,为2011年的职业教育与培训质量框架奠定了基础,职业教育质量标准实现了从政策指引层面向联邦立法层面的飞跃。《国家职业教育与培训监管者法案》设立的"职业教育与培训质量框架",从机构、人力、财力、数据以及资格等五个方面严格保障本土职业教育的办学质量,而职业教育质量监管机构的管理体制也从最初州与地区的"各自为政"转为澳大利亚技能质量管理局的"一统天下"。其次,同样历经10年时间,跨境职业教育办学质量保障从2005年《国家质量战略》提出拟设国家权威机构加强对跨境职业教育质量的控制,到2015年澳大利亚技能质量管理局首次以国家监管机构的身份对跨境职业教育合作办学项目进行试点审计,"集中力量办大事"的联邦主义理念在职业教育质量监管领域得到了彰显。

从我国政策层面看,国家已经关注到职业教育质量保障的重要性,从不同方面出台了相关的政策规定，例如《国家中长期教育改革和发展规划纲要（2010—2020年）》提出："要建立健全职业教育质量保障体系，吸收企业参加教育质量评估。"[①]《国务院关于加快发展现代职业教育的决定》提出："完善职业教育质量评价制度，定期开展职业院校办学水平和专业教学情况评估，实施职业教育质量年度报告制度。注重发挥行业、用人单位作用，积极支持第三方机构开展评估。"[②]本研究认为，建立完善的职业教育质量标准既是健全职业教育质量保障体系的灵魂，也是我国职业教育在"走出去"办学过程中进一步保障跨境职业教育质量的前提。

首先，借鉴澳大利亚本土职业教育质量保障的经验，我国应该通过立法形式对我国职业教育质量保障的主体进行明确分工，使质量标准、质量控制、质量审计、质量评估等流程有章可循，进而确保职业教育质量保障体系的规范化与科学化。我国可建立在职能上类似于澳大利亚技能质量管理局的国家职业教育质量监管总局，统筹协调行业组织对全国各省市的高职院校进行质量监管，形成以政府监管、院校自律、社会评价为一体的质量保障体系，共同推动职业教育高质量发展。

其次，借鉴澳大利亚跨境职业教育质量保障的经验，我国可借助"一带一路"倡议这一重要契机，在国家层面设立跨境职业教育质量保障专项经费，鼓励并支持一批国家"双高校"争创国际先进水平，助力本土企业"走出去"。在同"一带一路"倡议沿线国家进行职业教育合作办学的过程中，通过对合作办学中质量保障机制的探索，进而总结出具有中国特色的跨境职业教育合作办学良好实践，为世界各国的职业教育合作办学提供"中国方案"。

职业教育内涵发展、提高质量任务依然繁重，必须继续坚持扩大职业教育开放，把握全球化这一时代特征，在国际教育发展的大坐标中，以世界眼光来谋划建设现代职业教育体系，以国际化促进现代化。以质量为本的理念推动职业教育国际化从规模扩张为特征的外延式发展向质量提升为核心的内涵式发展转变，从关注硬指标的显性增长向致力软实力的内在提升转变。

---

① 中华人民共和国教育部.国家中长期教育改革和发展规划纲要（2010—2020年）[EB/OL].（2010-07-29）[2018-03-08].http://www.moe.gov.cn/srcsite/A01/s7048/201007/t20100729_171904.html.

② 国务院.国务院关于加快发展现代职业教育的决定[EB/OL].（2014-06-24）[2018-03-08].http://www.scio.gov.cn/ztk/xwfb/2014/gxbjhzyjyggyfzqkxwfbh/xgbd31088/Document/1373573/1373573.htm.

第五节 构建衔接教育学历与职业资格 的国家资格框架

从澳大利亚资格框架与欧洲资格框架对接的实践中可以看出,进行国际资格框架的对接,能够增进双方的政治互信,并支持学习者与劳动力的国际流动。《推进共建"一带一路"教育行动》提出,要"加快推进本国教育资历框架开发……共商共建区域性职业教育资历框架,逐步实现就业市场的从业标准一体化"①。这说明我国的职业教育想要真正"走向世界",让其他国家或地区更深入地了解我国的职业教育制度,就必须先建立国家资格框架。此外,《关于加快发展现代职业教育的决定》明确提出,要"推动专业设置与产业需求对接,课程内容与职业标准对接,教学过程与生产过程对接,毕业证书与职业资格证书对接,职业教育与终身学习对接"。② 可见,建立国家资格框架不仅是推进共建"一带一路"的应有之义,也是加快发展现代职业教育的必由之路。

目前,我国的教育学历证书与职业资格证书存在"两张皮"现象,具有教育属性的学历证书,始于初中层次的初等职业教育,经由高中层次的中等职业教育,止于专科层次的高等职业教育。而具有职业属性的资格证书,由五级(初级技能)、四级(中级技能)、三级(高级技能)、二级(技师)、一级(高级技师)等五个职业技能等级组成。学历证书与资格证书之间不存在对应关系,中职与高职学生在获得了相应的学历证书之后,应取得哪一级职业资格证书,尚无明确的规定。此外,我国的《高等职业教育专科专业目录(2021年)》(参见附录4)由教育部制定,《国家职业资格目录》则由人力资源和社会保障部制定,两本目录之间也不存在对应关系,在一定程度上还存在着重复与杂糅,《高等职业教育专科专业目录(2021年)》中的19个专业大类与97个专业类与《国家职业资格目录》中的58项技能人员职业资格并无可比性。因此,职业资格证书与教育学历证书不能实现等同或等值,企业很难对经济和社会发展所需要的职业人才进行正确的聘用与评价。对此,我国人力资源和社会保障部制定的《国家职业技能标准

---

① 中华人民共和国教育部. 推进共建"一带一路"教育行动[EB/OL]. (2016-07-13)[2018-03-08]. http://www.moe.edu.cn/srcsite/A20/s7068/201608/t20160811_274679.html.

② 国务院. 国务院关于加快发展现代职业教育的决定[EB/OL]. (2014-06-24)[2018-03-08]. http://www.scio.gov.cn/ztk/xwfb/2014/gxbjhzyjyggyfzqkxwfbh/xgbd31088/Document/1373573/1373573.htm.

编制技术规程》或许能够成为建立国家资格框架的突破口。该规程根据经济社会发展和科学技术进步需要,建立了"以职业活动为导向、以职业能力为核心"的职业技能标准体系。从表6.1中可见,我国对职业技能等级的划分依据,相当于澳大利亚资格框架中对资格等级的描述,以我国的"三级/高级技能"同澳大利亚的"三级资格"的比较为例,通过对比,我国"三级/高级技能"所描述的"能够熟练运用基本技能和专门技能完成本职业较为复杂的工作,包括完成部分非常规性的工作"相当于澳大利亚"三级资格"中对技能的描述——"具有一系列的认知、技术与沟通技能,并能选择与应用专门的方法、工具、材料与信息为可预测与不可预测的问题提供解决方案",只是我国在对职业技能等级的划分上还未将知识与技能的应用这一维度纳入。

表6.1 我国职业技能等级的划分依据

等级	描述
五级/初级技能	能够运用基本技能独立完成本职业的常规工作
四级/中级技能	能够熟练运用基本技能独立完成本职业的常规工作;在特定情况下,能够运用专门技能完成技术较为复杂的工作;能够与他人合作
三级/高级技能	能够熟练运用基本技能和专门技能完成本职业较为复杂的工作,包括完成部分非常规性的工作;能够独立处理工作中出现的问题;能够指导和培训初、中级工
二级/技师	能够熟练运用专门技能和特殊技能完成本职业复杂的、非常规性的工作;掌握本职业的关键技术技能,能够独立处理和解决技术或工艺难题;在技术技能方面有创新;能够指导和培训初、中、高级工;具有一定的技术管理能力
一级/高级技师	能够熟练运用专门技能和特殊技能在本职业的各个领域完成复杂的、非常规性工作;熟练掌握本职业的关键技术技能,能够独立处理和解决高难度的技术问题或工艺难题;在技术攻关和工艺革新方面有创新;能够组织开展技术改造、技术革新活动;能够组织开展系统的专业技术培训;具有技术管理能力

资料来源:中华人民共和国人力资源和社会保障部.《国家职业技能标准编制技术规程(2018年版)》[EB/OL].[2018-3-16]. http://www.mohrss.gov.cn/SYrlzyhshbzb/dongtaixinwen/buneiyaowen/201803/t20180316_289910.html.

借鉴澳大利亚资格框架,以《国家职业技能标准》为蓝本,我国应促进人力资源和社会保障部与教育部之间的相互沟通,在行业主管部门与行业组织的指导下,对现有的专业目录和职业资格目录进行一定程度上的整合,在积极推进教育学历证书与职业资格证书"双证书"制度的同时,实现各类证书与资格标准的等值、互认,建立以知识、技能与能力为核心的具有中国特色的国家资格框架。只有在建立横向沟通教育学历证书与职业资格证书的国家资格框架之后,我国才能与东南亚国家联盟框架、加勒比资格框架、海湾资格框架以及太平洋资格框架等"一带一路"沿线国家所在的区域资格框架进行有效对接,以职业教育资格框架的国际化有效推进"一带一路"教育行动。

参 考 文 献

英文文献

(一)政策文件、研究报告、法律法规

[1]TANNER A. Opening the Barriers to Cross Cultural Counselling：A Guide for Counsellors and Advisers of International Students[R]. Hobart：ATI，1995.

[2]BATEMAN A. Quality Assurance of Offshore Delivery in VET：Synthesis Report[R]. Adelaide：NCVER，2007.

[3]Australian Government. Australia in the Asian Century[R]. Canberra：Australian Government Publishing Service，2012.

[4]Australian National Training Authority. Australian Quality Training Framework：Standards for State and Territory Registering/Course Accrediting Bodies[Z]. Melbourne：ANTA，2005.

[5]Australia TAFE International. National Strategic Plan 1995—1997[R]. Brisbane：ATI，1995.

[6]Australia Trade Commission. TNE Case Studies：Industry Engagement 2013[R]. Canberra：Austrade，2013.

[7]Australian Education International. International Student Survey 2014：Overview Report[R]. Sydney：AEI，2015.

[8]Australia TAFE International. A National Framework for the Internationalisation of Australian TAFE：Guidelines for Australian TAFE Institutions[R]. Brisbane：ATI，1996.

[9]Australian Qualifications Framework Council. Australian Qualifications Framework[R]. Adelaide：AQFC，2013.

[10]Australian Skills Quality Authority. Financial Viability Risk Assessment Requirements 2011[Z]. Melbourne：ASQA，2011.

[11]Australian Skills Quality Authority. Regulating Offshore Delivery of VET：ASQA's 2015 Pilot Audit Program[R]. Melbourne：ASQA，2015.

[12]Australian Skills Quality Authority. Regulatory Risk Framework[Z]. Melbourne：ASQA，2016.

[13]Australian Trade and Investment Commission. Australian International Education 2025[R]. Sydney：Austrade，2016.

[14]BURCHELL B，ZILWA R D，LOUEY C. Offshore Teaching and Learning Quality Assurance Guide for Delivery of Australian Accredited VET Courses[R]. Melbourne：Chisholm Institute of TAFE，2006.

[15]KNIGHT B，MLOTKOWSKI P. An Overview of Vocational Education and Training in Australia and Its Links to the Labour Market[R]. Adelaide：NCVER，2009.

[16]BROOK J，MISSINGHAM B，HOCKING R，FIFER D. The Right Person for the Job：International Volunteering and the Australian Employment Market[R]. Melbourne：Australian Volunteers International，2007.

[17]CATHCART C. Progressing Outbound Mobility in the VET Sector[R]. Brisbane：DETA International，2008.

[18]Deloitte Access Economics. The Value of International Education to Australia[R]. Canberra：DAE，2016.

[19]Department of Education，Science and Training. Engaging the World through Education：Ministerial Statement on the Internationalisation of Australian Education and Training[R]. Canberra：DEST，2003.

[20]Department of Education，Science and Training. A National Quality Strategy for Australian Transnational Education and Training：A Discussion Paper[R]. Canberra：DEST，2005.

[21]Department of Education，Science and Training. Strategic Framework for International Engagement by the Australian Vocational Education and Training Sector，2007—2011[R]. Canberra：DEST，2007.

[22]Department of Education and Training. Draft National Strategy for International Education[R]. Canberra：DET，2015.

[23]Department of Education and Training. Standards for Registered Training Organisations(RTOs) 2015[Z]. Canberra：DET，2015.

[24]Department of Education and Training, European Commission. Comparative Analysis of the Australian Qualifications Framework and the European Qualifications Framework for Lifelong Learning: Joint Technical Report[R]. Canberra: DET, 2016.

[25]Department of Trade. Australia Reconstructed: ACTU/TDC Mission to Western Europe[R]. Canberra: AGPS, 1987.

[26]European Training Foundation. Transnational Qualifications Frameworks [R]. Turin: ETF, 2011.

[27]BELLIS F, John C G. Auditor Training Program and Offshore Audit Checklist[R]. Melbourne: Northern Melbourne Institute of TAFE, 2006.

[28]BRUCE H, Baird A M. Stronger, Simpler, Smarter ESOS: Supporting International Students——Review of the Education Services for Overseas Students(ESOS) Act 2000[R]. Canberra: Commonwealth of Australia, 2010.

[29]IDP Education Australia. Curriculum Development for Internationalisation: OECD/CERI Study[R]. Canberra: IDP Education Australia, 1995.

[30]International Education Association of Australia. The Attitudes and Perceptions of Australian Employers Towards an Overseas Study Experience[R]. Melbourne: IEAA, 2006.

[31]MISKO J. Competency-Based Training[R]. Adelaide: NCVER, 1999.

[32]MISKO J. Regulating and Quality Assuring VET: International Developments[R]. Adelaide: NCVER, 2015.

[33]DEMPSEY K. Supervision and Moderation for Offshore Delivery: VTI Guide to Good Practice in Transnational Education: a Discussion Paper[R]. Melbourne: VTI, 2011.

[34]BEAZLEY K C. International Education in Australia through the 1990s[R]. Canberra: Australian Government Publishing Service, 1992.

[35]MORAN L, RYAN Y. The Australian Quality Training Framework and Globalisation of Training Markets[R]. Brisbane: ANTA, 2004.

[36]Minister for Education and Training. Fit and Proper Person Requirements 2011[Z]. Canberra: DET, 2011.

[37]Minister for Education and Training. National Code of Practice for Providers of Education and Training to Overseas Students 2018[Z]. Canberra: DET, 2017.

［38］Ministry of Tourism and International Education. National Strategy for International Education 2025［R］. Canberra：MTIE，2016.

［39］National Centre for Vocational Education Research. Delivery of VET Offshore by Public Providers，2013［R］. Canberra：DET，2015.

［40］National Centre for Vocational Education Research. Glossary of VET［R］. Adelaide：NCVER，2017.

［41］National Quality Council. Offshore Quality Assurance Monitoring Against the AQTF［R］. Melbourne：NQC，2009.

［42］National Quality Council. AQTF：Essential Conditions and Standards for Initial Registration［Z］. Melbourne：NQC，2010.

［43］National Quality Council. AQTF：Essential Conditions and Standards for Continuing Registration［Z］. Melbourne：NQC，2010.

［44］National Quality Council. Excellence Criteria for Registered Training Organisations［Z］. Melbourne：NQC，2007.

［45］National Quality Council. National Quality Council Policy on Internationalising VET Qualifications［R］. Melbourne：NQC，2010.

［46］National Quality Council. Good Practice Guide for Offshore Vet Delivery［R］. Melbourne：NQC，2011.

［47］National Skills Standards Council. Standards Policy Framework—Improving Vocational Education and Training：The Australian Vocational Qualifications System［R］. Melbourne：NSSC，2013.

［48］Office of Parliamentary Counsel. Education Services for Overseas Students Act 2000［Z］. Canberra：OPC，2000.

［49］Office of Parliamentary Counsel. National Vocational Education and Training Regulator Act 2011［Z］. Canberra：OPC，2011.

［50］HAGER P. Quality Assurance in VET［R］. Adelaide：NCVER，1997.

［51］JONES P，et al. Vocational Language Support Model［R］. Broken Hills：Western Institute of TAFE，2006.

［52］KEARNS P. Learning Across Frontiers：Report on the Internationalisation of Staff Development in Vocational Education and Training［R］. Melbourne：ANTA，1997.

[53]Productivity Commission. International Education Services[R]. Canberra： PC，2015.

[54]RYAN R. How VET Responds：A Historical Policy Perspective[R]. Adelaide：NCVER，2011.

[55]WALLS S. Quality Teaching for Quality Learning Offshore[R]. Melbourne：Box Hill Institute of TAFE，2006.

[56]Skills Australia. Skills for Prosperity：A Roadmap for Vocational Education and Training[R]. Canberra：Skills Australia，2011.

[57]OBERHEIDT S，et al. Building Knowledge on International Cooperation in VET[R]. Brussels：European Commission，2015.

[58]TAFE Directors Australia. International Education：A TDA Position Paper[R]. Canberra：TDA，2003.

[59]TAFE Directors Australia. Australian TAFE Guide to Recruiting and Supporting International Students[R]. Canberra：TDA，2011.

[60]TAFE Queensland International. Queensland VET Sector International Education Agent Management[R]. Brisbane：DETE，2011.

[61]Victorian TAFE International. Preparing Staff to Work Offshore[R]. Melbourne：VTI，2012：1.

(二)专著

[1]JAMROZIK A，BOLAND C，URQUHART R. Social Change and Cultural Transformation in Australia[M]. Cambridge：Cambridge University Press，1995.

[2]JEFFREY W A. Benchmarking in Higher Education：Adapting Best Practices to Improve Quality[M]. Washington DC：George Washington University，1995.

[3]Australian National Training Authority. Towards A Skilled Australia： National Conference on Vocational Education and Training[M]. Canberra： ANTA，1995.

[4]LEPANI B. Industry-Education Partnerships：Innovation and Competitive Advantage[M]. Melbourne：VIEP，1994.

[5]HOBART B. Globalisation and Its Impact on VET [M]. Adelaide： NCVER，1999.

[6]BENNETT M. J. Towards Ethnorelativism: A Developmental Model of Intercultural Sensitivity[M]//. Education for the Intercultural Experience. Yarmouth: Intercultural Press, 1993: 21.

[7]ROBINSON C, Richard Kenyon. The Market for Vocational Education and Training[M]. Adelaide: NCVER, 1998.

[8]GOOZEE G. The Development of TAFE in Australia[M]. Adelaide: NCVER, 2001.

[9]WHITLAM G. The Whitlam Government: 1972—1975[M]. Melbourne: Penguin Books Australia, 1985.

[10]HANS D W. Strategy for the Internationalisation of Higher Education: A Comparative Study of Australia, Canada, Europe and the United States of America[M]. Amsterdam: EAIE, 1995.

[11]HOFSTEDE G. Interkulturelle Zusammenarbeit: Kulturen, Organisationen, Management[M]. Wiesbaden: Gabler Verlag, 1993.

[12]KEEVY J, CHAKROUN B. Level-setting and Recognition of Learning Outcomes: The Use of Level Descriptors in the Twenty-First Century [M]. Paris: UNESCO, 2015.

[13]CLEVERLEY J, JONES P. Australia and International Education: Some Critical Issues[M]. Hawthorn: ACER, 1976.

[14]LO BIANCO J. National Policy on Languages[M]. Canberra: Australian Government Publishing Service, 1987.

[15]ANANIADOU K. Revisiting Global Trends in TVET: Reflections on Theory and Practice[M]. Bonn: UNEVOC, 2013.

[16]LY T T. Teaching International Students in Vocational Education: New Pedagogical Approaches[M]. Melbourne: ACER Press, 2013.

[17]LY T T. Kate Dempsey. Internationalization in Vocational Education and Training: Transnational Perspectives[M]. Dordrecht: Springer, 2017.

[18]MANZON M. Comparative Education: The Construction of a Field[M]. Heidelberg: Springer and CERC, 2011.

[19]PILZ M. The Future of Vocational Education and Training in a Changing World[M]. Dordrecht: Springer, 2012.

[20]HELLSTÉN M. Researching International Pedagogy and the Forming of

New Academic Identities［M］//. Researching International Pedagogies. Dordrecht：Springer，2008：83-98.

［21］WILLARD M. History of the White Australia Policy［M］. Melbourne：Melbourne University Press，1923.

［22］NSW Board of Vocational Education and Training. APEC Towards 2020：Internationalising Vocational Education and Training［M］. Sydney：BVET，1995.

［23］MOUNTNEY P，MAGEEAN P. Issues in TAFE［M］. Adelaide：TAFE National Centre for Research and Development，1985.

［24］NINNES P，HELLSTéN M. Internationalizing Higher Education：Critical Explorations of Pedagogy and Policy［M］. Dordrecht：CERC and Springer，2005.

［25］SMITH P J，SMITH S N. The Internationalisation of Vocational Education and Training［M］. Adelaide：NCVER，1999.

［26］MAROPE P. T. M. ，CHAKROUN B. ，HOLMES K. P.. Unleashing the Potential：Transforming Technical and Vocational Education and Training［M］. Paris：UNESCO，2015.

［27］RYAN R. Building a National Vocational Education and Training System［M］. Adelaide：Shannon Research Press，2002.

［28］MARGINSON S. Tertiary Education Policy in Australia［M］. Melbourne：CSHE，2013.

［29］CROOKS T. The Internationalisation of Vocational Education and Training：The Australian Experience［M］//. Internationalising Vocational Education and Training in Europe. Thessaloniki：CEDEFOP，2000：98-112.

［30］TRAWLER P. Education Policy［M］. London：Routledge，2003.

［31］United Nations Educational，Scientific and Cultural Organization. Transforming Technical and Vocational Education and Training-Building Skills for Work and Life：The 3rd International Congress on TVET［M］. Shanghai：UNESCO，2012.

［32］UNESCO Institute for Lifelong Learning，European Training Foundation，European Centre for the Development of Vocational Training. Global Inventory of Regional and National Qualifications Frameworks Volume I：Thematic Chapters［M］. Hamburg：UIL，2015.

［33］ZHAO Z Q，RAUNER F. Areas of Vocational Education Research［M］. Heidelberg：Springer，2014.

（三）期刊论文

［1］AULETTA A. A Retrospective View of the Colombo Plan：Government Policy，Departmental Administration and Overseas Students［J］. Journal of Higher Education Policy & Management，2000，22（1）：47-58.

［2］SHAW A J，SHAW K J，BLAKE S. Examining Barriers to Internationalisation Created by Diverse Systems and Structures in Vocational Education and Training［J］. International Journal for Research in Vocational Education and Training，2016，3（2）：88-105.

［3］BYRNE C. Australia's New Colombo Plan：Enhancing Regional Soft Power through Student Mobility［J］. International Journal，2016，71（1）：107-128.

［4］OLIVER D. Complexity in Vocational Education and Training Governance［J］. Journal of Studies in International Education，2010，5（3）：261-273.

［5］LOWE D. Australia's Colombo Plans，Old and New：International Students as Foreign Relations［J］. International Journal of Cultural Policy，2015，21（4）：448-462.

［6］DEJAEGHERE J. G. ，ZHANG Y. Development of Intercultural Competence among US American Teachers：Professional Development Factors that Enhance Competence［J］. Intercultural Education，2008，19（3）：255-268.

［7］AGBOLA F W，LAMBERT D K. Skilling Australia for the Future? A Study of Quality Assurance in Australia's Vocational Education and Training［J］. Journal of Vocational Education & Training，2010，62（3）：327-349.

［8］MCKAY H. Locating the Fault Line：The Intersection of Internationalization and Competency-based Training［J］. International Education Journal，2004，4（4）：203-211.

［9］CAMBRIDGE J，THOMPSON J. Internationalism and Globalization as Contexts for International Education［J］. Compare，2004，34（2）：161-175.

[10]KNIGHT J. Internationalization Remodeled：Definition，Approaches，and Rationales[J]. Journal of Studies in International Education，2004，8(1)：5-31.

[11]KNIGHT J. Transnational Education Remodeled：Toward a Common TNE Framework and Definitions[J]. Journal of Studies in International Education，2016，20(1)：34-47.

[12]HAO J，WEN W，WELCH A. When Sojourners Return：Employment Opportunities and Challenges Facing High-Skilled Chinese Returnees[J]. Asian and Pacific Migration Journal，2016，25(1)：22-40.

[13]STEVENSON J. Technical and Further Education Reforms：Theoretical Issues[J]. The Australian Educational Researcher，2007，34(3)：15-34.

[14]LING C，LY T T. Pathway from Vocational Education and Associate Degree to Higher Education：Chinese International students in Australia[J]. Asia Pacific Journal of Education，2015，35(2)：274-289.

[15]LY T T. Internationalisation of Vocational Education and Training：An Adapting Curve for Teachers and Learners[J]. Research in Comparative and International Education，2013，17(4)：492-507.

[16]LY T T，NYLAND C. Competency-Based Training，Global Skills Mobility and the Teaching of International Students in Vocational Education and Training[J]. Journal of Vocational Education & Training，2013，65(1)：143-157.

[17]LY T T，DEMPSEY K. Internationalisation in Vocational Education and Training：Is Internationalisation Moving from the Periphery to the Centre of VET？[J]. IEAA research digest，2015(7)：1-8.

[18]LY T T，THAO T P V. 'I'm not like that，why treat me the same way？'：The Impact of Stereotyping International Students on Their Learning，Employability and Connectedness with the Workplace[J]. Australian Educational Researcher，2016，43(2)：203-220.

[19]BARKER M，HABERMANN L. Global Strategies for International Education Providers in Australia：A Case Study of Tropical North Queensland TAFE[J]. International Journal of KAATSU Training Research，2007，5(1)：21-38.

[20]EDDINGTON N，EDDINGTON I. Reconceptualising Vocational Education and Training Systems in Broader Policy Domains：Monitoring and Evaluation[J]. International Journal of KAATSU Training Research，2011,6(3):255-272.

[21]JONES P W. Globalisation and Internationalism：Democratic Prospects for World Education[J]. Comparative Education，1998,34(2):143-155.

[22]PASURA R. Realities of Private VET Practice Through VET Teachers' Lenses：Learning Contexts for International Students in Private VET in Australia[J]. International Journal of Training Research，2014,12(1): 29-44.

[23]PASURA R. Neoliberal Economic Markets in Vocational Education and Training：Shifts in Perceptions and Practices in Private Vocational Education and Training in Melbourne, Australia[J]. Globalisation, Societies and Education，2014,12(4):564-582.

[24]PASURA R. International Students in the Private VET Sector in Melbourne，Australia：Rethinking Their Characteristics and Aspirations Outside the Deficit Model[J]. Journal of Vocational Education & Training，2015,67(2):203-218.

[25]HARRIS R. Quality in the Australian VET Sector：What has been Happening? [J]. International Journal of Training Research，2015,13(1):16-34.

[26]ARKOUDIS S，LY T T. International Students in Australia：Read Ten Thousand Volumes of Books and Walk Ten Thousand Miles[J]. Asia Pacific Journal of Education，2007,27(4):157-169.

[27]BILLETT S. From Your Business to Our Business：Industry and Vocational Education in Australia[J]. Oxford Review of Education，2004,30 (1):13-35.

[28]FRASER S E. Overseas Students in Australia：Governmental Policies and Institutional Programs[J]. Comparative Education Review，1984,28 (2):279-299.

[29]TRAN L,NYLAND C. International Vocational Education and Training：The Migration and Learning Mix[J]. Australian Journal of Adult Learning，2011,51(1):8-31.

（四）会议论文

[1]BAILEY A. Internationalising the Curriculum：Global Opportunities for VET Students[C]//AVETRA 10th Annual Conference "Evolution，Revolution and Status Quo? The New Context for VET". Melbourne：AVETRA，2007.

[2]JEANETTE B. When 'Onshore' Looks Like 'Offshore'：Quality Assurance with Onshore Partner Providers[C]//20th ISANA International Education Association Conference. The Gap：ISANA，2009.

[3]WOODLEY C. Equivalence and Contextualisation in Transnational Education[C]//AVETRA 11th Annual Conference "VET in Context". Adelaide：AVETRA，2008.

[4]CORBEL C. Keywords in Vocational Education Policy Analysis[C]//AVETRA 19th Annual Conference "Putting VET Research to Work：Collaboration，Innovation，Prosperity". Sydney：AVETRA，2016.

[5]ANDERSON D. Globalisation，Training Packages and Private Providers：Emerging Tensions in National VET Policy[C]//AVETRA 09th Annual Conference "Global VET：Challenges at the Global，National and Local Levels". Wollongong：AVETRA，2006.

[6]MEYERS D，BLOM K. Quality Indicators Used In International VET Systems[C]//AVETRA 05th Annual Conference. Melbourne：AVETRA，2002.

[7]SMITH E. Pedagogy Not Political Pointscoring：How Training Providers Teach International Students[C]//AVETRA 13th Annual Conference "VET Research：Leading and Responding in Turbulent Times". Surfers Paradise：AVETRA，2010.

[8]SMITH E. Notes from the South Pacific：A Research Proposal Discussion Paper on Professional VET Teaching Practice at the Australia-Pacific Technical College[C]//AVETRA 13th Annual Conference "VET Research：Leading and Responding in Turbulent Times". Surfers Paradise：AVETRA，2010.

[9]BEDDIE F. Working Across the Globe：Implications for Australian VET

[C]//9th International Conference on Researching Work and Learning. Singapore City: IAL, 2015.

[10]SMITH H, RAHIMI M A. Modeling of Vocational Excellence: An International Perspective[C]//AVETRA 14th Annual Conference "Research in VET: Janus-Reflecting Back, Projecting Forward". Melbourne: AVETRA, 2011.

[11]DITTRICH J, ABDULLAH A G. Collaboration in TVET: Proceedings of the 2nd UPI International Conference on Technical and Vocational Education and Training[C]. Bandung: UPI, 2012.

[12]DEMPSEY K. Co-Operating In A Competitive World: Tales Of Success And Struggle From The Coalface[C]//18th National Vocational Education and Training Research Conference. Ballarat: NCVER, 2009.

[13]TOOTELL K. International Students in Australia: What do We Know of the Quality of Their Education? [C]//Australian Association for Research in Education Annual Conference. Melbourne: AARE, 1999.

[14]WATSON L. Exporting TAFE: Challenges and Constraints[C]//AVETRA 06th Annual Conference "The Changing Face of VET". Sydney: AVETRA, 2003.

[15]LY T T, NYLAND C. International Students in Australian VET-Framing a Research Project[C]//AVETRA 12th Annual Conference "Aligning Participants, Policy and Pedagogy: Traction and Tensions in VET Research". Sydney: AVETRA, 2009.

[16]CULLY M. Globalisation and Technical and Vocational Education and Training in Australia[C]//Asian Development Bank Institute Workshop on Workforce Development. Adelaide: NCVER, 2006.

[17]RAHIMI M, SMITH H. Management of Knowledge in Transnational VET: Diversity of Practice in Three Transnational Models[C]//AVETRA 14th Annual Conference "Research in VET: Janus-Reflecting Back, Projecting Forward". Melbourne: AVETRA, 2011.

[18]KARTHIGESU S. Romancing Transnational Education and Training[C]// AVETRA 10th Annual Conference "Evolution, Revolution and Status Quo? The New Context for VET". Melbourne: AVETRA, 2007.

［19］FOSTER S, DELANEY B. Challenges, Risks, Good Practice in Offshore Delivery of VET［C］//AVETRA 14th Annual Conference "Research in VET: Janus-Reflecting Back, Projecting Forward". Melbourne: AVETRA, 2011.

［20］SHI W J, WOODLEY C. Closing the Gap Between Teaching and Learning Styles-an Internationalised Pedagogy for Offshore VET［C］//17th National Vocational Education and Training Research Conference. Launceston: NCVER, 2008.

（五）学位论文

［1］RUDZKI E. The Strategic Management of Internationalization Towards a Model of Theory and Practice［D］. Newcastle: University of Newcastle, 1998.

［2］WIT H D. Internationalisation of Higher Education in the United States of America and Europe: A Historical, Comparative and Conceptual Analysis ［D］. Amsterdam: Amsterdam University, 2001.

［3］KNIGHT J. Internationalization of Canadian Universities［D］. East Lansing: Michigan State University, 1994.

［4］LORRIMAR J. Organisational Culture in TAFE Colleges: Power, Gender and Identity Politics［D］. Perth: Murdoch University, 2006.

［5］MANNING K. The Internationalisation of Higher Education in Australia: Management and Strategy Options for Faculties of Education［D］. Melbourne: The University of Melbourne, 1998.

［6］KHO P T J. International Student Perceptions of the Quality of Learning Experiences in Vocational Education and Training［D］. Perth: Edith Cowan University, 2014.

［7］WENDE M V D. Internationalising the Curriculum in Dutch Higher Education: An International Comparative Perspective［D］. Enschede: University of Twente, 1996.

［8］NAKAR S. Understanding VET Teachers' Dilemmas in Providing Quality Education to International Students in Brisbane［D］. Brisbane: Queensland University of Technology, 2012.

（六）英文网站

［1］Australian Government. Nationally Recognised Training［EB/OL］.［2018-03-08］. https：//training. gov. au/Home/Tga.

［2］Department of Education and Training. 2008—2017 Endeavour Scholarship and Fellowship Recipients［EB/OL］.［2018-02-04］. https：//internationaleducation. gov. au/endeavour％20program/scholarships-and-fellowships/alumni/pages/default. aspx.

［3］Department of Education and Training. Endeavour Mobility Grants［EB/OL］.［2018-02-04］. https：//internationaleducation. gov. au/endeavour％20program/studentmobility/theprograms/pages/default. aspx.

［4］Department of Education and Training. 2018 Endeavour Mobility Grant Guidelines［EB/OL］.［2018-02-04］. https：//internationaleducation. gov. au/Endeavour％20program/studentmobility/resources/Documents/FINAL％20Endeavour％20Mobility％20Grants％20Guidelines％202018％20Round. pdf.

［5］Department of Education and Training. International Student Data Monthly Summary［EB/OL］.［2018-03-06］. https：//internationaleducation. gov. au/research/International-Student-Data/Documents/MONTHLY％20SUMMARIES/2017/Dec％202017％20MonthlyInfographic. pdf.

［6］Department of Education and Training. Export Income to Australia from International Educatation［EB/OL］.［2018-02-04］. https：//internationaleducation. gov. au/research/Research-Snapshots/Documents/Export％20Income％20FY2016％E2％80％9317. pdf.

［7］Department of Education and Training. Total VET Program Enrolments 2016［EB/OL］.［2018-03-06］. https：//internationaleducation. gov. au/research/offshoreeducationdata/pages/transnational-education-data. aspx.

［8］Department of Education and Training. The Benefits of Study Abroad［EB/OL］.［2018-03-22］. https：//www. iesabroad. org/study-abroad/news/benefits-study-abroad♯sthash. fJPb3h6y. dpbs.

［9］GILLARD J. Opening Speech to AEI Industry Forum 2008［EB/OL］.［2018-03-22］. http：//aei. dest. gov. au/AEI/Events/Default. htm.

中文文献

(一)专著与译著

[1]伯顿·克拉克.高等教育系统——学术组织的跨国研究[M].王承绪,徐辉,段企平,等译.杭州:杭州大学出版社,1994.

[2]陈明昆.中外职业教育概论[M].北京:高等教育出版社,2016.

[3]陈向明.质的研究方法与社会科学研究[M].北京:教育科学出版社,2000.

[4]陈学飞.高等教育国际化:跨世纪的大趋势[M].福州:福建教育出版社,2002.

[5]陈振明.政策科学:公共政策分析导论[M].北京:中国人民大学出版社,2003.

[6]范国睿.教育政策的理论与实践[M].上海:上海教育出版社,2011.

[7]弗朗西斯·福勒.教育政策学导论[M].许庆豫,译.南京:江苏教育出版社,2009.

[8]顾建军,邓宏宝.职业教育名著导读[M].北京:教育科学出版社,2015.

[9]顾明远.教育大辞典(增订合编本)[M].上海:上海教育出版社,1998.

[10]顾明远.中国教育大百科全书[M].上海:上海教育出版社,2012.

[11]韩隽.澳大利亚工党研究[M].乌鲁木齐:新疆大学出版社,2003.

[12]德维特,哈拉米略,加塞尔-阿维拉,等.拉丁美洲的高等教育:国际化的维度[M].李锋亮,石邦宏,陈彬莉,等译.北京:教育科学出版社,2011.

[13]黄立志.制度生成与变革:澳大利亚技术与继续教育历史研究[M].天津:南开大学出版社,2013.

[14]霍夫斯泰德.文化与组织:心理软件的力量[M].李原,孙健敏,译.北京:中国人民大学出版社,2010.

[15]简·奈特.激流中的高等教育:国际化变革与发展[M].刘东风,陈巧云,译.北京:北京大学出版社,2011.

[16]姜大源.当代世界职业教育发展趋势研究[M].北京:电子工业出版社,2012.

[17]肯尼斯·金.教育大百科全书:职业技术教育[M].张斌贤,和震,译.重庆:西南师范大学出版社,2011.

[18]联合国教科文组织国际育发展委员会.学会生存——教育世界的今天和明天[M].华东师范大学比较教育研究所,译.北京:教育科学出版社,1996.

[19]联合国教科文组织总部.教育——财富蕴藏其中[M].教科文组织总部中文科,译.北京:教育科学出版社,1996.

[20]梁忠义,李守福.世界教育大系:职业教育[M].长春:吉林教育出版社,2000.

[21]秦德占.塑造与改革:澳大利亚工党社会政策研究[M].郑州:河南人民出版社,2009.

[22]萨德勒.我们从对外国教育制度的研究中究竟能学到多少有实际价值的东西[C]//赵中建,顾建民选编.比较教育的理论与方法——国外比较教育文选.北京:人民教育出版社,1994:115.

[23]上海市教育科学研究院,麦可思研究院.2017中国高等职业教育质量年度报告[M].北京:高等教育出版社,2017.

[24]石伟平.比较职业技术教育[M].上海:华东师范大学出版社,2001.

[25]斯图亚特·麦金泰尔.澳大利亚史[M].潘兴民,译.上海:东方出版中心,2009.

[26]孙绵涛.教育政策学[M].武汉:武汉工业大学出版社,1997.

[27]王承绪,顾明远.比较教育[M].北京:人民教育出版社,2013.

[28]王昆欣.高等旅游职业教育国际化人才培养的研究与实践[M].北京:中国旅游出版社,2010.

[29]王杨.中国高等职业教育国际化问题研究[M].北京:经济科学出版社,2016.

[30]吴雪萍.国际职业技术教育研究[M].杭州:浙江大学出版社,2004.

[31]吴遵民.教育政策学入门[M].上海:上海教育出版社,2010.

[32]邬志辉.教育全球化:中国的视点与问题[M].上海:华东师范大学出版社,2004.

[33]西蒙·马金森.澳大利亚教育与公共政策[M].严慧仙,洪淼,译.杭州:浙江大学出版社,2007.

[34]西蒙·马金森.现代澳大利亚教育史:1960年以来的政府、经济与公民[M].沈雅雯,周心红,蒋欣,译.杭州:浙江大学出版社,2007.

[35]西蒙·马金森.教育市场论[M].金楠,高莹,译.杭州:浙江大学出版社,2008.

[36]杨洪贵.澳大利亚多元文化主义研究[M].成都:西南交通大学出版社,2007.

[37]杨启光.教育国际化进程与发展模式[M].北京:社会科学文献出版社,2011.

[38]杨小燕.使命的召唤:高等职业教育国际化发展研究[M].成都:西南交通大学出版社,2013.

[39]叶澜.教育概论[M].北京:人民教育出版社,1991.

[40]袁振国.教育政策学[M].南京:江苏教育出版社,1996.

(二)期刊论文

[1]步光华.高职院校中外合作办学教学管理存在的问题与对策[J].黑龙江教育(高教研究与评估),2011(7):20-21.

[2]陈取江,顾海悦.澳大利亚职业教育与培训政策的演变、制定与规划、挑战[J].职业技术教育,2012(19):88-93.

[3]陈小琼,谭绮球.试析澳大利亚政府高等职业教育政策的价值取向[J].高教探索,2010(1):73-75.

[4]陈学飞.高等教育国际化——从历史到理论到策略[J].教育发展研究,1997(11):57-61.

[5]董仁忠,杨丽波.澳大利亚职业教育与培训系统演变——基于政策的分析[J].外国教育研究,2015(2):108-116.

[6]范秀双.米尔顿·弗里德曼论政府在教育中的作用思想述评[J].外国教育研究,2004(4):6-8.

[7]冯宝晶."一带一路"视角下我国职业教育国际化发展的理念与路径[J].中国职业技术教育,2016(23):67-71.

[8]付俊薇,唐振华.试论高职课程国际化的内容与实现策略[J].职业技术教育,2013(11):23-28.

[9]韩玉,石伟平.日本高职教育国际化办学战略探析[J].教育与职业,2015(19):17-20.

[10]侯兴蜀.职业教育国际化的内涵、形势及推进策略[J].中国职业技术教育,2012(21):46-50.

[11]胡秀锦.职业教育国际化办学的实践与探索——基于上海的分析[J].职业技术教育,2015(18):48-53.

[12]黄福涛."全球化"时代的高等教育国际化——历史与比较的视角[J].北京大学教育评论,2003(2):93-98.

［13］黄日强.澳大利亚高等职业教育国际化［J］.外国教育研究,2003(7):51-55.

［14］黄晓芬.高职毕业生海外就业的困境与出路——从高职国际化人才培养的视角分析［J］.职教论坛,2014(23):17-20.

［15］贾剑方.职业教育国际化概念的重新审视［J］.职教论坛,2017(7):54-57.

［16］姜大源.关于澳大利亚职业教育与培训体系的再认识［J］.中国职业技术教育,2007(1):5-10.

［17］姜大源.现代职业教育体系构建的理性追问［J］.教育研究,2011(11):70-75.

［18］姜大源.国际化专业教学标准开发刍议［J］.中国职业技术教育,2013(9):11-15.

［19］静炜.全球化背景下,澳大利亚国际教育服务及其政策［J］.比较教育研究,2007(11):85-90.

［20］李富.我国高职教育国际化的历史变迁及人才培养创新［J］.职教论坛,2013(22):34-37.

［21］李盛兵,刘冬莲.高等教育国际化动因理论的演变与新构想［J］.高等教育研究,2013(12):29-34.

［22］李霆鸣.新加坡高职教育国际化特征［J］.职教论坛,2008(2):51-53.

［23］李文阁.生成性思维:现代哲学的思维方式［J］.中国社会科学,2000(6):49-50.

［24］李旭,肖甦.澳大利亚跨国高等教育跨越式发展历程及其特点、问题述评［J］.比较教育研究,2010(11):53-58.

［25］李玉静.发展更加专业化、包容性、国际化的职业教育［J］.职业技术教育,2014(30):52-54.

［26］李桢丽,迟守政.澳大利亚教育国际化战略［J］.比较教育研究,1998(3):46-48.

［27］廖华.美国高职教育课程国际化及启示［J］.教育与职业,2016(10):103-105.

［28］刘金存,贾生超,赵明亮.德国高职教育国际化发展的经验借鉴［J］.职业技术教育,2015(9):74-77.

［29］罗祖兵.生成性教学的基本理念及其实践诉求［J］.高等教育研究,2006(8):49.

［30］吕杰昕.自由贸易协定视角下的国际教育服务贸易——以澳大利亚为例［J］.外国教育研究,2008(4):16-22.

[31]吕林海.解读高等教育国际化的本体内涵——基于概念、历史、原因及模型的辨析与思考[J].全球教育展望,2009(10):55-60.

[32]买琳燕.职业教育国际化:现状、问题与对策——基于对广州市职业院校的调查分析[J].职教论坛,2016(4):59-64.

[33]莫玉婉."走出去"办学:高职院校国际化发展路径简论[J].职业技术教育,2016(1):13-17.

[34]秦虹.适应职业市场国际化发展加快职业教育对外开放[J].职教论坛,2007(6):53-56.

[35]申超.高等教育国际化概念辨析[J].全球教育展望,2014(6):45-53.

[36]苏志刚,韦弘.高职院校国际化发展评价指标体系的理论架构[J].黑龙江高教研究,2010(7):84-86.

[37]孙建党.科伦坡计划及其对战后东南亚的经济发展援助[J].东南亚研究,2006(2):20-25.

[38]陶阳.在共赢中谋求发展——澳大利亚《2012年海外学生教育服务法》述评[J].世界教育信息,2013(23):19-23.

[39]田正平,王恒."教育国际化"考略[J].社会科学战线,2015(6):230-236.

[40]王留栓,褚骊.澳大利亚高等教育国际化概述——从发展教育出口产业谈起[J].教育发展研究,1999(8):79-82.

[41]王玉香.论高等职业教育国际化人才培养的战略模式[J].当代教育科学,2009(7):47-51.

[42]万金保,李春红.论高职教育人才培养模式的国际化[J].职业技术教育,2005(4):17-19.

[43]吴雪萍,梁帅.澳大利亚国际教育战略分析[J].高等教育研究,2017(11):101-106.

[44]吴益群,杨泽宇.国际化校企共同体:混合所有制办学实践新模式[J].职教论坛,2016(8):52-55.

[45]夏人青,张民选.高等教育国际化:从政治影响到服务贸易[J].教育发展研究,2004(2):23-27.

[46]胥传孝.经验与理念—澳大利亚职业教育体系公共政策分析[J].同济大学学报,2009(1):117-124.

[47]徐桂庭.加强国际交流合作推进职业教育改革——中国-澳大利亚职业教育与培训战略政策对话活动在北京举行[J].中国职业技术教育,2015(25):5-9.

[48]徐小洲,张剑.亚太地区跨国教育的发展态势与政策因应——中国、澳大利亚、马来西亚的案例比较[J].高等工程教育研究,2005(2):80-85.

[49]杨旭辉.高职教育国际化:内涵、标准与策略[J].中国高教研究,2006(12):64-65.

[50]杨尊伟,杨昌勇.澳大利亚高等教育国际化发展及动因探析[J].外国教育研究,2008(9):60-63.

[51]岳芸.澳大利亚国际教育现状及发展趋势[J].高教探索,2014(5):62-67.

[52]张慧波,张菊霞.高职教育国际化:从多元化的国际合作开始[J].职业技术教育,2011(7):45-47.

[53]张宁.从世界职业教育发展历程看中国职业教育发展[J].教育研究,2009(2):97-102.

[54]张晓明.世界外向型职业技术人才的培养特色[J].科学学与科学技术管理,1994(7):34-36.

[55]赵强.澳大利亚国际教育产业发展探究[J].外国教育研究,2011(2):85-90.

(三)学位论文

[1]步光华.澳大利亚 TAFE 国际化策略研究[D].广州:华南师范大学,2012.

[2]崔爱林.二战后澳大利亚高等教育政策研究[D].保定:河北大学,2011.

[3]冯国平.跨国教育的国际比较研究[D].上海:华东师范大学,2009.

[4]吕红.澳大利亚职业教育课程质量保障的研究[D].重庆:西南大学,2009.

[5]王龙香.21 世纪以来澳大利亚职业教育政策研究[D].重庆:西南大学,2012.

[6]职芳芳.澳大利亚高等职业教育国际化办学模式研究[D].开封:河南大学,2013.

(四)报纸

[1]郭静.多元协同助推高职院校"走出去"[N].中国教育报,2018-01-10(9).

[2]李丹.职业教育协同行业企业"走出去"[N].中国教育报,2016-06-28(5).

[3]刘立新.加快推进中国职业教育国际化[N].中国教育报,2016-06-28(5).

[4]刘育锋.告别来而不往,我国职教增强"输出"底气[N].中国教育报,2015-12-24(9).

[5]邱开金.高职教育,怎样迈出国际化脚步[N].中国教育报,2014-01-07(6).

(五)中文网站

[1]国务院.国务院关于加快发展现代职业教育的决定[EB/OL].(2014-06-24)[2018-03-08]. http://www. scio. gov. cn/ztk/xwfb/2014/gxbjhzyjyggyfzqkxwfbh/xgbd31088/Document/1373573/1373573. htm.

[2]国务院.中国制造2025[EB/OL].(2015-05-08)[2018-03-08]. http://www. gov. cn/zhengce/content/2015-05/19/content_9784. htm.

[3]教育部职业教育与成人教育司.教育部关于印发《职业教育专业目录(2021年)》的通知[EB/OL].[2021-3-12]. http://www. moe. gov. cn/srcsite/A07/moe_953/202103/t20210319_521135. html.

[4]骆克飞.中澳职业教育与培训合作:为中国经济增长提供技能与培训[EB/OL].[2018-3-27]. http://china. embassy. gov. au/bjngchinese/education. html.

[5]浙江省教育厅.浙江省高等教育国际化发展规划(2010—2020年)[EB/OL].(2012-02-16)[2018-03-08]. http://jyt. zj. gov. cn/art/2012/2/16/art_1229266643_2378988. html.

[6]浙江省教育厅.《2016年浙江省高等教育国际化年度报告》发布[EB/OL].(2017-06-27)[2018-03-08]. http://jyt. zj. gov. cn/art/2017/6/27/art_1532978_27486417. html.

[7]中共中央、国务院.国家中长期人才发展规划纲要(2010—2020年)[EB/OL].(2010-06-07)[2018-03-08]. http://www. gov. cn/jrzg/2010－06/06/content_1621777. htm.

[8]中共中央办公厅、国务院办公厅.关于做好新时期教育对外开放工作的若干意见[EB/OL].(2016-04-29)[2018-03-08]. http://www. gov. cn/xinwen/2016-04/29/content_5069311. htm.

[9]中华人民共和国教育部.国家中长期教育改革和发展规划纲要(2010—2020年)[EB/OL].(2010-07-29)[2018-03-08]. http://www. moe. gov. cn/srcsite/A01/s7048/201007/t20100729_171904. html.

[10]中华人民共和国教育部、外交部、公安部.学校招收和培养国际学生管理办法[EB/OL].(2017-03-20)[2018-03-08]. http://www. moe. gov. cn/srcsite/A02/s5911/moe_621/201705/t20170516_304735. html.

［11］中华人民共和国教育部.高等职业教育创新发展行动计划（2015—2018 年）
　　　［EB/OL］.［2015-10-19］. https：//baike. baidu. com/reference/18628776/
　　　9af6RK9omiPIiPbWAnQNNaooq36aYHm4n1-LK-RQpvQ_-YzP60C6kDO
　　　aYGKqMlucdwrtVfKjz2hF2i-MHlDLzZi9uKfinj0CHUkM1qqo0eLsZXe00jX-
　　　jK_ZiiaLQC4P0JFBJuVGqFhDsVl-1lk.

［12］中华人民共和国教育部.推进共建"一带一路"教育行动［EB/OL］.（2016-
　　　07-13)［2018-03-08］. http：//www. moe. gov. cn/srcsite/A20/s7068/201608/
　　　t20160811_274679. html.

［13］中华人民共和国人力资源和社会保障部.国家职业资格目录公布［EB/
　　　OL］.［2018-03-05］. http：//www. gov. cn/xinwen/2017-09/17/content_
　　　5225705. htm.

［14］中华人民共和国人力资源和社会保障部.《国家职业技能标准编制技术规
　　　程(2018 年版)》［EB/OL］.［2018-03-16］. http：//www. mohrss. gov. cn/
　　　SYrlzyhshbzb/dongtaixinwen/buneiyaowen/201803/t20180316 _ 289910.
　　　html.

［15］中外合作办学监管工作信息平台.中澳合作办学机构与项目名单［EB/
　　　OL］.［2018-03-07］. http：//www. crs. jsj. edu. cn/index. php/default/ap-
　　　proval/orglists.

附录1 中国教育国际交流协会开发的 高等教育国际化指标

一级指标	二级指标（内容观测点）
国际化战略	国际化发展战略与定位现状（发展规划、发展目标、实施方案）
组织管理	组织机构（党委作用、组织部门、辐射作用）
	规章制度（是否遵守）
	经费（国际交流预算、奖学金人数、奖学金额度、科研经费）
教师	专任教师结构（专任教师、外籍教师、港澳教师）
	海外经历与国际参与度（海外经历硕士、海外经历博士、海外资格证书）
学生	在校生、毕业生人数（在校学历生、非学历生、获得国际职业资格证书的毕业生）
	出国留学生人数（毕业生出国留学、在校生短期出国、游学、实习、参加会议）
	来华留学生人数（学历生、非学历生、暑期交流生）
学科与课程	课程（课程总数、外语课程总数、全外语课程总数）
	专业（专业综述、外语专业总数、国际认证专业总数）
	实训基地（联合建立实训基地数量、海外实训基地数量）
涉外办学	中外合作办学（合作办学项目总数、合作办学项目外方教师比例）
	境外办学（境外办学项目培训点、孔子课堂数、孔子课堂学生数）
学术交流与合作	学术交流（教师出访、海外来访、来访团组）
	国际学术会议（一般/重大国际会议或技能大赛）
	评价与激励机制（学术激励机制、教师与科研评价是否重视国际合作）
人文交流与特色发展	人文交流（国家层面交流、教育援外基地、艺术交流、接待国外政要）
	特色发展（国际化特色）

资料来源：中国教育国际交流协会.

附录 2　上海市教育科学研究院、麦可思研究院开发的国际影响表

指标	单位
全日制境外留学生人数	人
非全日制境外人员培训量	人/日
在校生服务"走出去"企业境外实习时间	人/日
专任教师服务"走出去"企业境外指导时间	人/日
在境外组织担任职务的专任教师人数	人
开发境外认可的行业或专业教学标准数	个
境外技能大赛获奖数量	项

资料来源：上海市教育科学研究院，麦可思研究院.2017 中国高等职业教育质量年度报告[M].北京：高等教育出版社，2017:82.

附录 3 　浙江省高等教育国际化发展规划 （2010—2020 年）

指标（校均数）	2008 年			2015 年			2020 年		
	博士硕士学位授予权院校	其他本科院校	高职高专院校	博士硕士学位授予权院校	其他本科院校	高职高专院校	博士硕士学位授予权院校	其他本科院校	高职高专院校
外国留学生百分比	0.86%			2%			4%		
	1.6%	0.6%	0.1%	4.5%	1.3%	0.2%	8.6%	3%	0.4%
外派交换生、交流生百分比	0.9%	0.6%	0.1%	4%	1%	0.3%	8%	2%	0.5%
外国文教专家百分比	4.5%	3.9%	1.1%	8%	4%	2%	10%	5%	3%
专任教师访学三个月以上人员百分比	20.0%	11.2%	4.1%	30%	18%	6%	40%	25%	8%
全外语和双语授课课程比例	4.3%	1.6%	2%	6%	4%	3%	12%	8%	6%
中外合作办学项目	2.8	0.7	0.7	4	2	2.6	6	3	3
主办或承办国际学术会议	15.4	1.6	0.4	22	3	0.5	25	5	1
国际合作科研平台（含国际化产学研基地）	2.0	1.1	0.2	5	2	0.5	9	3	0.6
获得国外或国际组织资助的项目	14.4	1.4	0.2	30	1.5	0.4	40	2	0.5

指标（全省总数）	2008 年	2015 年	2020 年
中外合作办学机构（含非独立设置的二级学院）	1	≥7	≥10
孔子学院	8	≥15	≥20
境外办学机构	0	≥1	≥2

资料来源：浙江省教育厅.

附录 4　高等职业教育专科专业目录(2021 年)

专业大类(19 个)	专业类(97 个)
41 农林牧渔大类	农业类、林业类、畜牧业类、渔业类
42 资源环境与安全大类	资源勘查类、地质类、测绘地理信息类、石油与天然气类、煤炭类、金属与非金属矿类、气象类、环境保护类、安全类
43 能源动力与材料大类	电力技术类、热能与发电工程类、新能源发电工程类、黑色金属材料类、有色金属材料类、非金属材料类、建筑材料类
44 土木建筑大类	建筑设计类、城乡规划与管理类、土建施工类、建筑设备类、建设工程管理类、市政工程类、房地产类
45 水利大类	水文水资源类、水利工程与管理类、水利水电设备类、水土保持与水环境类
46 装备制造大类	机械设计制造类、机电设备类、自动化类、铁道装备类、船舶与海洋工程装备类、航空装备类、汽车制造类
47 生物与化工大类	生物技术类、化工技术类
48 轻工纺织大类	轻化工类、包装类、印刷类、纺织服装类
49 食品药品与粮食大类	食品类、药品与医疗器械类、粮食类
50 交通运输大类	铁道运输类、道路运输类、水上运输类、航空运输类、管道运输类、城市轨道交通类、邮政类
51 电子信息大类	电子信息类、计算机类、通信类、集成电路类
52 医药卫生大类	临床医学类、护理类、药学类、中医药类、医学技术类、康复治疗类、公共卫生与卫生管理类、健康管理与促进类、眼视光类
53 财经商贸大类	财政税务类、金融类、财务会计类、统计类、经济贸易类、工商管理类、电子商务类、物流类
54 旅游大类	旅游类、餐饮类
55 文化艺术大类	艺术设计类、表演艺术类、民族文化艺术类、文化服务类
56 新闻传播大类	新闻出版类、广播影视类
57 教育与体育大类	教育类、语言类、体育类
58 公安与司法大类	公安管理类、公安技术类、侦查类、法律实务类、法律执行类、司法技术类、安全防范类
59 公共管理与服务大类	公共事业类、公共管理类、公共服务类、文秘类

资料来源:教育部职业教育与成人教育司.

后　记

　　本书在我博士学位论文的基础上修改、充实而成。从博士论文的选题敲定、理论选用、框架构建直至最终定稿，大到逻辑关系的梳理，小到个别论点的提炼与字词句段的斟酌，我的恩师吴雪萍教授都给予了精心的指导，本书凝结着导师大量的心血与睿智。尽管工作十分繁忙，但吴老师始终将指导学生放在首位，我经常在深夜收到吴老师发来的论文修改邮件。平日里，吴老师嘘寒问暖，并尽力解答我在学习、生活中遇到的一切困惑，传道、授业、解惑三者在吴老师身上得到了完美的诠释，在此，学生谨向导师致以最诚挚的谢意！

　　本书得到了浙江大学国际教育研究中心专项经费的出版资助，本人所在单位——浙江金融职业学院党委书记周建松教授、校长郑亚莉教授对本书出版给予了大力支持，浙江大学出版社在本书出版过程中付出了热切的关注和努力，在此一并郑重致谢！

　　感谢浙江大学教育学院徐小洲教授、顾建民教授、祝怀新教授、阚阅教授对本研究的帮助与指导。感谢北京师范大学刘宝存教授、华东师范大学黄志成教授与彭正梅教授对本研究理论基础部分提出的宝贵建议。感谢我的硕士研究生导师陈明昆教授在比较教育年会期间对本研究的指点。特别感谢澳大利亚迪肯大学的 Ly Tran 教授为我寄来的宝贵书稿与资料。此外，还要感谢师门兄弟姐妹以及诸多同窗对我学习与生活等方面的关心与帮助。

　　感谢我的父母与妻子在我博士求学期间对我的默默支持与无私奉献，给予我完成学业的信心与动力。

　　时光荏苒，离开浙大校园虽已有三载岁月，但我将永远铭记浙江大学的校训，继续在学术这条道路上，求是创新，砥砺前行！

梁帅

2021 年 10 月于杭州